La Esfinge Maragata...

Concha Espina de Serna

LA ESFINGE MARAGATA

NOVELA

PREMIADA POR LA REAL ACADEMIA ESPAÑOLA

(TERCERA EDICIÓN)

OBRAS DE CONCHA ESPINA

LA NIÑA DE LUZMELA (Novela), 2.ª edición.
DESPERTAR PARA MORIR (Novela), 2.ª edición.
AGUA DE NIEVE (Novela), 3.ª edición.
LA ESFINGE MARAGATA (Novela premiada con el premio
  Fastenrath por la Real Academia Española), 3.ª edición.
LA ROSA DE LOS VIENTOS (Novela), 2.ª edición.
AL AMOR DE LAS ESTRELLAS *(Mujeres del «Quijote»).*
RUECAS DE MARFIL (Novelas), 2.ª edición.
EL JAYÓN (Drama en tres actos).
PASTORELAS.
EL METAL DE LOS MUERTOS (Novela), 2.ª edición.

TRADUCCIONES:

AL INGLÉS:

LA ESFINGE MARAGATA.
LA ROSA DE LOS VIENTOS.
EL JAYÓN.
EL METAL DE LOS MUERTOS.

AL ALEMÁN:

LA ESFINGE MARAGATA.
EL JAYÓN.
EL METAL DE LOS MUERTOS.

AL ITALIANO:

LA ESFINGE MARAGATA.
EL JAYÓN.
PASTORELAS.
EL METAL DE LOS MUERTOS.
AL AMOR DE LAS ESTRELLAS, 2.ª edición.

CONCHA ESPINA

LA ESFINGE
MARAGATA

NOVELA

PREMIADA POR LA REAL
ACADEMIA ESPAÑOLA

GIL BLAS
RENACIMIENTO

9º MILLAR   MADRID

SPAIN

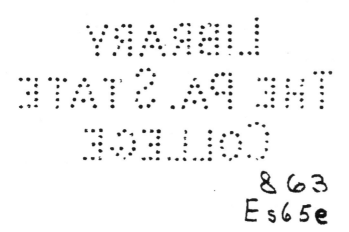
MADRID.—Imprenta de Miguel Albero.—Santa Engracia 155.

I

EL SUEÑO DE LA HERMOSURA

IBRA el soplo estridente de la máquina que desaloja vapor, cruje con recio choque una portezuela, algunos pasos vigorosos repercuten en el andén, silba un pito, tañe una campana, y el convoy trajina, resuella y huye, dejando la pequeña estación muda y sola, con el ojo de su farol vigilante encendido en la torva oscuridad de la noche.

El único viajero que ha subido en San Pedro de Oza es joven, ágil, buen mozo; lleva un billete de segunda para Madrid, y, apenas salta al vagón, acomoda su equipaje —una maleta y el portamantas— en la rejilla del coche. Luego desciñe el tahalí que trae debajo del gabán y lo asegura cuidadosamente en un rincón. Dentro de su escarcela de viaje guarda Rogelio Terán —que así se llama el mozo— toda su fortuna: poco dinero y hartas ilusiones; el manuscrito de una novela; un libro de memorias con apuntes de peregrino artista, versos, postales y retratos.

Ocupan el departamento dos señoras. Al tenue claror que la lucecilla del techo difunde, sólo se logra averiguar que entrambas duermen: la una sentada a un extremo, con la cabeza envuelta en un abrigo que le oculta la cara; tendida la otra en sosegada postura bajo la caricia confortadora de un chal. Las dos permanecen ajenas al arribo del nuevo viajero; las dos yacen con igual reposo y oscilan con el tren, esfumadas en la penumbra del breve recinto, insensibles a la vida maquinal del convoy, como los inanimados contornos de los almohadones vacíos y los equipajes inertes.

Distrae el caballero unos minutos en cambiar el hongo por la gorra, ceñirse una manta a las rodillas y limpiar los lentes con mucha pausa y pulcritud. Luego previene un cigarrillo, le coloca en los labios con esa petulancia habitual del fumador, y enciende una cerilla.

Mas antes de dar lumbre a su tabaco, inclina curioso el busto hacia la dama, dormida enfrente, de la cual ya ha sorprendido un cándido perfil, rodeado de cabellos oscuros, en el fonje lecho de la almohada. Con más audaz resolución descubre ahora las hermosuras de aquel semblante serenísimo que duerme y sonríe. La llama tembladora del fósforo quema los dedos cómplices sin que el viajero artista deje de ver y de admirar la tez morena clara, de suavísimo color; puras las facciones y graciosas; párpados grandes y tersos; orla riza y doble de pestañas que acentúan con apacible sombra el romántico livor de las ojeras; mejillas carnosas y rosadas; correcta la nariz y encendida la boca, y en las sienes un oleaje de cabellos negros desprendidos del peinado, que caen sobre las cejas y nimban la cara como una fuerte corona...

Tales maravillas cuenta la temblorosa luz al extinguir-

—

se de un soplo, semejante a un suspiro, mientras el ocioso mirón falla en silencio: —¡Admirable!, ¡admirable!— Y se respalda en el sofá escudriñando con golosa mirada a la otra incógnita dormida. Inútilmente: la mantilla o toca que la cela el rostro, no ofrece el menor señuelo a las audacias del furtivo y galante explorador. El cual, entonces, se decide a encender su olvidado cigarrillo, y fuma con impaciente y nervioso afán, puestos los ojos y el corazón en el dulce misterio de aquella hermosa mujer...

El tren correo salió de La Coruña a las nueve de la noche; aunque estas señoras procedan de la capital, ¿cómo a las diez y media se han rendido ya tan profundamente a la pesadumbre del sueño? Parece que vinieran de lejanos países, acosadas por la fatiga de muchas horas de insomnio... ¿Viajan las dos juntas?... ¿Las reune el acaso?... ¿Adónde van?... ¿Quiénes son?...

—Madre e hija —sospecha el curioso, pensando que una moza tan gentil no anda bien sola por el mundo. Y saborea, con refinamiento exquisito, la emoción de hallarse de repente, en un recodo de su inquieto peregrinaje, al lado de una bella desconocida que, en la placidez de la más absoluta confianza, rueda con él por un camino oscuro.

El peso voluptuoso de esta meditación inclina otra vez al viajero hacia la joven.

—¿Soltera?... ¿Casada?... —murmura interiormente—. Soltera —concluye, adivinando en las facciones suaves la pureza de la virginidad bajo la gracia de la primera juventud—. ¡Si parece una niña!...

La contemplación se hace tan próxima, tan impulsiva y profunda; brilla en los claros ojos varoniles un deseo de hurto, tan voraz, que la dama *lo siente*, mortificador, al través del sueño; suspira, se impacienta, parece que lucha con la imposibilidad de despertarse, y en voz chita, con enojo y con mimo, protesta:

—¡Vaya!...

Iníciase a lo largo del confortable chal una rápida agitación, y, al punto, la tan sutilmente importunada vuelve a quedar en serena actitud. De su lindo rostro se ha borrado la repentina mueca infantil que lo alteró un instante, y la sonrisa florece ahora más clara, más dulce, mientras el atrevido admirador, replegado en su asiento con mesura, oye confusamente la voz de la conciencia hidalga, reprobadora de apetitos locos, y aun el aviso discreto de aquel adagio que dice:

Un beso por sorpresa,
es una tontería del que besa.

Pero estos estímulos saludables de la prudencia y la honestidad no penetran mucho en el ánimo del viajero, absorto en otras imprevistas revelaciones.

La bella durmiente, al sacudir con disgusto su arrogante cabeza en la almohada, ha dejado rodar sobre el cuello, libre y redondo, una roja sarta de corales.

Y la tercera inclinación de Rogelio Terán hacia el encanto de aquella mujer, es lúgubre y angustiosa: el hilo encarnado se aparece de pronto en la dulzura morena de la piel como borde sangriento de una herida; el semblante, al cambiar de postura, resalta más pálido, en escorzo bajo la macilenta luz, con la aureola de cabellos brunos en rebelde y hermosísimo desorden. Ha cambiado así tan de súbito el aspecto de la viajera, que el asombrado mozo apenas la reconoce: tiene ahora una belleza trágica, el desolado rostro de una víctima; parece que la circuyen sombras de fatal predestinación.

De nuevo, muy de cerca, mas con respeto y solicitud, los zarcos ojos miopes atisban el femenino perfil y sólo entonces aquella respiración suave, aquella sonrisa difusa, devuelven al caballero la tranquilidad.

A este punto una nota blanca ha roto las sombras en el ángulo donde la viajera apoya los pies, y el artista, triunfante en el abierto campo de sus exploraciones, distingue una media inmaculada, ceñida a un alto empeine en el escote del zapato de oreja, bordado y elegante, nuevos motivos de asombro y cavilación: aquel collar, aquel zapato, ¿pertenecen a una bailarina que viaja en traje de luces, o a una señora vestida de aldeana por capricho y con lujo?

La primera suposición parece más verosímil: quizá bajo la estameña oscura del abrigo, un relámpago de falsa pedrería serpea entre livianos tules en torno a la farandulera errante. De todas suertes, aquella mujer no es, de seguro, una campesina auténtica viajando con el vestido regional de Galicia. Cierto perfume señoril que de la ropa trasciende, la finura del semblante, el pie lindo y curvado, la garganta mórbida y dócil, sugieren la idea de una más noble calidad.

Feliz el caballero con esta certidumbre, se decide a proteger, solícito, el confiado reposo de la dama. Y mirándola, en tan profundo sosiego, recuerda haber leído, no sabe dónde, que sólo en la pujante mocedad se duerme así, con absoluto abandono, con dulzura y pesadez, y que a este primer descanso antes de las doce de la noche, por lo mucho que repara y embellece, lo designó cierta famosa actriz con la frase de *el sueño de la hermosura*.

Despiertas con esta membranza las más sutiles curiosidades del artista, muerden la sombra queriendo descubrir cómo la gracia de aquel beleño reparador presta a los músculos sedante laxitud, y, con una pincelada invisible, extiende sobre el reposo de las facciones toda la infinita serenidad de la belleza.

—¡*El sueño de la hermosura!*—corrobora el viajero, sumido en la poética sugestión de la frase cuando, de pronto, sobrevienen el taque brusco de una portezuela, el uniforme del revisor y unas palabras requeridoras, con barruntos de cortesía:

—Buenas noches... ¿los billetes?...

Rogelio busca el suyo sin apartar los ojos del frontero sofá, y mira atónito cómo la manta encubridora, estremecida por un tardo movimiento, se yergue, resbala y descubre un peregrino traje de mujer, bajo cuyo jubón de seda negra se solivia un gallardo busto, mientras una voz insegura, blanda y musical, prorrumpe:

—¡Abuela, los billetes!...

Y el brazo primoroso de la joven se tiende hacia la dama oculta en el rincón, la mueve, la despierta con mimo y la ayuda a desembarazarse de ropas y envoltorios.

Surgen de ellos una cara senil y una mano rugosa; taladra el revisor los cartoncillos, y se despide con otro portazo.

Los tres viajeros se miran de hito en hito, con vago asombro de las dos señoras e interés creciente por parte de Terán, que se lanza a la cumbre de las más arduas imaginaciones ante aquellas dos mujeres tan distintas, ataviadas de igual manera exótica, unidas por cercano parentesco, tal vez precipitadas por la suerte en idéntico destino... Y, sin embargo, representan dos castas, dos épocas, dos civilizaciones. En un momento, la perspicaz observación del novelista sorprende, separa y define: la abuela es una tosca mujer del campo, una esclava del terruño; tiene el ademán sumiso y torpe, la expresión estólida, y en la tostada piel surcos y huellas de trabajo y dolor; diríase que la traen cautiva, que unos grillos feudales la oprimen y torturan, que viene del pasado, de la edad de las ciegas servidumbres, en tanto que la moza, linda y elegante, acusa independencia y señorío: todo su porte bizarro lleva el distintivo moderno de la gracia a la cultura. En esta niña el traje campesino parece un disfraz caprichoso, mientras en la anciana tiene

un aire de rudeza y humildad, como librea de esclavitud.

Al discernir de una sola ojeada estas dos existencias,
la percepción delicada y pronta del artista advierte que
aquellos ojos, súbitamente abiertos ante él, le están mirando sin verle. Porque la vieja parece azorada, distraída
en el confín de un pensamiento remoto, del cual extrae
alguna razón muy turbia y difícil; mientras que en las
pupilas de la joven no ha despertado el alma todavía. Y
una rara inquietud acosa al mozo, aguardando que torne
aquel espíritu ausente; que luzca y se agite; que diga su
linaje; que descubra algún florido secreto del mundo interior donde se nutre y sueña. Crece tanto el ansia con
que Rogelio invoca a la dormida esencia de aquel sér,
que al fin acude y se despierta y mira desde los ojos
flavos de la dama, sin comprender las razones de tan extraña sugestión.

—Duerme, duerme otro rato—murmura la vieja, viendo a la muchacha revolverse perezosa con los dedos
entre los desmandados bucles.

—Sí; tengo mucho sueño... tengo frío...

—Te arroparé con la frisa.

Y la abuela, con gran solicitud, mueve las manos rudas para abrigar a la joven, otra vez acostada en el sofá.

Cruza la niña sus pestañas dobles, suspira y se aquieta, alzando el vuelo de la manta a la altura del rostro,
como para recatarlo a las voraces miradas del viajero: el
el alma dormida no llegó a despertarse con toda lucidez
en las pupilas soñolientas; si se asomó un momento, requerida por el audaz reclamo de otro espíritu, cayó otra
vez desde la linde misteriosa en la región del sueño, en
el profundo *sueño de la hermosura.*

Así crece la noche, majestuosa y sombría. Rogelio
Terán, acosado por un enjambre de pensamientos, atisba
el paisaje tras los vidrios empañecidos por la escarcha:

huyen los árboles y los montes, los abismos y las cumbres, como un galope de tinieblas en los flancos de la vía; tiemblan con agudo fulgor las estrellas lejanas en un cielo inclemente, crudo y glacial.

Evoca el viajero las veces que se ha sentido, como en este instante, impresionado por la belleza de una mujer. Y revolviendo las memorias de su vida, halla en el fondo de cada galante recuerdo una lástima tierna y aguda, una ardiente conmiseración hacia todas las bellas por él adoradas un minuto, unas horas quizá, desde una ventanilla transitoria, en la blandura de un carruaje, en la cubierta de un buque, al compás de una danza, a los acordes místicos de un órgano... ¡En tantas ocasiones era posible amar a una mujer!

Las amó a todas con alma de poeta y persiguió en cada una la sombra de un misterio, el halo de un sacrificio, la huella de una pesadumbre. Hijo de una desventurada, a quien vió llorar mucho y morir sonriendo en plena juventud, padecía la obsesión de los dolores femeninos, como si en su sangre latiera siempre el temblor de aquellas lágrimas queridas. Muy sensible por esto, muy humano, ardía en amores vertidos con suavidad infinita sobre las criaturas y las cosas bellas y humides; creyendo vislumbrar un arcano de tristeza detrás de cada hermosura de mujer, sentíase atacado de melancolía al encuentro de una hermosa.

Jugaba al amor con timidez, en aventuras fugaces, buscando y huyendo con sagrados terrores la grande y definitiva pasión de la juventud, la raíz de la vida, recia y profunda, enhestada desde la tierra al cielo como una llama, como un grito, como una corona. Quería vivir a flor de pasiones, amándolo todo con el ímpetu de muchas piedades, cifradas en el recuerdo de aquella sonrisa maternal que maduró con el reposo codiciado de la muerte, pero sin esclavizarse a los latidos de un solo corazón, porque amar al mundo entero era ya un triunfo hermoso del sentimiento y de la bondad, y lanzarse al abismo del amor único, al paso de una mujer, era enroscar el alma a la tremenda raiz, que lo mismo puede erguirse al cielo como una corona victoriosa, que como un grito lacerante, como una llama fatal.

Y este pavor augusto a la orilla de las grandes pasiones no carecía de egoísmo y de pereza. Como un *dilettante* del amor, pretendía Terán embellecer su existencia con rasgos de Quijote, al estilo moderno, sin lastimarse las manos señoriles, sin descomponer la gallarda postura ni encadenar el voluble corazón. Hidalguía y curiosidad, émulas en el carácter veleidoso de este hombre, se disputaban la victoria de los sentidos bajo la guarda prudente de una equilibrada naturaleza y al través de un temperamento de artista y de epicúreo. En tan complejo bagaje sentimental no había una sola nota de bellaquería ejercitada ni de daño propio; pero sí muchos versos ungidos de ternura al margen de cada amor: de donde se infiere que el poeta andariego era más hidalgo que curioso, más compasivo que sensual y más artista que mundano, aunque tuviera mucha sed de novedades, sensaciones y aventuras...

Mientras avanza el ferrocarril al través de la noche, en pleno interlunio, Rogelio Terán agita en la memoria el poso romántico de sus añoranzas, y vuelve con frecuencia los ojos hacia la mocita dormilona, que, inmóvil, trasunta la estatuaria rigidez de un velado cadáver.

Supone el viajero que no ha dejado de contemplar aquel perfil inerte, cuando se despierta y mira el reloj. Son las tres de la mañana y el tren se ha detenido ante un letrero que dice: «San Clodio». Aquí el artista se incorpora, sacude el cansancio un minuto, y en pie detrás de la portezuela, saluda con reverente pensamiento al peregrino autor de las *Sonatas*, al poeta de *Flor de santidad*, cuya musa galante y campesina trovó en estas silvestres espesuras páginas deleitosas.

Y cuando el tren arranca, jadeante y sonoro, Terán, invadido de sueño, da una vuelta en los almohadones con el fastidio de hallarse mal a gusto: guarda los lentes, se encasqueta la gorra, y refugiado en un rincón procura olvidar a su vecina para dormirse, en tanto que la vieja ha vuelto a desaparecer bajo la nube de sus tocas.

II

MARIFLOR

 la sombra se repliega a los rincones del recinto, y se levanta sobre el paisaje la peregrina claridad del amancer, cuando Rogelio siente una aguda atracción que le estimula y aturde, entre despierto y dormido, llamándole con fuerza a la realidad desde el confín ignoto de los sueños. Se endereza al punto, corrige su descuidada actitud, y clava la ondulante memoria en el sofá de enfrente, murmurando con vivo azoramiento:

—Buenos días.

Responde la dama al saludo matinal, y luego, pensativa, se pregunta dónde ha oído una voz como aquélla; cuándo viajó, como ahora, con un mozo rubio, de ojos azules, fino y elegante, que la miraba mucho: —Nunca— se dice interiormente—; ¡lo he soñado!...

Al recordar que se depertó un momento antes, enfrente de aquel hombre dormido, vacila entre la idea remota de haberle visto llegar o de haber soñado que llegaba. Una rara inquietud la sobrecoge: toda la púrpura de la sangre se agolpa bajo la tersa piel de sus mejillas; vuelve los fugitivos ojos hacia la abuela, que aún duerme, y después, para disimular la turbación, trata de bajar uno de los cristales del coche.

Le ayuda Terán, inmediatamente, pesaroso de haberse abandonado en postura tal vez ridícula delante de la hermosa. Ella finge mucho interés por el indeciso horizonte que clarea en la curva lejana de las nubes con soñolienta luz. Y él, entretanto, examina afanoso aquel traje, peculiar de un país que no conoce, aquella figura juvenil donde reposa la belleza como en ánfora insigne.

Lleva la niña el clásico manteo, usual en varias regiones españolas: falda de negro paño con orla recamada, abierta por detrás sobre un refajo rojo, y encima del jubón un dengue oscuro guarnecido de terciopelo; delantal de raso con adornos sutiles, gayas flores, aves, aplicaciones pintorescas y dos cintas bordadas de letreros con borlas en las puntas; y al busto, bajo la sarta de corales, un gualdo pañuelo de seda, ornado también de primorosos dibujos.

Sobre aquel extraordinario golpe de telas joyantes y placenteros matices, se alzaron para delicia de Terán dos manos lindas, azoradas como palomas: querían componer unos rizos, mudar unos alfileres, hurtar la sién a la intrusión huraña de los cabellos sublevados en los azares de la noche; mas no lograron ninguno de estos propósitos, y estremecidas de frío, trataron de cerrar otra vez la vidriera. Interviene de nuevo Terán con galante premura, y después de algunas frases de agrado y cortesía, los dos mozos se quedan frente a frente, sentados y amigos, sonriendo con la franca expresión propia de su vecindad y su juventud; ella, más propicia a responder que a preguntar, dice que marcha a Astorga con la abuela para vivir en el campo hasta que regrese su padre, el cual viaja con rumbo a la Argentina.

¿Que si es maragata? Sí: nació allá abajo, en Valdecruces, silencioso rincón de Maragatería, pero no conoce el país; muy pequeña, la llevaron a La Coruña y nunca volvió al pueblo natal, porque a su madre le gustaba poco. Su madre era costanera, de una playa de Galicia, Bayona, el vergel más hermoso del mundo... Y la viajera dilata la expresión infantil de sus ojos garzos, con las plácidas señales de un recuerdo que huye...

—Desde que mi madre murió—murmura—tampoco he vuelto allá. Todo me ha sido adverso desde entonces—añade—: con ella se me fué la alegría, la fortuna y hasta el mar y la tierra que yo quiero; hasta el traje y el nombre que yo tuve...

—¡Cómo!... ¿De verdad?—inquiere el poeta, subyugado por la voz herida que suena a cristal roto y que se apaga en el estrépito del tren.

—De verdad: mi padre perdió sus intereses en menos de un año, después de vivir muchos con holgura, y se embarca pobre, soñando ganar dinero para mí, enviándome lejos de mi costa, de mis campiñas, de mis placeres...

—¿Y de un amor?—pregunta osado el mozo.

—De todos los amores—dice ella con negligente sonrisa—. Luego contesta, amable, a muchas cosas que su interlocutor quiere averiguar:

Si; ha cambiado de nombre. Se llamaba Florinda, pero la abuela dice que en tierra de maragatos los nombres «finos» no se usan; que allí suelen llamar a las mujeres «Marijuana», «Maripepa», «Marirrosa», y que deben nombrarla *Mariflor*.

—¡Delicioso!—interrumpe Terán.

Lleva Florinda sus arreos de maragata, porque el traje de la región es allí sagrado como un rito, pero no sufrirá la vida de los labradores en toda su rudeza: ¡le han dicho que es tan triste! El animoso emigrante ha podido librarla de aquel atroz cautiverio hasta que logre llevársela consigo o asegurarle definitivamente la independencia.

—Mediante una boda—insinúa Terán con vaga pesadumbre, entre celoso y compadecido, sin advertir que quiere penetrar muy de prisa en las intimidades de la joven.

Ella no da importancia a la pregunta, y responde con sinceridad:

—Tal vez casándome sería muy feliz como mi madre, que vivió libre, alegre y mimada; pero como el padre mío hay pocos hombres...

Quédase Florinda meditabunda, adormilados los ojos entre las pestañas, triste soñadora del inseguro porvenir.

Terán la contempla conmovido ante la dulce ingenuidad que no se recela ni ofende en aquel interrogatorio de todo punto inesperado: allí están las íntimas confidencias que él acució unas horas antes, ambicioso y febril, en las bellas pupilas asombradas de sueño; parece que bajo el cutis delicado de la viajera se ven pasar las emociones, se sienten los latidos cordiales de aquella vida, se oye el compás armonioso de aquel espíritu, como si toda *Mariflor* se convirtiera en alma de cristal que vibrase en una voz apacible y se derramara en una sonrisa tenue.

El foco de compasiones que arde en el corazón del poeta, sube de improviso hasta los audaces pensamientos, inundando de misericordia la conciencia varonil. Y Terán presiente, condolecido, la desventura de aquella mujer que desde la vida muelle y dulce de la ribera mimosa, se ve empujada, inocente y pobre, al más duro y yermo solar del páramo legionense, a la tierra mísera y adusta que él recuerda haber cruzado en rápida correría a los montes del Teleno, y de cuya fosca imagen guarda una trágica impresión.

Fué al iniciarse la primavera, como ahora. Varios socios del Club Alpino español cruzaron la región maragata al firme y lento paso de las caballerías del país, como perdidas sombras de mundano regocijo, fuyentes por azar en las yermas soledades de la vida: eran mozos festeros, exploradores felices de las sierras bravas, jamás cautivos en una llanura tan triste y tan inútil, sembrada de pueblos estancados y ruines; llanura esquiva, donde la sangre de la tierra castellana, las frescas amapolas, corre con estéril pesadumbre, como flujo de entrañas infecundas. Una mordaza de melancolía hizo enmudecer a los viajeros desde el puente romano del Gerga, a la salida de Astorga, hasta Boisán, donde la Naturaleza se embravece y se engalana con raros alardes de hermosura para subir al Teleno: tomando la «senda de los peregrinos», Murias de Rechivaldo, Castrillo de los Polvazares y otras poblaciones de nombre sonoro y muerta fisonomía, se aparecieron en el páramo como esfinges, al través de los medioevales caminos de herradura; y en el trágico umbral de estos pueblos mudos, se erguía, como un símbolo de abandono y desolación, la figura dolorosa de la maragata en brava intimidad con el trabajo, luchando estoica y ruda contra la invalidez miserable de la tierra...

Al fogonazo de aquel recuerdo, Rogelio Terán reconoce el traje y el tipo de la anciana que duerme; es la misma mujer empedernida y triste, vieja y sacrificada, que el mozo sorprendió firme en el suelo como heráldico atributo de esclavitud, en las torvas llanuras de Maragatería. Pero la muchacha que al otro extremo del coche medita y sonríe, parece separada de la abuela por siglos de generosidad y de dulzura: en el cuerpo y en el alma de esta niña gentil, ha posado el amor un indulto con todo su cortejo de blandas piedades.

Prende el artista otra vez su atención en la moza, y para disimular un tumulto loco de reflexiones, por decir algo, dice:

—¡Es precioso el vestido de usted!...

—Llevo el de las fiestas—responde Florinda, que sacude con mucha gracia la flocadura espesa del pañuelo—; lo encargó mi padre para que yo me hiciese un retrato, y la abuela me lo mandó poner ahora, porque así dice que no pareceré en el pueblo una extraña... Tendré que hacerme otro más humilde para todos los días... Con lo que no transijo es en llevar en la cabeza un pañuelo como la abuelita, ¿lo ha visto usted?

—Yo sólo quiero ver los espléndidos cabellos de mi amiga *Mariflor*... ¿*Mariflor*, qué?

—Salvadores. En Valdecruces casi todas las familias se apellidan así.

—Serán todos parientes.

—Sí; se casan unos con otros, por lo general.

—A usted ya le tendrán destinado algún primito.

—Eso dicen.

—¿Y se llama...?—insinúa incómodo Terán.

—Antonio Salvadores. Pero...

Este *pero*, largo y sonriente, acompañado de un delicioso mohín, desarruga el entrecejo del poeta.

—Pero, ¿qué?—interroga apremiante.

—Que sólo nos conocemos por fotografía.

—¿Y por cartas?

—¡Quiá!... Los novios maragatos no se escriben.

—¿De manera que son ustedes novios, ya de hecho?

—A estilo del país. El padre de Antonio y el mío eran hermanos y deseaban esa boda, pero me dejan en libertad de decidirla yo. Y si el mozo no me gusta...

—¿Qué tipo tiene?

—Por el retrato y las noticias que me dan, es grande, moreno, colorado...

—¡No se parece a mí! —interrumpe Terán con ingenua lamentación.

—¿Por qué había de parecerse? —pregunta la muchacha—. Y su risa, que finge asombro, tiene un matiz muy

femenino de curiosidad. Después, en tono de confidencia, recelando del sueño de la anciana, añade:

—Mi primo tiene una tienda de comestibles en
Valladolid; este año irá a Valdecruces para la fiesta
sacramental, y yo aguardo a conocerle para decir
«que no simpatizamos», y quedar libre de ese compromiso...

—¡Si usted ha dado ya su consentimiento!... —se duele
el joven.

—¡Qué había yo de dar, criatura! —prorrumpe con
mucho desenfado la mocita. Luego, baja la voz, y el caballero tiene que inclinar el oído hacia la boca dulce
que secretea:

—En Maragatería, sin contar para nada con los novios,
se apalabran las bodas entre los más próximos parientes de los interesados. Pero, aunque raras, hay algunas
excepciones en esta costumbre; mi padre se enamoró en
la costa y fué muy feliz con una costanera... Por eso no
me impone a mi primo y sólo me ha suplicado que le
trate antes de adquirir otras relaciones.

—¿Y si a usted le gustara? —inquiere todavía el viajero, sin disimular su interés.

Pero *Mariflor*, dictadora desde la señoría de su belleza, deja dormir en los ojos la mirada, y murmura:

—¡No es mi ideal un comerciante!...

Muy respetuoso ante el secreto ideal de aquella niña
encantadora, averigua el poeta con cierta inquietud:

—¿Qué profesión prefiere usted en un hombre?

Ella retira con ambas manos los tenebrosos cabellos
de su frente, y contesta devota:

—La de marino.

Parece que detrás de esta confesión ha volado muy
lejos el alma de Florinda a perseguir por remotos mares
la silueta romántica de algún velero audaz: tal es la actitud de arrobo a que la muchacha se abandona. Mas
vuelve al punto de aquella ausencia repentina y une dos

cabos sutiles de una ilusión, muy tenue, en esta pregunta, que la hace enrojecer:

—¿Ha seguido usted alguna carrera?

Suelto el corazón delante de aquellos inefables rubores, Terán dice:

—Las he seguido todas y ninguna, porque soy poeta, soy novelista: forjo criaturas y sentimientos, vidas y profesiones; creo almas, caminos, mares y tierras, mundos y cielos, astros y nubes. Bajo la exaltación de mi pluma surgen dóciles y palpitantes los seres y las cosas, lo pasado y lo por venir, lo perecedero y lo infinito; el bien, el mal, la gracia, el arte, la virtud, el dolor...

Aquel torrente de elocuencia lírica se detiene en un extraño grito que *Mariflor* exhala: escuchando estaba el discurso, con los ojos humedecidos y febriles, subyugada por la vehemencia de aquellas frases ardientes, cuando, de pronto, un puyazo de luz le dió en la cara y un tumbo del corazón la obligó a levantarse con el asombro en la boca y en las pupilas el éxtasis, ante el colosal espectáculo que se ofrecía a sus ojos en la llanura. Alzóse también el poeta, vuelto con prontitud hacia donde la niña señalaba, y entrambos, mudos, atónitos, sintieron en el pecho el golpe de una misma y formidable emoción.

Había ya el tren salvado el espantoso despeñadero que divide las tierras galaicas y legionenses, el cauce lúgubre y sonoro del aurífero río, las hoscas breñas fronterizas, los puentes y los túneles de la Barosa y Paradela; corría el convoy con fuerte resoplido por la ancha cuenca del Sil, oculta en el fondo de un mar de vapores, fantástico mar de cuajadas neblinas, donde se embotaban los rayos del naciente sol. Pugnaba éste por herir y romper las apretadas ondas de la niebla; resistía la niebla los ímpetus del encendido rey, ahogando entre impalpables copos los saetazos de su luz... Súbitamente se alzó el astro rútilo, irguió la frente sobre el cuajado

mar y lanzó por encima de sus ondas una triunfante lla-
marada; vino entonces un oportuno y vigoroso cierzo
que agitó las nieblas en raudo torbellino, las desgarró en
jirones, las arrastró con furia, bajo la gloria del sol, lo
mismo qne un oleaje de sutiles aguas y espumosas crenchas, entre nimbos de púrpura y de oro, quiméricos y
extraños como una aurora boreal. Pero, al caer un punto
el aire, subió la niebla solapadamente; subió dejando pe-
rezosos vellones en las praderas del Sil; hubo un momento en que, a ras del tren, que dominaba unas altu-
ras, logró alcanzar la niebla al disco soberano y sofocar
su lumbre; pero los haces del incendio solar, cada vez
más agudos y potentes, se cruzaron veloces por la tierra
y por el cielo, hasta coger entre dos llamas al flotante
enemigo, el cual, acorralado, flexible, retorciéndose
como el convulso brazo de un herido titán, fingió partir
el sol en dos mitades, en dos hemisferios resplandecientes. Fué un espectáculo de hermosa y terrible grandeza,
una visión sideral, un alborecer de los primeros días de
la creación: diríase que dos soles gemelos, dos ígneos
meteoros, dos astros rivales ardían entre el cielo y la
tierra, prestos a chocar y convertir el mundo en un
caos de lumbres y vapores. Duró sólo un instante, un
breve y peregrino instante; pues todo el denso jirón de
la vencida niebla, perseguido, acosado, ya en el cielo, ya
en el monte, sobre las aguas y las frondas, se evaporó,
copo tras copo, pulverizado y sorbido por el viento y
por el sol.

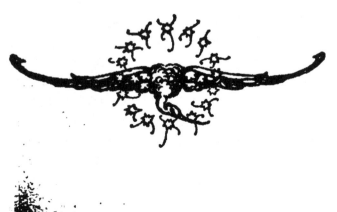

III

DOS CAMINOS

OBRECOGIDOS **por aquel suceso tan extraordin**ario, **y a la vez tan** natural, volvieron el poeta y la niña a entrelazar la mirada y las confidencias; **pero** **entrambos** sentían arder **en sus ojos y en** sus frases **la llama divina del** monstruoso **in c e n d i o amane**ciente, **como si con la tierra y el** cielo se hubiesen inflamado también los corazones.

Rogelio Terán al sentarse ahora, había ocupado un sitio al lado de Florinda, y se inclinaba muy afanoso, derramando la efusión de su verbo en el absorto oído de la moza. Ella, un poco alarmada, tendió la vista alrededor del coche, lleno de sol dorado y frío, y se encontró con los ojos de la abuela, que, destocada en parte, inmóvil y triste, no parecía sentir curiosidad ninguna por la insuperable pompa de la mañana ni por la galante actitud del caballero intruso.

Siguiendo Terán el camino a la sonrisa de la joven, hallóse también con la anciana despierta, y trató a su vez de sonreirla. Mas se quedó el intento extraviado en aquel semblante impasible, todo arado de arrugas, turbio y doloroso como el crepúsculo de una raza.

Intervino graciosa *Mariflor* entre la buena voluntad del artista y el entorpecimiento de la vieja, explicando con mucho donaire:

—Abuela: este caballero ya es amigo mío; ha viajado con nosotras toda la noche...

Pero la maragata no entendió aquellas razones elocuentes o no la convencieron, porque después de un murmullo, entre palabra y suspiro, permaneció muda y pasiva, como si se le importase un ardite del amigo viajero. El cual preguntó callandito a la muchacha:

—¿Está sorda?

—Está triste—murmuró ella por toda explicación, temblando igual que si la hubiera estremecido el roce de unas alas sombrías.

El rubio sol, que sin calentar iluminaba el coche, hizo relucir en los ojos melados de la viajera dos lágrimas fugaces. Y pasó tan lúgubre el silencio de aquel minuto sobre la voz quejosa, que la marcha del tren, recia y veloz, parecía una fuga trágica en la desolación del llano.

Rogelio Terán, cada vez más encendido en la admiración que Florinda le inspiraba, quiso probar la dulzura de su ingenio en el propósito de amistarse con la vieja y merecer la solicitud de la moza.

Ya la curiosidad del viajero estaba servida: mediante la franca elocuencia de *Mariflor*, y auxiliado por la clave del sentimiento que los poetas conocen, había leído en aquellas dos almas, arredrada y hermética la una, abierta la otra y confidente en toda la plenitud de la esperanza y de las ilusiones. Y con el deseo generoso de pagar en hidalga moneda aquella sorprendida revelación, inclinóse de nuevo el artista, devoto y vehemente hacia la niña maragata, y le dijo su historia, sus anhelos, sus peregrinaciones y aventuras: habló con urgencia, con inquietud, mirando a menudo el reloj, consultando con avidez los contornos del camino, avaro del momento fugaz que ya no volvería sintiendo que se apresuraba, en cada ciego avance del convoy, la hora oscura de separarse de aquella vida nueva y rara, llena de sugestión para el poeta.

Escuchó *Mariflor* el fogoso relato crédula y maravillada, con los ojos vendados de fe y acelerado el corazón por la sorpresa: aquel señor rubio y fino, tan amable y tan elocuente, que sabía mirar con una fuerza irresistible y extraña hasta el fondo de los pensamientos; que elaboraba libros y periódicos; que conocía del mar y de la tierra sirtes y derroteros, borrascas y rumbos, placeres y dolores, quería ser amigo de *Mariflor;* quería escribirle muchas cartas, hacer para ella muchos versos, ir a Valdecruces... ¡Válgame Dios, las cosas que la niña estaba oyendo y contestando sin saber cómo!

En el apacible rincón del coche había estallado una nube de promesas y de ruegos, una lluvia de confesiones y de propósitos: la fuente de la emoción había roto cálida y borbollante en el florido campo de dos almas juveniles, y el murmullo de las espumas sonaba a la vez con lastimosas querellas de elegía y alegres modulaciones de epitalamio.

En medio de aquella ardiente prisa por saber y por contar; en aquel arrebato confuso de sentimientos y de palabras, alzóse de improviso la figura torpe de la abuela, preguntando con timidez a *Mariflor:*

—¿Tienes hambre?

—¿Hambre?...

La muchacha tardó en traducir a la realidad este «sustantivo común» que había sacudido el letargo de la anciana, y al cabo de una sonrisa y de un esfuerzo, contestó ruborosa:

—No, abuela.

Pero la maragata dijo—no sin algunas dificultades, cohibida por la presencia del caballero—que «era mejor» desayunar antes de la llegada a Astorga, para emprender desde allí, en seguida, el camino a Valdecruces.

—¿Es muy largo?—interrogó el poeta, ganoso de trabar conversación con la anciana. Ella, indiferente al interés del desconocido, tanteaba su bagaje en busca de alguna cosa. Y respondió Florinda, turbada otra vez por la visión del misterioso porvenir:

—Es muy largo... Al paso de los mulos, llegaremos a la puesta del sol.

Aquel tono doliente sugirió al artista, con lástima desgarradora, la imagen de una pobre caravana discurriendo con lentitud en la soledad gris del páramo...

Ya la silenciosa abuelita había rescatado, al través de envoltorios y atadijos, unas viandas, que ofreció con finura y cortedad al caballero; y él, entonces, se levantó con mucha diligencia a buscar en su equipaje otros regalos: eran cosas delicadas, exquisitos fiambres en muy parcas raciones, dulces envueltos en rutilantes papeles, y una botella cerrada a tornillo, de la cual vertió café en un vaso, presentándoselo a la anciana:

—Está caliente, abuelita; bebe un poco—dijo *Mariflor*.

—¿Caliente?—repitió con asombro, mirando muy recelosa el humo que exhalaba la confortable bebida—. Y ¿quién lo ha calentado?

—Se conserva así en esa botella, que se llama termo; ¿no lo sabías?

La maragata movió la cabeza con incredulidad, y tomó el vasito en la mano lentamente.

—Bembibre—leyó a este punto la muchacha, mientras el tren se detenía.

Y ambos jóvenes, olvidando a la abuela y al desayuno, se asomaron a contemplar el frondoso vergel del Vierzo, plácido como un oasis, en el austero y noble solar de León.

—¡Bravo país de poesía y de leyenda, de amor y de piedad!—exclamó el artista casi en soliloquio, desbocados en su imaginación membranzas y pensamientos.

—Yo he leído—murmuró Florinda, también evocadora—una novela que sucede aquí.

—*¿El señor de Bembibre?*

—Justamente. Es un libro muy hermoso y lastimero, ¿verdad?

—¡No hay hermosura sin lástima!—repuso el mozo, dolorido, contemplando a su amiga con beatitud.

El tren, que hacía rato se engolfaba entre admirables lindes, lanzóse otra vez a descubrir mieses y quebraduras, vegas y bosques, maravillas de paisaje y de vegetación, bajo el cielo cobalto, henchido de luz.

Iba Florinda enlazando con sus propias emociones, memorias tristes de la bella y desgraciada doña Beatriz de Ossorio, y de su prometido, don Alvaro Yáñez, tan sin ventura y sin consuelo como la que de amarle murió, desposada y doncella, en una hora tardía de felicidad... Huyen las márgenes sinuosas, los castaños y los nogales vides y olivos, plantas y viveros del Mediodía que este privilegiado rincón leonés acoge y fecunda delante de las nieves perpetuas. Y a Florinda le parece escuchar cómo galopa el corcel fogoso donde el señor de Bembibre lleva en sus brazos a Beatriz, desmayada: las monjas, los abades, los caballeros del Temple, los religiosos del Cister, la enseña de la Cruz desplegada al viento en torres y en almenas; todas las imágenes de pasión, de bravura y de fe que han arraigado los historiadores y los artistas en el eremítico país del Vierzo, derramaban su romántico perfume en la imaginación vagabunda de la viajera.

El mismo aroma legendario y bravío sacudió los nervios de Terán, mientras la corriente de su alma fluía en tumulto, loca y triste como la quejumbre del viento en noche de tormenta. También el mozo sintió que en el paisaje se idealizaba toda la fortaleza augusta de los monasterios insignes y los castillos bizarros, de las mansiones feudales y las abadías belicosas. Erectas las alas de la fantasía, el poeta salva puentes y fosos; discurre con peregrinos y frailes, con reinas penitentes y obispos ermitaños; oye el clamor de las salmodias anacoretas y de los señoríos en pugna, y asiste, en un minuto, al reflorecimiento católico y viril de la región dominada por el báculo monacal y las encomiendas de los Templarios...

Así, al través de una tierra tan propicia al ensueño y al amor, aquellas dos almas fervorosas, contagiadas de lirismos y de ternuras, cayeron en la embriaguez de idénticas evocaciones...

Resbalándose bajo la velocidad del convoy, se deslizaba el Vierzo empapado en bellezas y memorias, fugitivo y rebelde como una ilusión; y la vieja maragata, con el vaso en la mano todavía, contemplaba muy confusa al compañero de viaje, después de apurar en furtivos sorbos hasta la última gota de café. Una mezcla de admiración y de recelo ponía en el apagado semblante de la anciana, pálida vislumbre de curiosidad, mientras que en sus labios temblones iniciábase humilde una frase cortés.

Y así estuvo, paciente, insinuando el ademán de volver el vasito a manos de su dueño... El dueño y *Mariflor*, cerrando con mutua mirada, dulce y honda, el paréntesis de sus fantasías, hablaban en el foco de luz de las vidrieras, ajenos ya al paisaje y al mundo extendido fuera de sus corazones. En aquel momento la conversación era trivial; tornaron a ella con azorante prisa, codiciosos de los minutos que faltaban para que su camino se dividiese en dos, pero sintiendo la necesidad de poner un discreto disimulo ante sí mismos en el ardor de aquella simpatía tan nueva y tan ansiosa: por eso las palabras no tenían el solo significado de su acepción, y férvidas, vibrantes, teñíanse en matices y fulgores del oculto sentimiento.

—¿Le gustan a usted las novelas?—preguntaba Terán.

—Las novelas y las historias; me gusta mucho leer.

—Yo le mandaré libros.

—¿Los que usted escribe?

—Y otros mejores... ¿Cómo los prefiere?

—De viajes y aventuras; me encanta que en los libros sucedan muchas cosas: acciones de guerra, lances de mar, procesos...

—¿Y amoríos?

—Sí; pero que terminen en boda—dijo Florinda, y se puso encarnada.

—Desde anoche—murmuró rendido el poeta—vivo yo una hermosa aventura «de peregrinaje y de amor...» ¿cómo terminará?

La encendida llama de los corazones calentó las mejillas de la muchacha y los acentos del mozo. Y el quebrantado discurso, halagador y ardiente, volvió a rodar entre el estrépito fragoroso del tren. Cuando éste se detuvo en la estación de Torre, quedó rota de nuevo aquella intimidad, imperativa y fuerte, que a sus mismos mantenedores causaba confusión y asombro.

Entonces, la pobre abuela, perseverante en su actitud de cortesía, pudo colocar las palabras y el vaso.

—Muchas gracias—pronunció quedamente, dando al fin vida y rumbo a la frase y al movimiento que hacía un buen rato preparaba.

Mariflor y su galán sintieron un poco de vergüenza al volverse hacia la abandonada abuelita, y en prueba de sumisión y desagravio fueron a sentarse al lado suyo.

El inflamable caballero no había sido tan celoso para amigarse con la vieja como para conquistar a la niña. Y ahora, impaciente, lamentando la premura del tiempo, sacudido por un alto impulso de cordialidad hacia aquella mujer triste y anciana, hubiera deseado poseer algún don muy valioso para tributárselo en ofrenda devota.

Pródigo y conciliador, no halla dones, ni siquiera palabras, para abrirse el camino de aquel inválido corazón de abuela, premioso en dar noticias de sus sensaciones.

En tal incertidumbre quédase el muchacho pensativo y mudo, con el vaso de aluminio entre los dedos. Y se alza otra vez auxiliadora la voz amable de Florinda, que repite como un eco del discurso anterior:

—«Abuela, este caballero ya es amigo mío: ha viajado con nosotras toda la noche...»

El mozo sonríe y la anciana también. Por lo cual, *Mariflor*, muy satisfecha, apoya un brazo con mimo en el hombro de la abuelita, y continúa:

—Este señor es un poeta; hace libros... los escribe, ¿comprendes?

—Ya... ya... —susurra la anciana, y sus ojos, grises y mansos, tienen para el hazañoso doncel un lejano fulgor de admiraciones.

—Nos va a mandar algunos —promete Florinda insinuante—, y yo te los leeré para divertirte un poco... Este señor —sigue diciendo— anda solo por el mundo... También su madre se le ha muerto, lo mismo que a mí; también su padre está en América...

—Será usted de León —asegura con respeto la abuelita, que no concibe una patria más ilustre.

—Soy montañés, señora; de Villanoble, a la orilla del mar.

Y con grande sorpresa de Florinda, la abuela se estremece y exclama:

—¡Villanoble!... Ya conozco ese pueblo; tiene un seminario muy rico, una playa muy grande, unas casas muy hermosas... ¡Qué lejos está!

El poeta se entristece, como si al conjuro de la extraña exclamación el evocado pueblo se alejara, remoto, inabordable. Y la niña pregunta absorta:

—¿Pero has estado allí?

—Estuve.

—¿Cuándo, abuela?... Yo no lo sabía.

—Hace ya mucho tiempo; no habías nacido tú; un hermano de tu padre, seminarista, adoleció en Villanoble; ya estaba yo viuda y los otros hijos ausentes... Tuve que ir por él.

—¿Era uno que se murió del pecho?

—Ese era.

Bajo la pesadumbre de aquella historia, inclinó la anciana su frente, pálida como la ceniza, y quedóse tan mustia, que ambos jóvenes guardaron un silencio piadoso, hasta que la muchacha quiso justificar aquel grave dolor, explicando:

—La abuela tuvo trece hijos y no le quedan más que dos.

—¡Pobre! —compadeció Terán, que adivinaba un mundo oscuro y sublime en el alma silenciosa de la infeliz mujer.

Una estación, desierta y soleada, quedó tendida frente al coche; abrióse de improviso la portezuela, y una pareja de la Guardia civil se asomó en el vano. Irresolutos, misteriosos, los guardias cerraron sin subir: eran los únicos viajeros que habían tratado de acompañar al poeta y a las maragatas en todo el camino.

Se lanzó el caballero a registrar su *Guía* con una precipitación algo alarmante, y advirtió pesaroso:

—Faltan dos estaciones para Astorga.

Entreabierta en la consulta la escarcela del peregrino, desbordáronse postales, cartapacios y libretines, toda la bizarra filiación moral de una juventud errante y laboriosa. Y mientras tanto, *Mariflor*, apretándose lagotera contra la abuelita, musitaba:

—Este amigo nos escribirá; irá a visitarnos... ¿oyes, abuela?... ¿quieres?

El amigo posó en el regazo de la anciana un montón de postales, diciendo:

—Hágame el favor de llevarlas, señora, como un recuerdo mío.

Sorprendida por aquellos halagos, no supo ella qué responder, y sonrió, dejándose engañar como una niña, entre frases conquistadoras y dádivas pueriles. Parecía feliz en aquel instante; desplegaron sus manos desmañadas las tarjetas sobre el delantal, y aparecléronse allí copias de mil tesoros: cuadros y estofas de Toledo, tapices de El Escorial, fuentes de La Granja, palacios salmantinos, joyas árabes y platerescas, fragura de paisajes montañeses, delicia de jardines andaluces... un tumulto de arte y de poderío español. A la maragata le sedujeron, entre las admirables cartulinas, dos de origen mejicano, iluminadas en colores, reproduciendo la avenida de Juárez y el palacio de Hernán Cortés: alzólas en los dedos con admiración preferente, y en seguida, azorada, vergonzosa, lamentó:

—¡Es lástima; yo no gasto esquelas!... ¡no sé escribir!

—Pero yo sé —dijo, arrulladora, *Mariflor*, deseando aceptar el recuerdo.

—Guárdalas tú, si el señor se empeña —consintió la abuelita—; y dale las gracias.

Con los ojos adoradores y solícitos, obedeció la moza, mientras la vieja logró forzar la dura timidez de su palabra, para decirle al caballero:

—Si va por Valdecruces, ya sabe que allí tiene una servidora...

—Iré, de seguro —respondió el poeta, deslumbrado por la mirada de Florinda. En aquellos ojos, dulces y resplandecientes, fulgía la incertidumbre con interrogación muda.

Cuando iba a despedirse de aquel hombre extraño y

amigo para ella, sentía la muchacha el vago temor de perder la felicidad y la duda de haberla encontrado.

El mozo, por su parte, se engolfaba en la emoción de aquella hora, sin detenerse a descifrar misterios, soñando muy de prisa, a sabiendas de que iba a despertarse pronto.

Y la pobre anciana, tras un senil desbarajuste de ideas en fuga, volvió a oprimirse el corazón en los rígidos muros de su vida cruel.

Isócrono, maquinal, el tren corría insensible a las inquietudes de los tres viajeros, y Florinda tuvo que ayudar a su abuela en los preparativos de la llegada. Al través de los fardos toscos de aquel equipaje campesino, las manos ágiles de la niña pusieron su gracia y su finura en arpilleras y capachos, en los múltiples bultos donde la vieja se llevaba los más vulgares utensilios del hogar fracasado en La Coruña: cuanto no había podido venderse por usado y maltrecho.

La abuelita contaba, meticulosa y torpe: —Uno, dos, tres— tocando con la punta del índice cada barjuleta y cada zurrón; y la moza suspiró con fatiga, como si le abrumara el peso de aquella carga miserable, delatora de inclemente pobreza.

Se estremecía de compasión Rogelio Terán en el atisbo de aquellos pormenores: meditándolos estuvo sin saber si admirarse o condolerse de la rara hermosura de la niña, sin darse cuenta de que no le prestaba auxilio en el rudo trasiego de alforjas y envoltorios. Cuando acertó a disculparse, ya *Mariflor* había terminado su trajín y se colgaba a la bandolera, sobre el pañuelo florcado y vistoso, un bolsillo elegante que, entreabierto, exhaló delicadísimo perfume.

—Es de mi traje de señora —dijo la mocita, respondiendo a la visible extrañeza de Terán—, de mi *equipo de paisana* —subrayó graciosa y triste.

—Así —le replicó el poeta entusiasmado— parece que el dios ciego ha ofrecido su carcaj simbólico a la reina de Maragatería...

Y la abuela, en un repente inesperado y brusco, manifestó augural:

—En nuestro país no se admiten reinas. Allí todas las mujeres somos esclavas.

Volvió Florinda el rostro con angustia hacia el camino, y le pareció que temblaba el paisaje con un doloroso estremecimiento.

Entraron en la estación de Astorga: los pregones de las clásicas mantecadas, alguna muestra humilde del traje regional y algún indicio de tráfico mercantil, daban al andén un poco de carácter y de vida.

En medio de este cuadro indeciso y mediocre, puso *Mariflor,* con su belleza original y su lujoso vestido, la nota resonante: detrás de la abuelita, que ya tenía en torno sus bártulos de arriero, saltó la moza al andén, apoyada en la mano que le ofrecía Terán con trémula solicitud; y a pleno sol resplandecieron tanto los colores de su traje y las dulzuras de su rostro, que en todas las ventanillas del tren y en todo el recinto de la estación inicióse un movimiento de curiosidad. No tardó este asombro interrogante en romper las fronteras de la contemplación muda, estallando en requiebros y alabanzas, del lado del ferrocarril, al borde de estribos y vidrieras, donde la anónima condición de «viajeros» suele dar a los hombres mucha osadía y harta libertad.

Como un incienso de apoteosis, envolvió a la gentil maragata la nube de piropos; y el poeta hubiera deseado coronar el homenaje con un vítor atronador y lanzar luego por el vasto mundo los ecos de su audacia.

Pero a la vera de Florinda, triunfante y proclamada hermosa, otra mujer vieja y triste, con igual traje, con igual destino que la joven, se sumerge en tribulaciones y cuidados en medio de su equipaje ruín. Y a Terán se le reproduce la visión desoladora del páramo, donde el viajero no parece hallar término ni alivio a la dureza de la ruta, como si por ella la vida cruzase extraviada, como si la civilización se detuviera cobarde y perezosa delante de la tierra hostil, a cuyas entrañas inclementes sólo manos heroicas de mujer han podido llegar, en acecho de un fruto esquivo y tardo...

Las arrogancias de la galantería arden en lumbres de misericordia cuando el poeta se despide de su amiga con suspiradas frases: una campana y un silbato le devuelven al tren, ya en movimiento, mientras *Mariflor* sonríe con la dócil inmovilidad de un retrato alegre.

Y los ojos azules, que ya no reflejan la figura ideal de la maragata, se tornan añorantes hacia el coche, mudo y vacío como la fábrica de un sueño...

IV

¡PUEBLOS OLVIDADOS!

 NA maragata de edad indefinible, a quicn la abuela llamó *Chosca*, había conducido tres cabalgaduras hasta la misma estación. Cargóse en una de ellas lo más voluminoso del bagaje, y aun pudo hallar la *Chosca* un punto de asiento y equilibrio en la cima de aquella balumba, cuyo difícil acomodo entretuvo a la pobre caravana dos horas largas de talle. Y aunque la abuela se encaramó también sobre los repliegues de otro monte de fardos, todavía las menudencias de más fuste hubieron de refugiarse en las alforjas del mulo cebadero, el mejor de la recua, cedido por agasajo a *Mariflor*.

Todo lo miraba la moza fijamente, con una muda actitud, en que al tenaz recuerdo de las cosas pasadas se sobreponía el propósito firme de aprender y gustar las cosas nuevas; mujer y curiosa, joven y perspicaz por añadidura, sintió, a despecho de sus íntimas inquietudes, una ansiedad respetuosa y fuerte, que la empujaba hacia la tierra madre, incógnita y callada como un secreto de lo porvenir. ¡Qué ejemplo más hermoso para cualquier agudo observador, la bizarría y compostura, la gravedad y ceremonia con que Florinda Salvadores se allanó, sin melindres ni repulgos, a todas las veleidades de la suerte, y cambiando de nombre, de traje y de sendero, montó en un mulo, por primera vez en su vida, con tanta gentileza y señorío como si la tosca jamuga fuese el blando cojín de un automóvil! Conformidad y audacia dieron alegre resolución a la moza; y aun fueron parte a erguirla, serena y apacible en el misterioso rumbo, cierto soplo sutil de fatalismo que sentía en el alma y un deseo inconsciente de aventura que se le impacientaba en la imaginación.

El paso por Astorga tuvo para Florinda rara solemnidad. Quiso la abuela dar allí algunos recados, hacer algunas compras y cobranzas mediante papelucos escondidos con minuciosas precauciones en un «cornejal» de la faltriquera, al amparo de sayales y manteos; a todos estos menesteres asistía la muchacha desde lo alto de sus jamugas, atisbadora y vigilante, reflejando en sus pupilas el asombro de la vieja urbe, tan pobre y tan triste ahora, que ni siquiera guarda los vestigios de su glorioso ayer.

¡Cuán desolada y yerta la ciudad *Magnífica y Augusta!* ¿Quién dirá que fué palenque y tribunal de astures, imperial colonia, centro de vías romanas y baluarte de sus legiones, botín después del bárbaro y del moro, joya del terrible Almanzor, pleito y disputa de castellanos y leoneses? Ya no conserva ni las ruinas de los antiguos monumentos; hasta aquella robusta fortaleza de sus marqueses y señores, aquel soberbio castillo que presumía de inmortal, cayó tombién con los sillares de las rotas murallas; la recia divisa de Alvar Pérez Ossorio, que a

tantas duras generaciones, gritó desde el frontis nobilia-
rio con orgullosas letras:

*Do mis armas se pasieron
movellas jamás podieron,*

vino a dar en ingrata sepultura bajo los residuos de
cubos y de almenas, de capiteles godos y lápidas latinas.
¿Qué rangos, qué voluntades, qué hierros, piedras y
raíces no moverá en el mundo el ímpetu de los siglos
empujando la rueda de la fortuna?

Así, esta tierra misteriosa, de cuyos primitivos mora-
dores sólo se sabe el apellido —*amacos*—, o «excelentes
guerreros»; este pueblo viril que grabó en su escudo,
como símbolo heroico, una rama de poderosa encina;
este solar privilegiado por cónsules, santos y reyes, guarnecido de altivas torres y ferradas puertas, ahora vive
en el silencio de las mortales pesadumbres, ahora padece el abandono de los históricos infortunios. Y, como un
fallo de singular predestinación, acude sobre Astorga el
recuerdo de aquellas pretéritas edades, en que la capital
de la región y sus alfoces se llamaron «Asturias»: *¡Pueblos olvidados!*

Una ráfaga de tales penas y de tales memorias aguzó
en la fantasía de *Mariflor* el ansia ardiente de evocar
imágenes y perseguirlas al través de las silenciosas rúas,
sobre el empedrado hostil, entre el caserío de adobes,
simétrico y vulgar. Pero todos los recuerdos heroicos,
todas las evocaciones bizarras, huyen ante el semblante
lastimoso de la Augusta y Magnífica, Muy Noble, Leal y
Benemérita, que, parda, muda, triste y pobre, languidece de añoranzas y pesares a la sombra de su ilustre catedral, sobre las pálidas favilas de la historia. Y cuando
a fuerza de imaginación y voluntad quiso la viajera re-
construir en su mente hechos y figuras familiares a la

V I A R E J . 42

patria nativa, ya la visión de Astorga, yerma y desamparada, se había extinguido en el término raso y adusto del horizonte.

Como fuesen grandes la calma y el regateo con que las compañeras de Florinda ajustaron sus compras en la plaza *de los cachos* y en los soportales de la Plaza Mayor, y no menos prolijos los demás negocios que la abuela trataba, llegó la media tarde cuando las tres amazonas salieron por el arrabal de Rectivía para seguir la carretera en busca de su pueblo.

De la calmosa estada en la ciudad llevóse *Mariflor*, campo adelante, el recuerdo de los dos maragatos que en el reloj del Concejo cuentan con sendos martillos las mustias horas de aquella vida gris; la pareja simbólica y paciente se hizo un lugar en la memoria de la niña, sobre la impresión de aquel grave edificio, fuerte reliquia de la pasada opulencia asturicense. Había preguntado la muchacha por un jardín ameno que, según sus noticias, era lugar de fiestas estivales y de otros alicientes para la juventud; aunque la abuela señaló «hacia allí», sólo pudo Florinda columbrar una mancha verde y risueña, tendida en la mayor altura de la muralla, sobre el mismo solar que siglos antes ocupó la Sinagoga, cuando una rica aljama se aposentó en el arrabal de San Andrés. El perfil airoso de la Catedral y la nobleza de algunas portadas parroquiáles, impresionaron también a la curiosa. Y el bosquejo heráldico de unos lobos, unas bandas de azur, el león rampante de gules, coronado de oro, la monteladura de plata, cimeras, escudetes, lemas y coronas, rezagos de insigne alcurnia sorprendidos al azar en unos pocos edificios, alumbraron en la mente de Florinda, con pálido reguero de luz, la nómina confusa y lejana de Ossorios y Escobares, Turienzos y Pimenteles, Benavides y Juncos, Gagos, Hormazas, Rojas, Pernías, Manriques... El íntimo vigor de estos recuerdos rehogaba con orgullosa lumbre las fantasías de la joven, cuando sus ojos se posaron en el abierto muro, indemne a las cóleras de Witiza y Almanzor...

Acostumbrada Florinda a escuchar de su padre los frecuentes relatos de sus aventuras infantiles por los arrabales de la capital, casi a tientas hallaría rumbo en el camino astorgano que cruzaba por primera vez.

Allí a la izquierda, dejando atrás el rasgado cinturón de las fortificaciones, brota la viejísima Fuente Encalada, de tan henchido seno, que ni en su estiaje paró nunca de cantar con su rumor sonoro las penas y las glorias del país.

Cunde el manantial en aquel punto desde los tiempos fabulosos, y le alberga un edificio notable, con armas, inscripciones y perfiles de varios siglos y grande pulcritud. Con abundancia sempiterna ha prodigado la Fuente sus fidelísimos dones, lo mismo a los *aureros* imperiales que a los devotos del *Camino francés* y a los trajineros maragatos... Vive apenas la memoria de los primeros poseídos por «la maldita sed de oro», que, bárbaros de codicia y de furor, vinieron de todos los confines de la tierra a enriquecerse en nuestras minas peninsulares: pasaron por aquí los explotadores de las *médulas* famosas, y también los cruzados, que en el siglo IX abrieron desde Francia una difícil ruta para ofrecer homenaje en Compostela al cuerpo del Apóstol; se han borrado «la vía de la plata» y la de «los peregrinos» bajo la anchura de una carretera española del siglo XVIII, en la cual la arriería se extingue impotente contra el raudo ferrocarril; pasaron y cayeron centurias y generaciones, cetros y coronas, y al través de las vidas caducas y de las cosas perecederas, esta fontana dió su latido fecundo y su perenne caricia a todos los sedientos del camino...

Mariflor tuvo sed al pasar por aquí. Despertóse en ella el recuerdo de los años que la fuente contó, rezadora y humilde en la mansa llanura de los «pueblos olvidados», y quiso gustar del agua fiel; bebió ansiosa, obsesionada por la inconsciente ilusión de saciarse en frescuras y deleites de eternidad.

Al seguir el camino, en tanto que las otras maragatas parecían insensibles al paisaje y a las emociones, descubrió la moza a la derecha del manantial cierto prado muelle y jugoso hundido en el terreno; debía ser el lugar llamado *Era-Gudina*, donde el feudo del Marqués tuvo un estanque, una barca, una isleta y un bosque.

A leyenda le supo a *Mariflor* el supuesto de que allí existiesen jamás esquife, lago y fronda; pero consultada la abuelita acerca de tales dudas, dijo con mucha fe que «en tiempo de los moros» aquel paraje se nombró *La Corona*, y era una hermosura de aguas corrientes, barquichuelos, árboles y flores...

Cuando se borraron a extramuros de Astorga aquellas tenues sonrisas de la vegetación, extendióse la carretera sobre la llanura sin accidentes ni perfiles, en un horizonte a cuyo fin remoto se cerraban entre nubes las sierras de la Cepeda y los puertos bravos de Manzanal, Foncebadón y el Teleno. Si a la vera de un pueblucо estancado algún castro ondulaba, todo su vestido consistía en bajos matorrales y encinas bordes.

En este cuadro ascético se dibujó el relieve de las tres amazonas, largo rato, por la amplia carretera, y cuando ya tomaron otro rumbo al través de una calzada empedernida, la feniciente luz ablandó la dureza del paisaje, convirtiendo la línea fuerte y sobria en mancha rubia y dulce, en la cual se alejaron los senderos con misteriosa estela.

Quedó entonces piadosamente velada la aridez del camino, que al aventurarse tierra adentro en ingratos recodos, hubiese mostrado a Florinda más de cerca su desolación; la santa beatitud del anochecer quiso desceñir su velo romántico sobre la tristeza del erial: una muselina blanca y rota se arrastraba por el campo en jirones de niebla, y la serenidad del cielo, pálidamente

azul, parecía remansar en la llanura con infinita mansedumbre.

Mariflor, cansada y soñolienta, aturdida por las emociones y los sentimientos, se dejó mecer, se dejó llevar
entre aquellos cendales de sombras y de membranzas. El
balanceo rítmico de la cabalgadura, algo semejante al de
una embarcación en mar serena, y la plenitud del llano,
sin orillas visibles, nubloso, insondable como un abismo,
pusieron a la amazona en punto de soñar que iba em-
barcada hacia un quimérico país. Aquel vaivén de cuna,
aquella ilusión de barco aventurero, tenían, para mayor
halago, un cantar peregrino en el eco de dulcísimas frases lisonjeras que la moza guardaba en su corazón; de
tan cordial tesoro iba ella urdiendo con diligente prisa
futuros lances de amor y de felicidad, solemnes aconteci-
mientos de bodas y placeres que parecían tener realiza-
ción positiva y dichosa en la ardiente vida de una estrella, según lo que la niña se extasiaba, rostro al cielo, absorta y palpitante.

Desde el divino espacio cayó de pronto a tierra la
evagación de Florinda, porque una voz había dicho:

—Ya llegamos...

Entre el encaje de las sombras, cada vez más espeso,
se agazapaban, abocetados, desvaídos, barruntos de una
aldea muy pobre, a juzgar por los umbrales. Y a *Mariflor* le acometió de súbito una triste cobardía, en la cual
se mezclaban las inquietudes con inexplicable acidez;
aquella zambullida brusca en otro pueblo, en otra casa,
entre personas desconocidas, rompiendo definitivamente todos los vínculos de su vida anterior, daba frío y espanto a la muchacha; en un instante recordó con lucidez lastimosa la dicha que perdió al otro lado de la llanura maragata, y sintióse tan pequeña, tan incapaz y débil ante el enigma de su nuevo camino, que anheló no
llegar a Valdecruces y quedarse para siempre mecida en
aquel mar firme y silencioso, de tierras y de sombras.

Los dulcísimos ojos registraron el cielo con una mirada de angustia, pero ausente la luna veladora, esquivas las estrellas y pálido el celaje, el amplio dosel de la noche se mostró cerrado a la muda plegaria de la moza; hasta la estrellita ardiente donde ella prendió un momento antes la hoguera de sus ensueños, se había escondido, casquivana, detrás de un banco de nubes.

Y estaba allí el pueblo maragato, inmoble y yacente en la penumbra, como un difunto; y ya la recua se detenía delante de una sombra más alongada y grave que las del contorno.

Sonó el chirrido de una puerta, y dos mujeres avanzaron en un foco macilento de luz. Descabalgó Florinda, trémula y cobarde; sintióse agasajada por unos besos húmedos y fuertes, por unos brazos recios y acogedores. Ofrecían a la forastera este recibimiento cordial, Ramona, nuera y sobrina de la anciana, y Olaya, hija de aquélla, que con sus cuatro hermanos más pequeños constituyen hogar y familia cerca de la tía Dolores, protectora también de su nietecilla *Mariflor*.

Ya estaban reposando los niños, Marinela, Pedro, Carmen y Tomás; y mientras Olaya hacía los honores a su prima con más cariño que garbo, Ramona y las otras dos viajeras se afanaban en descargar el equipaje. Fué la tarea tan minuciosa, que ya la noche había crecido mucho cuando logró acostarse *Mariflor*, rendida y enervada.

A la luz vacilante del candil pudo la muchacha aprender que era su dormitorio el mejor de la casa, «el cuarto de respeto», donde solían posar los principales huéspedes; y al culminarse en el lecho altísimo y pomposo, oyó la voz humilde con que su prima la deseó buena noche, dejando la habitación oscura y cerrada, y advirtiendo:

—Madre y yo dormimos dambas aquí cerca; no pases cuidado.

Poco después sintió la muchacha crujir la corvadura de las vigas muy próximas a su cabeza; andaban pesadamente encima del aposento, hablando en voces cautelosas. Por debajo de aquel ruido perseguía a *Mariflor* entre penumbras de sueño y vislumbres de realidad, la expresión vaga y triste de un rostro ojizarco, que tan pronto era el de Terán como el de Olalla. De aquel semblante amigo no quedaron, al fin, más que los ojos delante de la moza; brillaban azules como las flores del aciano, como los ojos celtas de la maragata rubia, como los ojos pensativos del novelista viajero; una clara niebla, que fué espesándose, oscurecíalos poco a poco... ¿Era un velo de lágrimas?... ¿El cristal de unos lentes?... *Mariflor* se había dormido.

Después de un sueño largo y juvenil, Florinda despierta y escucha: escucha la soledad y el silencio, porque todo a su alrededor parece abandonado y mudo.

¿Qué hora será? Entra un rayo de sol por la ventanuca, tan alta y pequeña como la de un camarote; por allí se descubre un pedacito de cielo cuajado de luz. En la casa, grande y misteriosa, nadie pisa, nadie levanta la voz, ningún ruido se advierte, y fuera, en aquel espacio luminoso, abierto quizás al campo, a la calle o al corral, es la vida un secreto, sin duda, porque ni vuela un ave, ni canta un río, ni gime una carreta; los rumores aldeanos que Florinda conoce de otros pueblos, parecen extinguidos aquí. ¿Se habrá quedado ella sola en el mundo con el sol?

Pasea por el cuarto los bellos ojos dormilones, un poco ensombrecidos de vaga pesadumbre: mira su equipaje desparramado en confusión de cajas y de ropas, y encima del baúl, cruzado todavía de cordeles, sus arreos de maragata, desceñidos la víspera con laxitud de sueño y de cansancio. Se asoman los zapatos por debajo de la colcha, muy escandaloso el escote y algo arrugada la plantilla: parecen asustados, uno delante de otro, como si quisieran echar a correr; el bolsillo señoril, colgado del boliche de la cama, con la boca abierta, tiene un aire de expectación y de asombro, y la filigrana de corales, tendida al borde de un marco a la cabecera del lecho, corona la figura de una Virgen ancestral, bajo cuya traza primitiva dice, en letras muy grandes: *Nuestra Señora la Blanca.* Al volver los ojos hacia ella, hace Florinda maquinalmente la señal de la cruz. Luego prosigue su viaje curioso en torno al aposento: es reducido y bajo, con paredes combas, lamidas de cal, desnudo el tosco viguetaje del techo y pintado de amarillo, como la puerta y la ventana. Entre un recio arcón de interesante moldura y un mueble arcaico de alta cajonería, descuella el lecho, amplio y elevadísimo, duro de entrañas y abrumado de cobertores: luce colcha tejida a mano, floqueada, con muchos sobrepuestos, un poco macilenta de blancura, quizá por haber estado largo tiempo en desuso. Dos sillitas humildes parece que se agachan bajo la pesadumbre de los equipajes, y algunos clavos suben perdidos por las paredes, sosteniendo con negligencia varias cosas inútiles: un refajo roto, un cencerro mudo, una rosa mustia de papel... Ya no hay más utensilios ni más adornos en el nuevo camarín de *Mariflor.*

Ella busca, solícita, un espejo, un lavabo, una alfombra, cualquiera blanda señal de compostura y deleite, y como nada encuentra parecido a lo que necesita, vuelve la atención a los recuerdos de su llegada, confusos entre las emociones del viaje y la sorpresa de este peregrino amanecer.

Al cabo, como persiste en torno suyo un silencio de inmensidad, y el sol penetra al aposento por el angosto ventanillo, semejante a la lucera de un camarote, piensa la infeliz, acunada todavía en su memoria por el balanceo del mulo y las ilusiones de su navegación por la llanura, que su bajel ha encallado en una costa salvaje, en una playa desierta... Pero no: la mar gime, reza, escupe, solloza; tiene lágrimas y voces y suspiros; es pasión y hermosura, es inquietud y poder, es dolor y gozo. Y aquí, ¡ni un acento, ni una palpitación, ni un indicio de que la vida cunda y vibre como en las olas varias de la mar!...

Cuando empieza la niña a sentir ciertas ansiedades muy parecidas al miedo, un rumor oscuro, entre queja y gruñido, se percibe en la quietud silenciosa de la casa.

—¡Abuela!—grita *Mariflor* con espanto.

Nadie la responde.

—¡Abuela!—repite, loca de terror. Y luego, despavorida, prorrumpe:

—¡Olalla!

Al punto, cautamente, se entreabre la maciza puerta y asoma el rostro, asombrado y grave, de Olalla Salvadores.

Ante el resplandor bondadoso de aquellos ojos claros, Florinda se encalma, sonríe y confiesa:

—Tuve miedo; creí que estaba sola en Valdecruces, y después oí una especie de quejido como una voz del otro mundo.

—El gato, que miªgó—dice la moza, admirada de los temores de su prima. Y penetrando en el aposento, le ofrece el desayuno y le pregunta, con mucha cortesía, cómo ha pasado la noche.

—Demasiado bien; de un tirón — responde la dormilona, escandalizándose al saber que son las nueve, que su abuela y su tía andan ya de trajín fuera de casa, y que los niños se fueron a la escuela muy temprano.

Mientras se viste *Mariflor*, explica Olalla que la escuela está a tres kilómetros, en Piedralbina, y también el médico y el boticario. Los rapaces llevan la comida en una fardela, y no vuelven hasta las seis.

—¿Y en el invierno?—interroga Florinda.

Lo mismo: salen de noche y tornan de noche; algunas veces, Tomasín, no va.

—¿Cuántos años tiene?

—Cinco; pero está mayo y robusto.

—¡Pobre!, ¡dará lástima verle por esas llanadas!

—Más se fatiga Marinela.

—Sí; ya sé que está un poco débil. ¿Cómo la dejáis ir?

—Aquí se aborrece, se pone triste, llora... Y como tanto gusta de bordar y hacer labores finas, y la maestra la quiere mucho, madre consiente.

—Y el médico, ¿qué dice?

Olalla se encoge de hombros.

—Dice—murmura—que son males de la edad. Pero para mí la pobre está entrepechada.

—¿Cómo?

—Picada de la tisis, igual que mi padre, igual que tantos de la familia...

—¡Calla, mujer!

A medio ceñir el pesado manteo en torno a la cintura, *Mariflor* finge que busca alguna cosa, se mira las manos lentamente, con mucho interés, y al fin balbuce en imprevisto ruego:

—¡Quisiera lavarme!

Olalla, que tiene fija la mirada en una siniestra meditación, se turba, enrojece, y luego de reflexionar, afirma:

—Te traeré ahora mismo un cacho con agua.

—No, yo voy por él; enséñame dónde hallaré lo que necesite.

Porfían azoradas al lado de la puerta con empeño un poco artificioso, y ya traspasado el umbral, repara Florinda en su media desnudez, y pregunta:

—¿Estamos solas?

—Solas; yo anduve a modín para no despertarte.

Desaparece Olalla pisando quedo, como si todavía alguien durmiese; y la forastera, abocada al corredor, cruza los brazos desnudos para abrigarse contra un frío sutil que desde la oscuridad la acosa. De pronto, allí a sus pies, en la masa de sombra y de silencio, el gruñido y la queja que antes alarmaron a la niña, se juntan y emergen en una voz que parece humana, que se desgañe y evoca, igual que la de una criatura.

Florinda retrocede, presa otra vez de irreflexivo espanto, y para distraer sus complejas inquietudes, remueve el equipaje, trastea y alborota, hasta que vuelve su prima trayendo agua en un lebrillo y colgando en el hombro una toalla de áspera urdimbre, dorada por los años, olorosa a romero.

Perpleja *Mariflor* ante aquel rudimentario servicio, aplaza el lavatorio y pide ayuda para abrir el baúl; pero Olalla no necesita más que de sus recios brazos para darle vueltas y dejarle desligado y útil, con la tapa cómodamente sostenida en la pared. Inclínanse las dos mozas sobre las túmidas entrañas del cofre, y la viajera desliza su mano en el fondo, revuelve, palpa atinadora y sonríe levantando en el puño una cosa menuda y suave que acerca a la nariz de Olalla.

—¿Huele bien?—pregunta.

—¡Ah, jabón!... Yo también tuve una pastilla...

A juzgar por la expresión lejana de los ojos azules, se pierden en un pasado remoto el aroma y la suavidad de la pastilla que tuvo la maragata.

—Ve sacándolo todo—dice la prima con gracia más ligera y alegre—; después que yo me lave lo arreglaremos juntas y te daré algunos regalitos para ti y para los nenes.

En tanto que Florinda se chapuza con fruición, Olalla va cogiendo las prendas del baúl y colocándolas encima del lecho, tibio todavía y desdoblado. Se mueve la joven con mucha calma y trata con esmero aquellas cosas sutiles de la forastera, pero no se detiene a contemplarlas con excesiva curiosidad.

Casi todo el lujo del pequeño equipaje consiste en ropa interior; camisas y pantalones con lazos, sin estrenar, con papeles de colores que crujen, sedosos, bajo los encajes, como en los equipos de las novias burguesas: medias caladas, pañolitos bordados y menudos, enaguas finas, dos peinadores de manga corta, dos blusas áureas, elegantes, y un solo vestido de luto, modesto, falda y cuerpo ajustado, sin adornos. Algunos estuches con bagatelas casi infantiles, algunas cajas con enseres de costura, libros, retratos, envoltorios frágiles y una bolsa blanca, con puntillas, de cuya boca abierta acaba de salir el perfumado jabón.

—Aquí lo tienes todo—dice Olalla, mientras Florinda duda cómo acabará de vestirse, temiendo estropear el lujoso pañuelo de su traje de fiesta.

Tras una breve indecisión, que le es habitual, ofrece la prima buscarle otro; sirve para diario y ella no le usa. Pero debe ser muy difícil hallarle, porque cuando vuelve con él, ya *Mariflor* se ha peinado y ha puesto en orden el dormitorio.

—Hay uno de cerras, pero no le encuentro—dice Olalla, desplegando un pañuelo pajizo, de muselina, con orla estampada en vivos colores.

—Es precioso; ¿por qué no le pones tú?

—Entre semana, está bueno éste—sonríe la moza, señalando el suyo de percal, también con florida guirnalda—. Y en la cabeza, ¿no llevas uno? — interroga.

—¡Ah, no le quiero... no me gusta!—responde Florinda con tales bríos, que se avergüenza al punto, y disimula su turbación poniendo en las manos de Olalla unos envoltorios, a medida que dice:

—Para Pedro un libro, para Marinela un costurero, para Carmen una muñeca y para Tomasín un trompo...

Busca algo en el bolsillo colgado de la cama, y con cierta emoción, concluye:

—Para ti mi reloj; toma.

Sentóse la favorecida ofreciendo lugar en el regazo a los paquetes, y puso en la palma de su mano morena el relojito de oro y acero, chiquitín, lustroso y palpitante; le acercó al oído, rió con expresión de niña, dulcificando la gravedad un poco triste de su semblante, y por todo comentario dijo:

—¡Tan pequeño y anda!

Después miró a su prima suavemente, lamentando:

—¡Te vas a quedar sin él!

—Tengo el de mamá, ¿sabes?... Está parado, pero me sirve de recuerdo.

—¿Se ha roto?

—No; mi padre quiso tenerle en la hora que ella murió: las tres de la tarde.

—¡La hora del Señor!—balbuce Olalla estremecida—. Y con el respeto y la ternura que en Maragatería se consagra a los muertos, bendice al uso del país la memoria evocada, pronunciando ferviente:

—¡Biendichosa!

Una ráfaga de tristeza suspende el íntimo coloquio y flota en la humedad de las pupilas, que se inclinan al suelo apesaradas; la muñeca de Carmen, rompiendo el papel que la envuelve, muestra un brazo rígido, vestido de rojo, en trágica actitud; en la rústica mano de Olalla Salvadores, el pulido reloj suena indiferente: *tic-tac, tic-tac..*

Y aquel hálito sonoro y maquinal, aquel firme latido de un industrioso corazón de acero, lleva extrañamente a las dos muchachas a escuchar el pulso acelerado de los propios corazones, buenos y juveniles, regados por una misma sangre generosa.

Alzase Olalla con ímpetu raro en su naturaleza esquiva y grave, y las dos mozas se miran en los ojos; los de

Florinda, profundos, inquietantes, de color de miel y de café tostado, en vano provocan una confidencia trascendente con las aguas serenas y tristes de los ojos azules; pero el impulso cordial prevalece por debajo del vuelo de las almas y un pacto de amor se firma con el estallido de un largo beso.

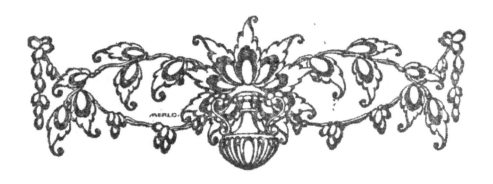

V

VALDECRUCES

LENTADA *Mariflor* después de tan gentil alianza, se despierta con alegres ánimos a las realidades de la vida y quiere verlo todo, registrar su nuevo albergue, asomarse a Valdecruces.

Aunque pone el pie con alguna medrosa inseguridad en el corredor oscuro, camina sonriente, como jugando «a la gallina ciega», palpando la pared con una mano y asiéndose con la otra al vestido de su prima.

—Avísame; no veo nada—murmura—. ¿Hay que bajar?... ¿Hay que subir?... ¡Avísame!

—Hasta que te acostumbres. Yo atino por todos los rincones a cierra ojos... Ahora sube un pasal... otro... sigue subiendo... ¡ya se ve luz!

La rendija de una puerta proyectó en los altos escalones una raya de tenue claridad; chirrió una llave, gimieron unas bisagras y hallóse Florinda a pleno sol, deslumbrada por el torrente de resplandores esparcidos en la salita con anchura, mediante los dos amplios huecos de la solana.

—¡Qué alegre, qué alegre!—gritó la forastera con encanto—. ¿Y qué se ve por aquí?—añadió lanzándose curiosa al colgadizo.

De pronto no vió nada. La luz cruda y fuerte esfumaba el paisaje como una niebla. Después, dando sombra a los ojos con las dos manos, vió surgir débilmente el diseño barroso del humilde caserío, techado con haces secas de paja amortecida, confundiéndose con la tierra en un mismo color, agachándose como si.el peso de la macilenta cobertura le hiciese caer de hinojos a pedir gracia o misericordia. En aquella actitud de sumisión y pesadumbre, las casucas agobiadas, reverentes, exhalaban un humo blanco y fino que parecía el incienso de sus votos y oraciones.

Mariflor, admirada por la novedad de aquel espectáculo, imaginado muchas veces al través de referencias y lecturas, exclamó conmovida:

—¡Valdecruces!... ¡Parece un Nacimiento! Y la iglesia ¿dónde está?—preguntó.

—Allende. ¿Ves esta hila de casas? Pues en acabando la ringuilinera, ¿ves un chipitel con una cruz?... Eiquí.

—¿Aquéllo?—lamentó la exploradora con desilusión.

—La techumbre es de teja— ponderó Olalla—y por dentro nuestra parroquia es mejor que la de Piedralbina, es tan buena como la de Valdespino; hay un Resucitado muy precioso y la Virgen tiene la cara de marfil.

—Pero la torre se va a caer, es monstruosa; un montón informe y la cruz ladeada, ¡qué cosa más singular!

—¡Si lo que tú dices—protestó Olalla riendo—es el nido de la cigüeña!

—¡Ah, el nido!... Un nido enorme, ¿verdad?... Un nido

tremendo... ¡Qué ganas tenía de verle!... Mi padre no me había dicho que le tuvierais aquí.

—Yera de Lagobia, pero el año de la truena se les cayó la torre, y cuando los pájaros volvieron portaron el nido a Valdecruces.

—¿Ellos?... ¿Ellos solos?

—Solicos empezaron, pero la gente les dió ayuda. De primeras el nido no era tan grande, nada más lo justo para gurar la pájara; después, cada año atropan dello y ya tanto pesa que hubo de caerse.

—¿Entonces?...

—El señor cura, el tío *Chosco* y el tío Rosendín le apuntalaron.

—¡Ah, qué bien! Y ahora ¿hay crías?

—Todavía no está gurona la cigüeña: saca los hijuelos allá para el mes de junio... ¡Mira, mira el macho!

Un ave zancuda y blanca, con las puntas de las alas negras, largo el cuello, las patas y el pico rojos, pasó crotorante y magnífica, con alado rumbo hacia la torre.

—¡Qué mansa! ¿Ves? Casi tocó el alar —dijo Olalla, devota.

Y *Mariflor* quedóse atenta y muda ante el ave sagrada para los labradores de Castilla, el ave tutelar de los sembrados, la reina de los aires campesinos en la madre llanura de la patria.

—Iré a visitar el nido regio —murmuró ferviente—. Luego lanzó la vista al horizonte inflamado de luz, llano y calmoso, semejante a una extensa bahía que se adormeciese inmóvil y sin respiración en el estío.

Olalla advirtió:

—Embajo está el huerto.

—¿Hay flores?

—De agavanzo y de tomillana, y dos rosales nuevos con ruchos.

—¿Bajamos?

—¿No quieres ver primero el palomar?

—Sí, sí; ya lo creo.

Ocupaba el carasol la fachada entera del edificio: tenía el suelo jiboso y crujiente, como todo el piso alto de la casa, trémulo el carcomido barandaje y cobijadores los aleros, donde anidaban golondrinas; algunas prendas lacias de ropa pendían a lo largo de él, y decoraban sus agrietados muros sendos manojos de hierbas medicinales puestas a secar y «espigos» de legumbres envueltos, con mucha cautela, para que la simiente en sazón quedase recogida.

Todos estos detalles sorprendieron los ojos inquiridores que, después, se posaron con cierta ansiedad en la saluca.

La cual era espaciosa, baja de techo, con rudo viguetaje pintado de amarillo, igual que el camarín de *Mariflor;* las paredes, de anémica palidez, se hundían en muchos sitios, entre mal blanquete y hondas arrugas, como la faz de viejas presuntuosas en las ciudades festivas. Un sofá de anea con almohadones de satén, floreados y henchidos, se extendía en el testero principal, y, encima, elevado y turbio, inclinábase un espejito, con el alinde picado y el marco negro, en reverencia inútil ante una visita que jamás llegaba; alrededor de aquella luna triste y a lo largo de las otras paredes, sendos cromos con patética historia memoraban la vida de una santa mártir, moza y gentil; fotografías pálidas, casi incognoscibles, prisioneras en listones de un dorado remoto, ceñidas por cristales heridos, trepaban en desordenada ascensión, en una verdadera república de colgajos, desde las decoraciones viejas de almanaques y el ramo seco de laurel, hasta las pieles corderinas abiertas en cruz, a medio curtir. Entre las sillas, muy numerosas, juntas y apretadas en hilera como aguerrida hueste, delataban, algunas, otros tiempos de más prosperidad para la familia Salvadores: aquellas de *reps* y de caoba con el pelote del asiento mal contenido por desmañadas costuras, con la color verde convertida en marchitez dorada, como el follaje de otoño; aquellos dos sillones de guta-percha, despellejados y hundidos, con respaldares pro-fundos y solícitos brazos; la clásica consola y el amigable velador, cuentan las abundancias de unos desposorios en que la abuela y su primo Juan unieron con sus manos las más pudientes fortunas de Valdecruces, en gran por-ción de «arrotos» y centenales, «cortinas» y recuas...

En estas reflexiones se para *Mariflor*, que por su aguda sensibilidad tiene el previlegio exquisito y amargo de evocar y sufrir el fuyente roce de las cosas, prestán-doles la ternura de su propio sentimiento.

Inconsciente de este raro don, que preside las existen-cias escogidas con la facultad doble de gozar y padecer en grado sumo, la muchacha reconstruye en un momen-to la dura cuesta de dolores por la cual los años, los hijos y la miseria torva del país, han derrumbado casa y here-dad en torno de la abuela envejecida. Y una lástima aguda empaña aquellos ojos, aún sonrientes a la orgía de luz cuajada en el páramo.

—La vida de Santa Genoveva, ¿la sabes? —dice Olalla con beatitud, señalando los historiados cromos que cir-cundan las paredes—. Y viendo que la prima no da señales de conocer el ejemplar relato, apunta sobre una imagen de pergeño bravío, y añade con edificadora gracia:

—Este era el traidor Golo... Aquí —indica en otro cua-dro— está la cierva que criaba en el desierto al niño...

El dedo bronceado va posándose en cada cristal em-pañecido y roto, y se detiene a lo largo de una incisión más hundida y más negra, mientras la voz enunciadora prorrumpe:

—Están los vidrios llenos de sedaduras... ¡Los rapaces acaban con todo!

—Vamos, vamos a ver las palomas —pide Florinda con impaciente actitud—. Pero Olalla la detiene sin prisa ninguna:

—¡Ah, fíjate! Estas flores las hizo Marinela...

Las dos primas, altos los ojos y entreabiertos los labios, contemplan con aire estúpido una malla colgante del techo, labrada a punto de aguja y teñida de bermellón, toda ornada de trapos vistosos que la maestra de Piedralbina ha bautizado con el remoquete ideal de «flores».

—Muy bien —murmura la forastera, sonriendo generosamente.

Todavía, antes de salir, Olalla abre una puerta primero y otra después, frente al carasol, para mostrar a su prima dos habitaciones pequeñas, llenas de trastos, sin ventanas ni lechos.

—Mira qué atropos —alude señalando los fardeles, seras y alforjas, en abandonada confusión—. ¡Todo quedó sin arreglar anoche!

Y a Florinda le parece descubrir en aquellas palabras un aire brusco, de tedio y de cansancio.

—Ahora seremos dos a trajinar en casa —responde afable.

—¿En casa...? Yo aquí no subo nunca; tengo otras cosas que hacer.

—Pero no sales al campo—dice *Mariflor* inquieta, a pesar del convencimiento que tiene en lo que afirma.

—¿No es campo el caz de agua donde se lava la ropa, y el huerto de las legumbres, y la cortina de los panes de trigo...?

Olalla enumera los diferentes campos de sus labores con cierto calor impropio de su palabra cantarina y premiosa, pero sin asomo de reproche o lamento, y aun con vaga sonrisa de orgullo y fortaleza.

—Hay que coser; hay que guisar—sigue diciendo enfática, engreída en los altos deberes de su destino.

—¿Y la *Chosca?*—pregunta *Mariflor* con desolado acento—¿Qué hace, entonces?

—Servir a las caballerías, mujer, y a los bueyes; andar

a las aradas con las obreras y con mi madre; atropar la leña de más fuste...

—¿También tu madre...?

—Agora sí—responde Olalla con imperceptible amargura.

Se han quedado las dos mozas en la última de las habitaciones, frente al vano del colgadizo, que extiende en la salita un esplendoroso tapiz de sol. Con el aire tibio, levemente impregnado en aromas de huertos, humo de hogares y vahos de pesebres, entra el hondo silencio de la aldea hasta el rincón donde Olalla y Florinda enmudecen de pronto, atónitas y mustias, entre mochilas y zurrones, enjalmas y capachos...

Así las sorprende una cadencia ronca y triste, repetida a lento compás como un latido que sonara a pena.

—Son las palomas que arrullan—dice Olalla, levantando los ojos.

—Llévame donde estén—repite Florinda, hablando quedo, como si temiese turbar con sus palabras el arrullo.

La toma su prima por la mano, y en saliendo al corredor cierra la puerta de modo que la más profunda oscuridad envuelve los pasos de las dos maragatas. Hácense otra vez torpes los de Florinda.

—¿Por qué cierras?—murmura—. No tenemos ni una chispa de luz.

—Es que el gato entra al carasol y escarrama las simientes.

Como si quisiera protestar del mal propósito que la joven le atribuye, el animal guaya en la sombra, lastimero y humilde.

—¡Micho...! ¡Micho—ordena Olalla varias veces, espantándole.

Palpando de nuevo en las tinieblas, dan las niñas en unos gemidores peldaños, muy hostiles y maltrechos y llegan al desván, oscuro y ruinoso, lleno de bálago res-

baladizo. Una pared de madera y una puertecilla, res-
quebrajadas, transfloran dorado resplandor, dividiendo
en dos mitades el local: allí, al otro lado de la mediane-
ría, donde irradia la luz, suena el arrullo.

Con suave remezón del maderaje, abre Olalla la palomera, y de pronto Florinda no ve más que la luz, igual
que le sucedió poco antes en el colgadizo. Recorta el
alto ventanal un pedazo de cielo que se convierte en un
chorro de sol dentro del libre refugio de las palomas:
blandos nidales, al arrimo de los adobes, cobijan a las
hembras en gestación y a los polluelos temblorosos; y
desde cada nido ocupado, entre esponjadas plumas, se
vuelven los ojitos de las aves a mirar con recelo en torno suyo.

—¡Qué preciosas!... ¡Cuántas!... ¡Y no huyen!—exclama con embeleso *Mariflor*.

—Son medrosicas, pero no se asedan—dice Olalla,
prodigando, graciosa, una caricia a cada nidal—. Y como
su prima quiere ver los pichones en la mano, toma dos
chiquitines bajo las alas de la madre y se los ofrece. Ella
los acoge en el delantal, por temor a que se lastimen entre los dedos, y también porque la retrae de tocarlos un
escrúpulo repentino.

—En guarrapas son feucos—pronuncia Olalla sonriente; y antes de volverlos junto a la azorada paloma, los
besa y los guarda entre las dos manos un instante, encima de su corazón, con dulce gesto maternal. Del regazo
de una hembra febril, levanta después un huevecillo cá-
lido y terso, y se lo acerca a *Mariflor*, anunciando pon-
derativa:

—¡Ponen dos todos los meses!

—Tendréis un bando muy numeroso.

—¡Quiá, mujer! Se mueren muchas en la invernada,
con el frío y la nieve, y los pichones más llocidos los
vendemos para el mercado de Astorga y de León.

—¿No te da lástima?

—¡Como son para eso!

Florinda se aturde ante la respuesta razonable y fría, que del reciente beso y el impulso cordial borra la impresión de ternura y oscurece con raro misterio el alma de la campesina doncella.

El cariñoso halago al borde del nido dejó adherida una pluma sutil en el jubón de Olalla: ¿nada más que esta huella deleznable habrá marcado la amorosa caricia sobre aquel macizo pecho de mujer?... ¿Nada más?

Lo duda *Mariflor* mientras, acuciosa, estudia aquel semblante moreno y gracioso que cierra a toda asechanza de íntima curiosidad los secretos de un corazón femenino: sellado con una placidez austera, ecuánime y dulce, un poco triste, el rostro de Olalla Salvadores es un enigma, la noble máscara de unos sentimientos absolutamente ignorados y silenciosos.

Al contemplarla su prima interrogadora, ella dice amable:

—Voy a llamar a todo el bando.

—¿Cuántas parejas tienes?

—Treinta y tres; aquí dentro no hay ni la mitad.

—¿Y son todas de la misma casta?

—Abundan las palomariegas; pero téngolas también de monjil, calzadas, moñudas, reales, tripolinas...

De un arcón pequeño, separado del piso por toscos bastidores, vierte la moza en su delantal una porción de cebada y sube ágilmente hasta la tronera, apoyando los pies en las quebraduras del muro: acodada en los umbrales, lanza desde allí con voz atrayente y melosa el familiar reclamo:

—Zura, zura... zurita...

Se remecen los nidos en el palomar, y fuera, un lozano batir de alas azota la luz; en parejas veloces acude el bando entero a picar en las manos de la muchacha: hay palomas con rizos; las hay con toca, con moño, con espuelas; las hay grises, verdosas, azuladas plomizas; algunas lucen el collar blanco, otras el pico de oro, otras las patas de luto; aquellas los reflejos metálicos en la pechuga, en las alas, en las plumitas del colodrillo. Todas las distintas variedades son domésticas, aclimatadas al campo mediante cruces con las castas silvestres y tributo de crecida mortandad en los bravos inviernos.

Rozando las mejillas de la joven, las madres anidadas salieron a comer; ella hace en la ventana un sitio para que se asomen los ojos de *Mariflor*, y enumera y define la variedad del bando, junto en apretado racimo de codicias y de temblores.

Ha trepado la niña forastera hasta descubrir la techumbre muelle y sinuosa donde las aves, en montón, arrullan y solicitan el sustento. Pero la prima Olalla, más complaciente aún, discurre:

—Te las voy a mandar todas a la palomera.

Y arroja, sonoro, el contenido de su delantal dentro de la estancia.

Entonces una impaciente agitación de vuelos lánzase a la ventanuca desde el techado humilde, entre el pecho de Olalla y la cabeza de Florinda. Salta al suelo la joven para ver más de cerca a las palomas, y ellas la miran extrañadas, de medio lado, con un ojo nada más, mientras que alas y picos sacuden en el aire y en el tillado raudas notas de instinto y de pasión, sorda y ávida música de picotazos, aleteos y arrullos, donde la voracidad y los amores cantan con gráficos acentos sus leyes y sus prerrogativas: las hembras, que en el nido padecen sagrada calentura maternal, han bajado en volandas sus pichones al ruedo y les incitan a comer, disputando la ración a las glotonas más tímidas; muéstranse los machos galantes y los padres solícitos, se colman los buches, se aquieta el tropel, y Florinda, saturada del perfume bravío que exhala el palomar, seducida por los iris de las plumas, agitada por las palpitaciones de las aves, ebria de sol y de placer, siente con ardorosa plenitud la belleza potente de aquella vida cándida y salvaje, libre y fecunda, que ahora despliega el vuelo alto y feliz, en parejas de amor, por el llano luminoso y sin tasa, nuncio de lo infinito...

En pos de las palomas, los deslumbrados ojos de Florinda tropiezan con la figura intrépida de Olalla, exaltada allí en la cumbre del palomar, en el foco de la cruda luz, con el sereno perfil de realce sobre el índigo raso de las nubes: despide la muchacha al bando con mimosa delicia; le riñe y le aconseja con familiares voces; su acento casi infantil, truncado y leve en aquel íntimo soliloquio, se aduna con los arrullos de las fugitivas y se pierde en el aire manso, que al roce de las alas se hace sonoro; el pañizuelo de la cabeza, caído a la espalda, descubre un rodete rubio, apretado y firme, rutilante sobre la nuca morena, como una corona de sol encima del trigo segal; mírase el cielo en los claros ojos, de un azul más profundo en esta hora; las rosas aldeanas en las mejillas arden con calor juvenil; la melada tez luce su fino vello de sabrosa fruta y muestran los labios, mórbidos y abiertos, unos dientes, duros, iguales, blanquísimos.

Toda la figura de la joven, propicia al atavío regional, señora del paraje romancesco, sublimada por la fortaleza del sol, se yergue bellísima y extraña, con la silvestre dulzura de una roja flor de sangre y de salud, con el donaire rústico de la fuerte amapola, espontánea sonrisa del erial.

Atónita *Mariflor*, cual si de pronto viera a su prima convertirse en otra mujer, sólo recordaba de sus recientes emociones la que incendió el copo de pluma dejando en el jubón de Olalla la estela de singular caricia.

Un toque gemebundo y cansado resonó en el palomar desde las profundidades del edificio, y al romper el silencio estremeció a la moza ensalzada en la ventanuca.

Cuando Olalla saltó diligente junto a su prima, parecía que hubiese perdido en un segundo el trono sublime de la belleza: en el lago azul de sus ojos ninguna expresión grande navegaba, un leve azoramiento físico rizaba apenas en las pupilas el sereno cristal; y en la plebeya boca, el gesto brusco y la placidez ausente daban aire de abandono y hastío a la maragata rubia. Quizá era su porte demasiado recio y su cara harto redonda; tal vez los pies y las manos fuesen muy varoniles... El copo de pluma había desaparecido de su jubón.

—No te pongas el pañuelo—suplicó Florinda, viéndole hacer un vivo ademán para cubrirse la cabeza. Y Olalla, realizando su propósito sin replicar, lamentóse:

—¡Las diez sonaron; tendré asurada la olla y la lumbre muerta!...

Detrás de la débil puertecilla quedábanse la luz y los arrullos, el aroma agreste de los tálamos, la pura libertad de las alas, y *Mariflor*, a tientas por los oscuros escalones, apretaba la mano de su prima, repitiendo:

—¡Tienes unas trenzas tan hermosas!... ¿Por qué no las quieres lucir?

—No se usa.

—Ponemos esa moda tú y yo.

—Para ti es diferente...

—Estás mucho más guapa sin pañuelo.

Se adensaba la oscuridad delante de sus pasos, como si la noche subiera del fondo de la casa, y un hálito frío sobrecogió a Florinda, recién bañada en sol.

Por los penumbrosos corredores del piso bajo hicieron las dos mozas rumbo a la cocina, grande y poco alumbrada, con el llar humillado y el suelo de tierra; taburetes de roble, escaño vestusto, ahumados vasares, mesa «perezosa» y espetera profusa, decoraban la habitación: pendiente de las *abregancias*, a plomo sobre el llar, esplendía una caldera enorme.

Como Olalla se abismase de hinojos, hurgando la lumbre, soplando en la ceniza y sacudiendo la olla reseca, dijo *Mariflor*, tímida y sonriente:

—¿Y mi desayuno?

—¡Cierto!... ¡Si hoy no sé lo que hago!—murmura Olalla, impacientándose entre los pucheros—. Mira, aquí tienes sopas... ¿te gustan?

—¿Sopas?... ¿De qué?

—De patatas.

Una salsa con mucho pimentón subía hasta los bordes de menuda tartera.

—¿Llamáis sopa a este guiso?—preguntó Forinda, colocando otra vez la tapa con pulcritud.

—En el falaje de la tierra se dice así.

—Pero ¡si hubiese otra cosa!—encareció la pobre ciudadana, mirando alrededor.

—Del orco de chorizos puedes cortar.

—No; algo ligero...

—Chocolate, café ni cosas finas, eso no hay.

—¿Y un poco de leche?

—De las cabras, un poquitín para Tomás y Marinela..., pero te daré parte.

—No, no; ya pronto es medio día: aguardo así.

—¿Vas a fambrear, criatura?... ¡Y anoche apenas cenaste!... Los nuestros guisotes caldudos no te prestan; tú tienes otro enseño, ¡y aquí todo es tan mísero!...

—Olalla, de rodillas, levantando entre el humo del hogar su cara bondadosa, adquirió nuevamente una expresión de cansancio y pesadumbre, que la envejeció de pronto, hasta semejarse su sonrisa a la de la abuela.

—Me gusta todo; ya lo verás—pronunció *Mariflor* entonces. Y probó heroicamente la sopa de patata.

Se aventuró después en las habitaciones que aún desconocía, en el corral y el huerto, mientras Olalla, trajinadora, atizaba la lumbre con raíces de *urz*, hundida en la sombra cenicienta y humeante.

Los tres dormitorios donde se repartían las mujeres y los niños, tampoco estaban muy aventajados de claridad: pequeños tragaluces cruzados de rejas, dábanles aspecto de prisión. Las camas, esponjosas y limpias, lucían sendos rodapiés de colores; era el piso de tabla, muy pobre el mueblaje, apretado y confuso. Una pieza que llamaban *estradín*, y que pudiera haber sido comedor, daba acceso al corral y a la cocina, y más luz a esta última que su ventana, pequeña y con cristales completamente ahumados, abierta sobre la silenciosa rúa en disposición contraria a todo intento de atisbo. A la misma fachada Norte correspondían la puerta principal y los tragaluces de los dormitorios. Abríanse al solano, sobre el corral y el huertecillo, la cuadra, corrida y profunda, el *estradín* y el gabinete de *Mariflor*; encima se asomaban a la luz el colgadizo, la sala y el palomar.

Así que en un periquete visitó Florinda las dependencias interiores, salió a la corralada y de allí pasó al huerto.

Era verdad que tenían brotes los dos únicos rosales, precisamente al pie de aquella ventanuca parecida a la de un camarote. Un solo arbolito, que a la muchacha le pareció un peral, señoreaba el «vergel», donde las berzas y los repollos, con las demás vulgares hortalizas caseras, bien cuidadas en simétricos cuadros, erguían el talante animoso a los rayos del sol.

A la vera de árbol, un escañuelo convidaba a sentarse, y aunque las floridas ramas no fuesen muy frondosas, allí buscó la joven un refugio a su breve soledad; el perfume delicado de la yema en flor, el verde tierno de la rizosas legumbres, las débiles ondulaciones de los rosales y, en las pálidas orillas, las flores de la retama y del escaramujo escalando la sebe, todos los distintos semblantes del huerto ruín, tuvieron para *Mariflor* una vida profunda en aquella hora. Sutiles emociones la turbaron; sobre la pobreza del paterno solar, la melancolía insondable del país y el oscuro misterio de las entrevistas existencias, la moza derramaba la ternura de su abundante corazón, con el firme propósito de amar y de sufrir... ¿Para merecer...? Sí, para alcanzar una dicha tan alta y tan ilustre que parecía un sueño, un imposible. Era preciso que ella, *Mariflor* Salvadores, la niña mimada y consentida, conocedora de holguras y de halagos, arrostrase, fuerte y audaz, las privaciones y los sacrificios, para que Dios, en premio, la nombrara triunfalmente esposa de un artista, musa de un poeta... ¿Por qué lado, por cuál camino milagroso llegaría a libertarla *Don Quijote*...? ¡Aún no levanta en sus hombros la cruz y ya la pobre soñadora se impacienta por la redención!

Hacia el corral se oyeron unos pasos y Florinda estremecióse alucinante. Era Olalla, que desde el postigo sonrió, diciendo:

—¡Qué esfráyadica te quedaste, rapaza!

—¿No vienes?

—Tengo que rachar unos tánganos, porque la lumbre no quiere arder.

Y con gesto prometedor, algo pomposo, añadió alegre:

—Al escurificar, de fijo recibes alguna visita.

Quedó el anuncio ondulante en el espacio como una loca patraña contada por el viento. El cual, presentándose de súbito, llegaba jadeando, con la respiración férvida y mugiente, lo mismo que una bocanada de siroco.

Se estremecieron en la falda sequiza del bancal las flores de retama y agavanzo; el hacha leñadora hendía troncos de brezos con premura al otro lado de la sebe, y algunos cendales de niebla empañaban el firmamento azul.

Mariflor pensaba confusamente en la posibilidad de que en aquellas casas que vió inclinarse bajo techum-

bres de cuelmo, hubiese cocinas oscuras y tristes huer-
tecillos y mozas bellas...; quizá, también, gatos misteriosos y relojes ocultos, que de cuando en cuando hiciesen
rodar en el silencio un gañido tremulante y una campanada rota...

VI

REALIDAD Y FANTASÍA

la rapaza forastera, ¿la nombráis *Mariflor*?

—Nombrámosla.

—Pues tengo para ella una carta aquí.

Reposadamente, desde su caballo roano, luengo de crines y hundido de lomos, abrió el hombruco la remendada valija, sacó un sobre y leyó en él con lentitud: «León.—Señorita *Mariflor* Salvadores.—Astorga.—Valdecruces.»

—Véla —murmuró, dándosela a Ramona.

Como ésta llamase a la interesada, el tío Fabián Alonso esperó que saliera, y, a la luz falleciente del ocaso, la miró de hito en hito así que ella pareció sobre el fondo oscuro del umbral.

—¡Guapa moza! —pronunció el viejo.

—Se iba, rumbo adelante, cuando volvió de pronto para decir:

—¿Conociste «allá abajo» a Fermín Paz?

—¿El tío Fermín, pariente nuestro, que vive en La Coruña?

—Ese.

—Sí que le conozco.

—Es yerno mío.

—Sea por muchos años —replicó solícita *Mariflor*, rasgando el sobre con un alfiler—. Y el cartero hizo dar otra media vuelta a su cabalgadura, que desapareció cansina en el turbio horizonte del camino.

Ya en lcs dedos gentiles de la niña temblaba una esquela.

— ¿Es de tu padre? —preguntó impaciente Ramona.

—Es —dijo la muchacha enrojeciendo al ver la firma— de un señor que venía con nosotras en el tren.

—¿Y te escribe?

—Prometió que «nos» iba a escribir.

—¿Le conocías?

—Le conocí entonces...

Quedóse Ramona seria, un poco ceñuda. Era una mujer áspera, fuerte y triste; contaba apenas cuarenta años, y si alguna vez gastó hermosura no conservaba de ella el menor vestigio; tenía los senos derribados y marchitas las facciones: seca y dura de miembros, alta y silenciosa, inspiraba a Florinda un invencible temor.

Sin saber qué actitud adoptar, con la carta entre las manos, fué la moza alejándose poco a poco por el pasillo. Ya en su aposento, de pie sobre una silla para recibir la muriente claridad dc la empinada ventanuca, leyó la esquela, que empezaba en prosa con mucha galanía, y terminaba en verso, enamorado y sutil. Decía de esta suerte:

«*Mariflor* preciosa: ¿Se acuerda usted de nuestra dulce amistad? ¿Se acuerda usted de nuestra triste despedida? Una semana ha transcurrido desde entonces y aún se me resiste la certidumbre de aquel encuentro dichoso, de aquella brusca separación. ¿Fué realidad o fantasía? De.ambas cosas se vale el amor para rendirnos: los grandes amores son el hallazgo en la realidad de las venturas imaginadas.

»Dormida la conocí, *Mariflor*, y aún me parece, cuando cierro los ojos, que la veo dormir, que «la siento» soñar. Usted y el sol amanecieron a un tiempo en la divina mañana de nuestro viaje; pero aunque fué tan hermoso el despertar del día, vi que era usted mucho más bella que la aurora. Bendito el sueño aquél y bendita la jornada que me hicieron gozar de una alborada tan espléndida. ¡Qué símbolo más noble! La vida es viaje y sueño: el amor despertar, amanecer...

»Y volver a vivir lo ya soñado y prometido. Quizás en vez de un hallazgo sólo sea un reconocimiento. La imagen de usted se me reproduce en la memoria como trasunto de otra imagen: la de una niña que en la playa de Vigo conocí hace años y a quien por rara sugestión no he podido olvidar. Escríbame usted diciendo si se acuerda de haberme visto antes de ahora; si presiente que nos volveremos a ver pronto. Yo la escribiré mucho, si usted me lo permite; la mandaré muchos versos; iré algún día a Valdecruces...

»No es nueva, no, nuestra amistad: el nombre de usted, su voz y su semblante despiertan en mi alma el recuerdo de otra dulce entrevista, las sensaciones imborrables de otro feliz encuentro...

Tal vez un día en la niñez dichosa
me miraste, al pasar, como una hermana...
¿No eras tú aquella niña primorosa,
morenita y gitana,
que me besó en la frente, y en mis cabellos rubios
puso sus manos blancas?
¿No te acuerdas?... Riendo me dijiste
al darme el beso aquel: ¿Cómo te llamas?
Y al escuchar la blanda melodía
de tu pregunta, me nacieron alas,
sentíme ciego de emoción, y el cuento
de mi junquillo se tornó en aljaba.

Y una voz en los aires repetía:
—Soy el amor que pasa,
el niño amor que encontrarás un día
tras de las tempestades de tu alma...

Sobre la última frase feneció la luz con tales agonías, que *Mariflor* leyó el nombre del poeta sólo con el pensamiento, cerrando lentamente los ojos atormentados en la lectura por la escasez de claridad. Bajo las pestañas espesas tornáronse entonces visionarias las pupilas, y persiguieron en remoto confín la figura de un niño ledo y rubio, con alas y linjavera como el dios amor. ¿Era Rogelio Terán? ¿Era una cándida imagen de la fantasía, un recuerdo traído a la tierra misteriosamente desde otro mundo, desde otra existencia olvidada y oscura? ¿Tornaría alguna vez el viajero para llevar consigo a *Mariflor*?

Clara luz de estas firmes ilusiones era la visión continua de unos ojos azules, pensativos y ardientes... Tenía Florinda la certeza de haberlos contemplado desde el fondo de su alma, no una vez sola, sino muchas, al través de toda su vida, quizá en la cara apacible de un niño rubio, en el semblante audaz del mozo marino que tantos días la miró en el muelle coruñés, en el rostro varonil del viajero artista que la dijo tristezas y amores con fina voluntad una mañana...; ¿dónde, dónde había visto muchas veces aquellos ojos claros y profundos?

—¿Estás aquí? —preguntaba Marinela entrando pasito.

Escondió Florinda el billete en el jubón y tendió a su prima la mano respondiendo negligente:

—Aquí estaba...

—¡Qué tenebregura! No te veo.

Entonces *Mariflor* se hizo buscar, agazapada y juguetona, hasta que la chiquilla, zarandeándola suavemente, murmuró contenta:

—No me espasmas, no—. Y su voz infantil adquirió grave acento para anunciar: —Ahí está don Miguel, que viene a visitarte.

Había quedado la témpora de Sur; el ábrego caliente zumbaba en la llanura y plegaba sus ropajes sonoros contra los hormazos de las «cortinas» y los adobes del caserío: desde el pajonal de las techumbres, el bálago, dócil, tendía en los aleros su despeinada cabellera rubia.

En el *estradín*, la tía Dolores y Ramona recibían cortésmente al párroco de Valdecruces, mientras Olalla en la cocina daba de cenar a los niños. La comunicación con el corral estaba abierta como en el estío, y el quinqué de petróleo, encendido en honor del señor cura, ardía resguardándose del viento, cuyas ráfagas ondulantes henchían en pompa el arambel de la puerta, resto sin duda de más prósperas jornadas.

En rústico sillón, ni cómodo ni firme, se aposentaba junto a la camilla don Miguel Fidalgo. Era un sacerdote mozo y arrogante: recién terminada su carrera había recibido la parroquia de Valdecruces, hasta que un concurso le permitiese ganar en oposición otra más lucrativa y bien dispuesta para lucir sus dotes, las cuales eran muchas y raras.

Cursó este joven sus estudios en aquel seminario famoso donde se alcanza autoridad preponderante en las sagradas letras: fué seminarista en Villanoble, cuyas aulas, al decir de obispos y teólogos, suplen a las célebres escuelas de Roma.

Tenía don Miguel los ojos pardos, de color de canela, grandes y bondadosos. No era de esos curas tímidos que miran a las mujeres de soslayo, con una cortedad invencible, muchas veces por los hombres malignos interpretada como hipocresía; él miraba a mozas y a viejas en los ojos, con los suyos serenos y muy dulces; hablábales con cariño, mezclado de triste y profunda compasión, y lo mismo su frase alentadora que su mirada penetrante, gozaban el privilegio de remansar, como dentro de un lago, las aguas pacíficas de la mansedumbre, en la llanura abierta y desolada de aquellos corazones femeninos. Al igual de los ojos, todas las líneas del rostro y continente denotaban, con el apellido, la hidalguía de don Miguel.

Al entrar *Mariflor* en el *estradín* la miró el sacerdote muy despacio, y sus claras pupilas se detuvieron mucho en la inquietud que revelaron las de la moza, ya extasiadas en sutiles arrobos, ya impacientes en vagas incertidumbres, mudas o locas, siempre febriles y palpitantes. Los ojos de aquella mujer le dejaron al cura algo perplejo.

Rodó ceñida y afectuosa la conversación, durante la cual hizo el párroco a la forastera no pocas preguntas, para sacar en limpio que a la niña le gustaba Valdecruces, «aunque todo le parecía allí un poco triste»; que esperaba buenas noticias de su padre, y que admitía con carácter de provisional y poco duradera su estancia en el pueblo.

Esto último no lo dijo Florinda claramente, ni tal vez lo pensaba de un modo definitivo y razonado; era una esperanza que su ingenuo palique dejaba traslucir en la prolongación suave de los silencios, al separar las palabras con hilos invisibles de ilusiones, en la rara dulzura de las frases tendidas con secreto placer hacia lontananzas alegres, y, sobre todo, en la audaz palpitación de las pupilas, centelleantes o adormiladas, pero reveladoras de un tumulto de visiones, como esas aguas oscuras y fuyentes de los ríos norteños, donde nubes, luna y estrellas, galopan con arrebato en las noches apacibles.

Atento el sacerdote a estas recónditas particularidades, no parecía desconocer en absoluto en qué bancos y quebraduras del corazón humano suelen embravecerse o desmayar las silenciosas aguas del sentimiento, antes de asomarse a los ojos, imaginarias y calenturientas; si no acertó que Florinda guardaba en el jubón un mensaje amoroso, no anduvo lejos de sospecharlo.

Ella, por su parte, aprendía cómo aquel tío suyo, que

adoleció del pecho en Villanoble, estudiaba en el Seminario con don Miguel, y siendo ambos nacidos de la misma tierra castellana, la juvenil amistad que establecieron duró firme entre la familia del estudiante difunto y el que, con el tiempo, se vino a convertir en párroco de Valdecruces. Y pensó la niña entonces, con acelerada emoción, que aquel cura sonriente y afable conocería, de seguro, los azules ojos, tristes y lejanos, que la hacían soñar...

Entró Olalla con paso macizo, volviendo atrás la cabeza para decir:

—¡Vamos! Dad las buenas noches.

Los rapaces se acobardaban zagueros, arrastrando los pies.

Pedro, el mayor, venía delante, con la cabeza gacha y el rostro eucendido; era un zagalote de trece años, robusto y humilde, sin sombra alguna de malicia en los garzos ojos; tenía las facciones vulgares, sollamada la piel y el cabello rubio; una expresión de bondad ennoblecía su cara al sonreir.

Los dos pequeños llevaban también la frente sumisa, y ambos la mano derecha entre la boca y las narices. Les sacudió su madre un cachete a cada uno en los dedos pellizcadores, obligándoles a levantar la cabeza. Y mostraron, con abrumadora timidez, las pupilas cambiantes entre el gris pálido y el azul desvaído; las líneas del rostro, ordinarias como las de Pedro; la cabellera dorada y fosca; el color saludable y atezado, y una graciosa candidez en la cobarde sonrisa.

Vestían los tres con pobreza, sin nota alguna regional los varones. La niña llevaba un refajo rojo hasta el tobillo, como las mujeres del país lo usan también para las faenas campesinas, un jubón pardo y un delantal de cretona; a la espalda le caía un pañuelo, sin duda destinado a cubrir la cabeza.

—Ya sé, ya sé—les dijo el señor cura acariciándoles—

que cantáis el himno del Sagrado Corazón muy linda-
mente.

Volvieron a ocultarse las caritas de Carmen y Tomás,
y las manos hurgoneras volvieron hacia el frecuentado
camino de las narices. Se repitieron los mojicones de
Ramona, empeñada en conseguir que los niños hablasen
a don Miguel mirándole de frente, «como Dios manda».
Pero Carmen no dijo «esta boca es mía», y el nene rompió a llorar.

—¡Mostrenco! ¿No te da un rayo de vergüenza?—decía la madre zarandeándole brusca—. ¿Es propio de la
hombredad llorar así?

Mientras el párroco aseguraba, conciliador, que Tomasín y Carmen eran unos coristas sobresalientes y que en
el mes de junio entonarían en la iglesia el himno con los
demás colegiales, inclinóse Olalla sobre su hermano hasta quedar casi de rodillas en el suelo; le atrajo, le secó
las lágrimas y otras humedades afines, y le hizo a «escucho» una promesa.

—¿También a mí? —murmuró Carmen callandito.

—A los dos —aseguró la hermana, rodeando el talle
de la niña con el otro brazo.

Y *Mariflor,* al ver un instante ambas cabecitas inocentes refugiadas con regalo en el seno de la moza, recordó al punto aquella dulce caricia en que el pichón
recién nacido perdiera un copo de pluma...

—Van a cantar —anunció Olalla, levantándose alegre.
Y ella misma colocó a los niños cara a la pared sin que
nadie más que la forastera se asombrase de la extraña
actitud. Así cantaron, mirando al suelo, de espaldas al
auditorio: las voces tiernas, impregnadas de rubor y de
humildad, tenían un entrañable sentimiento alabando al
divino Corazón de Jesús; al truncarse en los acentos infantiles, el himno, más que lauro, semejaba una tímida
querella.

Volvióse el cura hacia *Mariflor* para explicarle:

—Aquí los niños son tan vergonzosos, que siempre cantan o recitan sin que se les vea la cara.

Muda de asombro y de emoción asintió la joven con una sonrisa. Y en los ojos claros de don Miguel quedó temblando como en un espejo la imagen de aquella femenina sensibilidad, insólita en el *estradín* de la tía Dolores.

Sin embargo, allí cerca se bañaba en ansiedades el corazón de otra niña, mas en tan sagrativo silencio, que ni el mirar ni el sonreir delataban en el rostro de Marinela emociones ocultas. Y fué verdaderamente sugestiva la prontitud con que el sacerdote se volvió hacia la zagala buscando en las ondas latentes del sentimiento el rastro febril de aquel espíritu.

Ya los nenes habían terminado su canción y dicho «buenas noches» en voz queda, como un soplo: besaron los tres la mano del cura y se fueron a dormir escoltados por Olalla.

Mecíase la abuela al compás de un leve ronquido, acurrucada en su escañuelo, con los brazos cruzados y la frente caída hacia adelante. Ramona había cabeceado con disimulo al son del himno devoto.

El párroco, fijos los ojos en Marinela, preguntó:

—¿Qué me cuentas tú?

—Nada, señor —apresuróse a responder la niña—. Pero la madre, espabilada y pronta, se lanzó a decir:

—Regáñela, don Miguel; vea cómo enmagrece, amarrida y tribulante como si la hubieran maleficiado.

—¡Si estoy buena! —balbució muy confusa la zagala.

—Diga que miente —siguió diciendo Ramona, puesta en pie, agria y rústica, manoteando junto a la mozuela, que temerosa se empequeñecía en su rincón—. Diga que le va a costar muy cara la libredumbre en que vive; ya con los quince años cumplidos no la podemos sacar de la escuela sin que llore, ni sabe hacer más que embelecos de flores y puntillas: ha de casarse sin ánimos para gobernar los atropos de una casa; cuanti más para salir al campo...

—No será menester—interrumpió el cura blandamente.

—Píntame que sí —repuso la madre—. Y luego, menos iracunda y más triste, añadió: —Esas caminatas a Piedralbina le hacen mal, señor; la comida trojada le da secaño, y por la tarde llega con trueques y sudores como si fuera a morirse. Mírela cómo desmerece: poco le halta a Carmica para abondar tanto como ella.

Era cierto; la pobre zagala, menuda y gentil, parecía doblarse al peso de pertinaz quebranto, y la palidez de sus mejillas daba la conmovedora impresión de esas rosas tenues que esperan el viento de la noche para deshojarse. El color claro de los ojos celtas era casi verde en los de esta niña, y ofrecía matices profundos, como aguas de mudable coloración que reflejan los tonos distintos y movibles del follaje. Perfecto el óvalo de la cara, prestaba una dulzura angelical a todas las facciones de Marinela, no muy finas pero armoniosas y subrayadas por la singular expresión de la sonrisa, rictus amargo y dulce al mismo tiempo, sorprendente en aquella boca infantil, llena de candor. El traje de maragata, adulterado y tosco, parecía oprimir con fatiga el débil cuerpecillo y derrengar las caderas con los pliegues abrumadores; bajo el pañuelo ceñido a la frente se desfallecía, igual que mies en sazón, una cabellera pesada y rubia como el oro: toda aquella incipiente doncellez tenía un flébil aroma de fracaso, una tristeza inexorable a los estímulos de la juventud.

—Yo bien quisiera darle pan dondio y otros aliños —decía Ramona, áspera y conmovida la voz—; yo bien quisiera dejarle hacer su gusto; pero en casa, dentro de la pobreza, tendría más descanso y más cuido; el puchero estovado, la solombra gustable... Mire: sémblase ya a la otra rapaza que adoleció de una manquera, triste y sin remedio, a los mismos quince años.

Y adelantándose la mujer, alzó con la mano la barbilla de la joven.

Deseando el cura remediar el oscuro desconsuelo de la madre, dijo con sutil agasajo:

—A quien se parece es a su prima *Mariflor.*

—Esa está acrianzada de otra manera —respondió Ramona con cierta acritud.

Don Miguel, levantándose para despedirse, hizo prometer a las dos niñas que al día siguiente, domingo, después de misa mayor, irían a verle: necesitaba hablar mucho con Marinela, y un poquito, también, con Florinda.

Rebullóse la abuela y masculló unas frases devotas: hablaba al sacerdote con mucho respeto, como si no le hubiera conocido estudiante rapaz.

Acudió Olalla, requerida por su madre, y todas juntas escoltaron al huésped hasta la puerta de la corralada, la más próxima a la vivienda del párroco.

Cálida era la noche, y un amago de tempestad mugía en el aire fuerte y oloroso, hurtador de bravíos perfumes al través de la rotunda paramera, de los huertos en flor, de las «aradas» abiertas en surcos de esperanza, o fecundas en la tardía preñez de los morenos panes: en la comba del cielo aborregado, brillaba una estrella.

Antes de salir, cuando ya gemía el portón, preguntó don Miguel con alguna zozobra si había noticias de Buenos Aires.

—No las hay —dijeron a coro las mujeres.

—Cuando mi padre arribe, escribirá a menudo —añadió Florinda alentadora.

—Sí; el señor Martín ha de tranquilizarnos —dijo el cura insinuante, al otro lado del umbral—. Y la capa henchida por el viento en la sombra, envolvió al joven apóstol en una nube negra a lo largo de la rúa...

Acostumbrado ya el oído a los grandes silencios de Valdecruces, Florinda percibió en la casa unos apaga-

dos rumores, apenas, al día siguiente, se asomó la aurora al ventanillo del camarín: poco antes habían cantado,
con estridente son, un gallo y una campana.

Vistióse la moza con mucha diligencia y se arriesgó
audaz en la penumbra del pasillo. Al verla entrar en la
cocina, le preguntó Olalla, atónita:

—¿Por qué madrugas tanto?

—No he podido dormir, y quería hablarte pronto.

—¿Hablarme?

—Sí; para que me cuentes muchas cosas que necesito
saber.

—¿Cuálas?

—Espera.

Había una grave resolución en el ademán contenido
de Florinda, que llevaba las trenzas colgando, el jubón
entreabierto y una ligera palidez de insomnio en el semblante. Prestó oído a un agudo reclamo que sonaba hacia el corral:—¡Pulas!... ¡Pulas!...

—Es mi madre que llama a las gallinas para darles el
cebo—dijo Olalla.

—¿No irá a misa con la abuela, ahora?

—En cuanto den el segundo toque.

Como evocado por aquel aviso, el bronce de la parroquia volvió a tañer; al propio tiempo un gallo volvió
a cantar, y en el cansado reloj de la abuela gimieron
cinco profundas campanadas.

Abrióse la puerta del *estradín* y un bulto macizo se
perfiló en la claridad: era la *Chosca*, que, en el escaño
donde dormía, entre un cobertor y una albarda, buscó
su delantal y su pañuelo.

Poco después las tres mujeres tomaban el camino
de la iglesia. Y en cuanto *Mariflor* las sintió salir, dijo
a su prima, que aguardaba curiosa:

—Cuéntame: ¿es verdad que «no tenemos» con qué
darle pan tierno a Marinela?... ¿Es verdad que somos tan
pobres como tu madre dice?... ¿Que tendremos que

acudir a labrar las aradas como las más infelices criaturas?

—¿Infelices?... ¿Pan tierno?...—repitió Olalla, con sonrisa aparente y boba.

—No te rías, mujer. Dime si de veras somos tan desgraciadas.

—Gastando salud...—arguyó la campesina con ambigüedad.

—Es que Marinela no la tiene.

—Ni mi padre tampoco; y hace más de tres años que no manda dinero. El tío Cristóbal se va quedando con las hipotecas... Ya casi nada de lo que ves nos pertenece.

—¿Ni la casa?

—La casa... entadía sí. Pero sobre ella debemos no sé cuanto.

—Yo he venido engañada—murmuró con angustia *Mariflor*—. Yo supe que la abuela se había empobrecido, pero no que estuviese en estos apuros. Mi padre tampoco lo sabía; él no quiere que salgamos a trabajar; él nos dejó dinero...

Aferrábase la moza al paternal apoyo, rebelde contra las fieras asechanzas de la desventura. Y oyó con espanto que confesaba su prima:

—Cuando llegasteis, la abuela se lo dió todo al tío Cristóbal.

—¿Todo?

—Y aún no llegó para saldar los réditos.

—Mi padre—repitió la muchacha, crédula y fervorosa—mandará más en seguida.

—¡Pero, en el inter!...—lamentóse Olalla, como si de pronto, encruelecida, no quisiera dar tregua ninguna a tales ilusiones.

Sintiendo rodar sus lágrimas, cubrióse *Mariflor* el semblante con las manos, trémulas y gentiles.

—¿Lloras?—dice la aldeana con pesar—. No tienes sufrencia, tú que saldrás luego de estas agruras...

Y como nada responde *Mariflor*, añade persuasiva:

—Tendrás un marido haberoso...

—¿Un marido?

—¿No te vas a casar este verano?

—¿Yo?... ¿Con quién?

—¿Con quién ha de ser, rapaza?

—No, no; te equivocas.

—Pero, ¿no sois gustantes Antonio y tú?...

—¡Si no le conozco!

—Es tu primo, criatura.

—Aunque lo sea.

—Deportoso y bien fachado.

—No le quiero.

—¿Qué dices?

—Lo que oyes... Olalla, escúchame: a mí me gusta un poeta...

Los ojos aznles se dilatan en asombro inaudito, mientras *Mariflor* seca su llanto y refiere, con viva luz en las pupilas:

— Es un caballero que vino con nosotras en el tren.

—¿Le conocías?—pregunta Olalla lo mismo que Ramona había preguntado.

—Le conocí entonces... He recibido ayer una carta suya; ¿te lo dijo tu madre?

—Ni palabra.

—Pues me la dieron delante de ella, y parece que se disgustó conmigo; acaso debí enseñársela... No me atrevo; tu madre no me quiere mucho.

—Sí, mujer, te quiere; es ella de ese modo: ha perdido el humor con la muerte de sus hijos y la ruina de la hacienda.

—¿Y debemos mucho al tío Cristóbal?—averigua *Mariflor*, otra vez afligida.

—Dímosle en caución la casa por el último préstamo, y aún no le hemos pagado todos los haberes... A la abuela le queda, suyo, cuatro hanegadas, dos parejas, la cortina y el huerto.

—¡Qué poco, Dios mío!

—¡Si de «allá» mandasen!...

—Sí; mandarán—aseguró Florinda con fe—. Pero, una cosa se me ocurre: ¿por qué no acudisteis a Antonio antes que al tío Cristóbal?

—Porque no vive el tío Bernardo, y la viuda ya sabes que es avarienta y no nos tiene ley: quiere casar a su hijo con otra, contando que tú tienes caudal; conque, ¡si se entera de que estamos todos pobres!... Luego que os caséis, ya es diferente...

—¡Si yo no me caso con Antonio!—repitió Florinda, ceñuda, bajo la vibración de su briosa voluntad.

—¿Hablas de veras?... ¿Vas a coyundarte con un forastero?

—Con uno que me guste.

—Será hacendado—repuso Olalla con aplomo.

—No lo sé, ni me importa. Tiene un mirar que penetra en el corazón, y sabe escribir libros.

—¿En romance?

—De todas las maneras.

—Eso parece cosa de trufaldines—murmura la campesina con desdén.

—No te entiendo.

—De figurones, los que hacen las farsas por «ahí»—, y el despectivo ademán de la moza se extiende amplio, como si pretendiese abarcar el mundo que se explaya fuera de Maragatería.

—¡Qué sabes tú!—arguye *Mariflor*, también desdeñosa—. Mas, de repente, reprime su orgullo y gime desalada: —¡Ayúdame, por Dios!

La prima no se conmueve; absorta, alza los hombros, como si no entendiera aquel lenguaje vehemente y dulce.

—¡Olalla, no me abandones!—suplica *Mariflor* con las manos juntas.

—¿Pero qué, rapaza?

—No te enfades conmigo tú también; no hables nunca de que me case con Antonio.

—En ese entonces, nos abandonas tú...

—¿Cómo?

—Sí; con la boda—dice Olalla, elocuente de pronto, lógica y persuasiva—, la situación de la abuela podía mejorar, salvarse, y la nuestra lo mismo; saldríamos todos de este sofridero.

—Mi padre nos salvará—interrumpe Florinda.

—A eso fué el mío, y... ¡ya ves!—protesta la aldeana—estamos cada día peor. Y con este malcaso tuyo... ¡tendrá que venir la santiguadora a desbrujarnos! El primo —añade, viendo a la rebelde aturdida—había de tenerte como a una visorreina... Manejarías a rodo los caudales...

—¿Tiene tanto?—pregunta *Mariflor* maquinalmente.

—Un multiplicio de capital que pasma.

—Pues si es rico y es bueno, a pesar de su madre, nos querrá favorecer... aunque yo me case con otro. Se lo pediré yo; se lo pediré de rodillas.

La maragata rubia mueve la cabeza con incredulidad.

—Es un mozo correcho y caballeril—afirma—; pero, si rompes lo boda, nos dejas a la rasa.

—¡Cásate tú con él!—prorrumpe *Mariflor*.

—Con mis padres no pactaron los suyos; a mí no me quiere—dice Olalla, con la voz empañecida y el semblante arrebolado.

Y en el silencio penoso que se establece entre las dos mozas, una campanada hace vibrar su metálico temblor.

—¡Las cinco y media!—balbuce Olalla, casi con espanto—. Tengo que hacer la lumbre y los almuerzos.

—Váse hacia el llar con impulso repentino, pero *Mariflor* la detiene, la abraza por la cintura, y, mirándola en los ojos con afán indecible, implora otra vez:

—No me abandones; tú me puedes ayudar mucho.

—¡Ten compasión de mí!

—Y tú—repite la campesina—, ¿la tendrás de nosotros?

—Sí; te lo juro: trabajaré contigo, haré lo que me mandes, seré fuerte y resignada.

—Pero... ¿la boda?...

—¿Con el primo?... No, no... Yo buscaré por otro lado la salvación de la hacienda, si de mí depende que la perdáis: quiero haceros mucho bien; y tú, en cambio, serás la protectora de los amores míos... ¿Lo serás?

Con tanta dulzura se posan las meladas pupilas en los ojos azules, con tales inflexiones de cariño y vehemencia dice la voz suplicante, que Olalla, incrédula todavía, transige un poco:

—¡Si por otro camino no pudieras valer!

—Sí, sí... haré un milagro.

—¡Qué aquerenciada estás, criatura!—exclama la campesina, sonriendo al fin.

—¡Ya te pusiste contenta!... ¡Cuánto te quiero! Ya eres otra vez mi amiga, mi hermana... ¡qué alegre estoy, a pesar de todo!

Y *Mariflor*, con los ojos llenos de llanto y la boca llena de risa, añade en íntimo «escucho»:

—Te enseñaré la carta: ya verás qué preciosa escritura.

—Tengo que hacer la lumbre—insiste la prima.

— Luego la leeremos callandito. Ahora mándame algo: a ver, ¿qué quieres que haga?

—No, mujer; necesitas alindarte para la misa mayor.

—Como tú; primero he de trabajar en cosa de fuste, que te sirva de alivio. ¿Qué hago? Dime.

Ante una insistencia tan ferviente, concede Olalla:

—Sube a cebar las palomas.

Y cuando *Mariflor* corre, satisfecha del mandato, la maragata rubia insinúa con timidez:

—Hay que limpiar la palomina de los nidos, del suelo y las alcándaras...

—Todo, todo en un periquete—responde ya de lejos la dulcísima voz.

Mas la promesa de Florinda no fué tan cumplidora en prontitud como en esmero, porque así que la joven se halló en el palomar, sintió mucha sed de aire y de luz y trepó a saciarse, de bruces en la ventana. Ya las palomas la conocían y acordaban arrullos para ella. Tendióles sus dos brazos *Mariflor*, ebria de un loco impulso de abrazar, triste y feliz, rebosante de angustias y esperanzas. Todos los familiares infortunios subían en marejada tempestuosa a estallar en su pobre corazón, apasionado y ardiente. Exaltada por el nuevo sentimiento que albergaba en él, la niña admitió fácilmente la idea de que su destino en aquella casa fuese el de redentora; imaginó que Dios ponía en sus frágiles manos el timón de la nave familiar, sin rumbo en la miseria del país. Y abrazando en las mansas palomas a su naciente amor, creyó en el milagro que esperaba para salir triunfante de su arrebatada empresa. Otra vez la silueta confusa de un Don Quijote singular, con lentes y aljaba, se adelantó en el campo de la más abundante fantasía, para ofrecer liberaciones, paz y venturas a la muchacha en un mensaje que empezaba así: —*Mariflor preciosa...*

El repetido golpe de un bastón sobre la tierra y el cascajo de una tosecilla en la calzada, sacaron a la moza del ensueño y, empinándose en su observatorio, vió pasar renqueante a la tía Gertrudis, una vieja con fama de bruja, la primera persona ajena a la familia a quien *Mariflor* conoció en Valdecruces. Fué la tarde en que Olalla había anunciado que llegarían visitas al «escurificar»; apenas sonó en el portón una recia llamada, corrieron a abrir, y cuando en el umbral preguntaron con voz rota por la forastera, una ahogada exclamación de miedo acogió a la tía Gertrudis.

—Es la bruja—musitaron los nenes al oído de Florinda—; espanta la leche de las madres y hace mal de ojo a las zagalas.

—Eso no se dice, es pecado—protestó Marinela, palideciendo a pesar suyo.

Y Olalla, con el ceño fruncido y el aire hostil, abrevió la visita todo lo posible.

Antes de marcharse, la vieja, después de hacer muchas preguntas a *Mariflor*, acercóse a mirarla de hito en hito.

—Para dañarte —murmuró Pedro.

—Porque es ceganitas —disculpó Marinela.

Y la mujeruca, présbita y sorda, encorvada y jadeante, masculló una trémula despedida en el hueco sombrío de su boca sin dientes.

Cuando hubo desaparecido, contó Marinela que la tía Gertrudis, siendo moza, quiso casarse con el abuelo Juan, y como él y su gente la desdeñaron y ella no halló marido, dieron en decir que por venganza les hacía mal de ojo, que por ella al tío Juan se le morían los hijos y hasta los nietos picados del «arca», allí donde apenas se conocía esa terrible enfermedad...

—Del andancio de las reses y de la quebrantanza de las cosechas también tiene la culpa —añadió Pedro, rencoroso.

Y Marinela repitió apacible:

—Don Miguel ha dicho que es pecado creer eso, que sólo en broma se puede hablar de brujas. La tía Gertrudis —añadió la zagala con benigno elogio— no se mete con nadie; ¡es tan pobretica y tan vieja!... Sabe historias de aparecidos, de príncipes y santos, y en los filandones divierte mucho a la mocedad...

Evoca Florinda tal escena al paso torpe de la quintañona, y mientras se extingue el soniquete de la cachava a lo largo de la calle, remueve la niña en tropel los recuerdos de todas las desventuras que derrama el destino sobre la descendencia del tío Juan: miseria, expatriación, enfermedades, muertes...

Aquel primer homenaje que recibió en Valdecruces, a media luz, entre miradas insidiosas y frases oscuras, lo recuerda *Mariflor* como un augurio que la hace estremecer. Huye de seguir contemplando la sombra enemiga que aún se columbra en la calzada, y atisba el horizonte en persecución de otra más dulce imagen.

Una niebla morada baja del cielo o sube del erial, borrando límites y extensiones, ofreciendo viva semejanza con las brumas del paisaje marino en turbias mañanas de cerrazón.

Rechazada Florinda por la esquivez de aquel semblante, vuélvese a buscar el apetecido resplandor alegre dentro de la propia alma; y derramando su crecida exaltación en delirio de frases, dirige un devoto discurso a las hermanas palomas, al hermano viento y al ausente padre sol.

En la borbollante plática que fluye de los rojos labios como un río de miel, se mezclan improvisaciones ajenas a la brisa, a la luz y a las aves; palabras inseguras, balbucientes, en las que se esconde y torna la enamorada voz, para componer el trozo ingenuo de una epístola, divagando así:

—«Muy señor mío...» (No; es poco...) «Amigo inolvidable...» (Es mucho...) «Estimado...» (¡Uf, qué cursi!... El encabezamiento ya lo discurriré...) «Recibí su carta...» (Bien; todo esto es fácil. Después): «Tengo idea de haber encontrado en Vigo un nene muy mono con los ojos azules y el pelo rubio: llevaba alitas y flechas, y nos dimos un beso...; ¡pero me parece que era en carnaval!... De todas maneras, yo le he visto a usted en alguna parte: haré memoria... Con mucho placer recibiré sus cartas y puede usted venir cuando guste. Aquí hay un cura que estudió en Villanoble y a quien debe usted de conocer: se llama don Miguel Fidalgo. Los versos, muy preciosos. Sin más por hoy, se repite de usted amiga y servidora...»

Al través de las perplejidades y temores, el gozo y la esperanza alumbran el semblante de la niña.

Y rota de repente la niebla, álzase ardiendo el sol en la llanura como hostia gigante sobre un ara colosal.

VII

LAS SIERVAS DE LA GLEBA

L «crucero» es un punto céntrico del lugar, donde convergen cuatro calles, anchas y silenciosas, de edificios ruines con techados de cuelmo, pardos y miserables como la tierra y el camino: una gran cruz labrada toscamente, ceñida en el suelo por un amago de empalizada, corrobora el nombre de la triste y muda plazoleta.

Por allí pasa *Mariflor* tempranito en esta mañana azul y blanca del mes de Abril: va la moza vestida con el mismo traje vistoso con que llegó a Valdecruces hace pocas semanas; pero no es tan fino su calzado como aquel que traía, ni es tan lindo el pañuelo de su talle.

Camina muy diligente al lado de la abuela, que disimula sus «tres veintes» y diez años más —como ella dice— siguiendo con tesón el paso firme y ligero de la niña.

Al tomar ambas una de las cuatro calles, en el cruce,

un zagal se aparece por la otra, silbando, con la cabeza gacha y el andar perezoso.

—Es _Rosicler_, abuelita —advierte la muchacha.

Levanta la voz y acorta el paso la vieja para decirle:

—Dios te guarde.

—Felices, tía Dolores y la compaña —contesta el mozalbete—. Y se para en seco, turbado y rojo, con visibles afanes de añadir al saludo alguna cosa.

Es un maragato que contará hasta diecisiete primaveras, cenceño, de regular estatura, ojos garzos, tez soleada y boca infantil; tiene el genio cobarde, el humor alegre, la inteligencia calmosa y el corazón sano: le llaman _Rosicler_ porque era desde niño risueño y galán.

—Mucho se madruga —declara al cabo de sus vacilaciones, que hacen a la doncella sonreir.

—Mucho no, que ya son las ocho —replica la anciana; y añade con afabilidad: —¿A dónde vas, hijo?... ¿Solas dejaste las ovejas?

—Sí, señora; voy a pedirle al amo una razón... Pero torno allá de un pronto; si vais a las aradas os alcanzo en seguida.

—Pues aguanta, rapaz, que a las aradas vamos.

Un instante detuvo el pastor embelesados sus tranquilos ojos en Florinda, y luego echó a correr con tal celeridad que no tuvo tiempo de oir la jocunda carcajada de la moza. Puso la tía Dolores un dedo rígido sobre los labios en señal de silencio, y reprendió suavemente, algo escandalizada:

—¡Niña, no te rías así!

—Pero, abuela; ¿es la plaza un camposanto?... ¿No se puede reir en Valdecruces?

—Tan recio no; ya te lo dije. Aquí no parece bien que las mujeres hagan ruido.

—Pues lo que es los hombres no han de hacerlo... Como no sean _Rosicler_, el señor cura, el sacristán, el enterrador, y tres o cuatro carcamales...

—Sí; ya no quedamos en el lugar más que los viejos, las mujeres y la rapacería—suspiró tía Dolores.

Se extinguió la calle entre las sebes de algunos huertos mustios, y el camino, abriéndose de pronto a un horizonte vasto, mostró las pardas tierras movidas por labores recientes, abiertas y solitarias, con el cuajarón sangriento de algunas amapolas temblando entre las glebas; un viento blando y dulce besaba la llanura en silenciosa paz.

Caminaron buen trecho las dos mujeres cuando las dió alcance *Rosicler*, a paso veloz, con la gorra en la mano y encendido el semblante.

—Tardó en despacharme el tío Cristóbal—murmuró—; estaba durmiendo.

—Estaría; que ya los años le pesan mucho: entró en los noventa y seis—dijo la abuelita, irguiéndose con arrestos juveniles ante la evocación venerable de tantos años vivos.

Ella y el zagal siguieron hablando con mucha parsimonia, doctos y humildes frente al eterno problema de su vida ruda.

—Era sobre el sirle mi recado, ¿sabe?—explicó *Rosicler*—. Tengo que levantar las cancillas y hube de preguntarle al tío Cristóbal hacia dónde correría el redil.

—Y de «allá», ¿tuviste carta?

—Ni carta ni señales... Mi hermano me había prometido que en el mes de San Pedro, al finar el ajuste, estaría todo a punto para embarcarme yo.

—Aún falta tiempo.

—Pero ya van cuatro meses que no escribe.

—Yo también espero noticias... ¡Siempre esperando!

—Del señor Martín, ¿verdad?

—De los dos hijos que me quedan... Isidoro no está bien de salud—se condolió la anciana.

—Ahora mi padre le cuidará—dijo Florinda.

—¡Tu padre iba tan triste!

La muchacha bajó la cabeza, murmurando:

—Pero es muy animoso...

Un gran silencio corría por la tierra; a naciente fulguraba el sol, enrubesciendo el horizonte, y en una lejanía remota alzábase la silueta del Teleno, pálida y confusa, como errante jirón de niebla o nube. De aquel lado venían al término de Valdecruces las tempestades asoladoras, las fatídicas *truenas* del estío. Hacia allí miró Florinda cuando levantó la frente, mientras su abuela se llevaba a los ojos la punta del delantal, y decía *Rosicler*:

—Hoy posa en Vigo «el barco»... Quizabes tengamos carta.

Habíase estrechado la ruta, acosada por los arados terrones; sendas leves penetraban con misterio en el llano, fugitivas y embozadas, sin vegetación ni perfumes. De tarde en tarde algunos matojos descoloridos ofrecían un tropiezo en la vereda, erizados y adustos, como si se avergonzasen de la luz vernal.

Llegaron los tres caminantes a la orilla donde una mujer jadeaba, aguijando, intrépida, su yunta.

—Dios te ayude—le dijeron al uso del país.

Y ella, de igual modo, respondió:

—Bien venidos.

—¿Son de usted las vacas, tía Dolores?—preguntó el muchacho.

—Y tuyas.

—¡Buenas yugadas rendirán!... ¡Miren que la silga!... No hay mejor pareja en Valdecruces.

—Háylas, hombre, que el tío Cristóbal las tiene muy llocidas.

—Pero no tanto—halagó el pastorcillo, fervoroso.

Y sus devotas frases se posaban en *Mariflor* con ingenua candidez.

Ella, agradecida y sonriente, le interrogó:

—¿De modo que tú también te quieres embarcar?

—También. Considere que de pastor se gana poco.

—Pero, ¿le dices de usted?—intervino la tía Dolores—. ¡Si tu abuelo y el suyo eran hermanos!

—¡Como no la tengo tratada!...

—¿Eso qué importa?—pronunció la niña—. Ya ves que yo te hablo con franqueza de parientes. Conque dime, ¿cuánto ganas?

—Un duro al año por cada doce ovejas, la comida y alguna ropa.

—¿Y el rebaño es grande?

—Hogaño es más chico.

—¿Dónde le tienes?

—Vélo va.

Y el pastor señalaba en el paisaje, raso, un punto quimérico para Florinda.

—Yo no distingo más que cielo y tierra—murmuró la moza, entornando los ojos y haciéndose una pantalla con la mano.

—Vélo... vélo ende—insistía *Rosicler*, lanzado a su dialecto por la propia fuerza y concisión de las palabras regionales—. Y con el brazo tendido hacia el lugar solano del horizonte, trazaba un ademán amplio y seguro, cobijador, que parecía descubrir a cada res, guardarla y bendecirla.

—Pues ¡ni por esas!—lamentóse la muchacha, esforzándose para encontrar la pista del rebaño—. ¡Ahora!—exclamó de pronto—. ¡Ya, ya caigo!... Justamente; ellas son: unas vedijas blancas que van y vienen por allí .. ¡Si en este mar de tierra parecen tus ovejas las espumas!... ¡Las crenchas de las olas, ni más ni menos!... Y para mayor embuste, entre el oleaje asoma un barco de vela. Mira, *Rosicler*.

—¡Si es mi camal—replicó el zagal, soltando la risa.

—¿Cómo tu cama?... Pero, ¿tú duermes en un globo, ahí en mitad de la llanura?

Siguió riendo *Rosicler* ante la sorpresa de la moza y su ignorancia en materia de lechos pastoriles. Y como la mujer de la yunta había suspendido su palique con la tía Dolores, apresuróse ésta a explicar a Florinda de buen grado, minuciosa y elocuente, de qué artificio vulgar se componía aquel pobre camastro, que, como en aventuras quijotiles, tomaba *Mariflor* por un lecho flotante y prodigioso.

—Nada de eso, chacha; viene a ser como especie de pernales, con una tarima; igual que unas trosas, ¿comprendes?... Lo que desde aquí se distingue mejor, ablancazao, que se te figura la vela de un navío, es a manera de tabique para que el rapaz se acuche de la lluvia y de los vientos.

Decía la maragata con firmeza, dando una entonación grata y solemne a la clave de aquel menudo secreto, posando en la muchacha los turbios ojos y la palabra persuasiva, con aire de iniciadora, como quien descubre a un neófito los ritos de un culto. No parecía aquella misma anciana que en el tren conocimos, vacilante y mustia, silenciosa y torpe, asomada a la vida como un espectro de otros siglos.

Ahora, bajo este cielo fuerte y alto, en este paisaje sin contornos, llano y rudo, arisco y pobre, en esta senda parda y muda donde la tierra parece carne de mujer anciana; aquí, en la cumbre de esta meseta dura y grave, como altar de inmolaciones, tiene la vieja maragata aureola de símbolo, resplandor santo de reliquia, gracia melancólica de recuerdo; su carne, estéril y cansada, también parece tierra, tierra de Castilla, triste y venerable, torturada y heroica. Diríase que, en murmullo de remotas bizarrías, pasa con sigilo por la llanura un hálito ancestral de evocaciones, haciendo marco insigne a la figura legendaria de esta mujer.

Florinda escucha absorta, con los ojos cautivos de aquel punto blanco, insurgente y gentil como una vela marina: no otra cosa parece en el horizonte el hinchado cobijo que flota sobre la cama del pastor.

—¿Y duermes ahí todo el año?—le pregunta compadecida.

—Desde que el tiempo abonanza—responde la abuela, mientras el zagal sonríe, orgulloso de merecer las admiraciones de la moza.

Vuelve la obrera del arado a pasar cerca del grupo, afanosa y enfrascada en su labor.

—Aguarda, Felipa—dícele de pronto la tía Dolores—. Voy a dar yo una vuelta; luego tú echas las tornas.

—¡Pero, abuelita!—protesta *Mariflor* suavemente—. Y ya la abuela, avanzando entre los terrones, blande la aguijada con muy airosa disposición y hace retroceder a la yunta mediante la voz usual:

—¡Tuis... tuis!

Los animales obedecen mansos, y la maragata hunde la «tiva» en el surco, sosteniéndola por la rabera con mano firme: brota un chorro de tierra, débil y roja, en la férrea punta del arado; gime la «gabia», avanza la yunta y queda abierto al sol un pobre camino de pan.

Sigue Felipa con mirada inteligente la estela que el trabajo marca en el suelo. Esta Felipa, ¿cuántos años podrá tener?

—Cuarenta y cinco lo menos, piensa *Mariflor*, examinándola de reojo. Pero ella siente la mirada curiosa de la niña, vuelve el rostro indefinible, borrado, curtido por los aires y los soles, y al sonreir, complaciente, muestra una dentadura blanca y hermosa, que alumbra como un rayo de luz toda la cara.

—Veintiocho años a lo sumo—corrige entonces la doncella, sorprendida. Y *Rosicler*, cándido y simple, por decir algo, le pregunta:

—¿Tú no sabes arar?

—No—contesta prontamente la muchacha.

—Ya irás aprendiendo; es muy fácil.

—Mi padre me lo ha prohibido—dice ella estremeciéndose, como si las palabras del pastor fuesen un augurio—. Y a mi abuela también—añade.

Supone el zagal que ha cometido una indiscreción, y deseando borrarla con cualquiera interesante noticia, sale diciendo:

—Ya llegaron mis ovejas a los alcores.

De aquel lado tiende Florinda la mirada, y otra vez se confunde entre la llanura y el celaje, sin distinguir ribazo ni soto alguno: quizá tiene los ojos ensombrecidos por una triste niebla del corazón.

Pero tanto señala *Rosicler* y con tal exactitud «allí á man riesga del aprisco, una riba que asoma en ras del término», que *Mariflor* encuentra la remota blancura del rebaño, como nube de plata caída al borde del cielo azul.

—¿Tienes muchas femias?—le pregunta Felipa al pastor.

—Cuasi por mitades; hay otros tantos marones.

Como la abuelita los halla distraídos a los tres, al terminar el surco sigue terciando con mucho brío. Y cuando *Mariflor* lo advierte y la llama, ya va lejos, salpicada de tierra, con las manos en pugna y el cuerpo encorvado.

—¡Oya, tía Dolores; que la llaman aquí!—vocea el zagal, deseoso de complacer a la niña—. Pero la anciana sólo acude al redondear la vuelta; y luego de hacer a Felipa algunas recomendaciones, dice que ya es hora de seguir el camino hacia la hanegada de Ñanazales: tercian allí también, y quiere dar un vistazo.

—Y a la de Abranadillo, ¿cuándo voy?—interroga la obrera.

—Está el terreno muy cargado; habrá que esperar un poco.

—En cuanto vengan cuatro días estenos.

—Justamente.

—Creí que tenía en fuelga aquella hanegada—dice *Rosicler*.

—No; antaño estuvo.

Se despiden la vieja y la moza, en tanto que el zagal y Felipa, al borde de «la arada», murmuran a dúo:

—Condiós...

—Condiós...

Y al catar el sendero, con rumbo a Ñanazales, Florinda, mny curiosa, averigua:

—¿Cuántos años tiene esa mujer, abuela?

Después de pensarlo mucho, bajo un pliegue pertinaz del entrecejo, responde la anciana:

—Habrá entrado ahora en veintitrés.

—¡Es posible!

—¿Qué te asusta?

—¡Si parece mucho mayor!

—Ya tuvo dos críos.

—¿Luego está casada?

—¡Natural, niña! A su edad casi todas las rapazas se han casado aquí.

—¿Pero con quién, abuela? ¡Si no hay hombres!

—Viene el mozo de cada una, se casa y luego se vuelve a marchar.

A los labios dulces de la muchacha asoma una ingenua observación, mas la contiene, la hace dar un rodeo malicioso, y pregunta con mucha candidez:

—¿No ha vuelto el marido de Felipa desde que se casaron?

—Sí, mujer; ¿no te dije que tienen dos criaturas?... Viene ese, como la mayor parte dellos, para la fiesta Sacramental; ¿cómo habían, si no, de nacer hijos?... ¡Se acabaría el mundo!

Mariflor extiende una mirada angustiosa por los eriales: cruzan ahora las dos mujeres unos campos en barbecho, donde apenas algunas hierbecillas brotan y mueren, baladíes, inútiles, fracasado barrunto de una vegetación miserable: la estepa inundada de luz, calva y mocha, lisa y gris, silente, inmoble, daba la sensación de un mundo fenecido o de un planeta huérfano de la humanidad.

—¡Y este país—pensaba la moza con espanto—es el mundo, «todo el mundo» para la abuela, para Felipa y mi prima Olalla, para cuantas infelices nacieron en Valdecruces!... ¡Y aquí es menester que las mujeres tengan un hijo cada año, maquinales, impávidas, envejecidas por un trabajo embrutecedor, para que no se agote la raza triste de las esclavas y de los emigrantes!...

La niña maragata no reflexiona en tales pesadumbres sin un poco de ciencia de la vida: conoce países feraces, campos alegres, pueblos felices, libros generosos, sociedades cultas y humanitarias. Sabe que al otro lado de la llanura baldía, de la esclavitud y de la expatriación, hay un verdadero mundo donde el trabajo redime y ennoblece, donde es arte la belleza y el amor es gloria, la piedad ternura, el dolor enseñanza y la naturaleza madre.

Ha estudiado un poquito Florinda Salvadores en el semblante vario de las almas y de las cosas, por su lado bueno y alentador; de las costumbres cultas y de las libertades santas, bajo su aspecto femenino y misericordioso; ha cursado el arte de querer y de sentir, en la escuela del hogar propio, donde la madre de esta niña, inteligente y curiosa, fué maestra en amor y solicitud, y maestra también, por un honrado título, corona de aprovechada mocedad.

Todo lo que sabe *Mariflor* y aun mucho que adivina, que presiente y que busca por el ancho camino de ilusiones donde la ambición suele perseguir a la felicidad, se le sube ahora a los labios en un ¡ay! trémulo y ansioso.

—¿Estás cansada?—le pregunta solícita la abuela.

—No, señora—balbuce—; voy pensando que son muy tristes estos parajes, tan solos y tan yermos.

—¡Josús, hija, luego te amilanas! Algunas parcelas que

ves, quedan de aramio para el año que viene; no todo es erial.

—¿Y qué quiere decir «aramio»?... No lo entiendo.

—Pues que ya llevó la tierra dos labores; pero es sonce el terreno y no se puede sembrar hasta que descanse.

—Sonce, ¿significa malo?

—Eso mismo. Ya vas aprendiendo la nuestra fabla.

—Algo me enseñó mi padre, que le tenía mucha ley.

—¿Enseñar?... Él lo iba olvidando. ¡Como no casó en el país!

Hay un dejo de amargura en esta observación; pero la vieja, adulciendo al punto sus palabras, dice muy cariñosa:

—Por aquí, todo a la derechera, llegamos pronto a Ñanazales, y en redor verás cuántos bagos con gentes y yuntas; es tierra labrantía. Al otro lado del pueblo ya está madurando la mies.

—¿De trigo?

—No, hija, no: de centeno. Aquí el trigo apenas se da.

—¿Y nunca tenéis pan blanco?

—Nunca—. Y añadió la maragata un poco secamente:
—Pero nos gusta lo moreno.

—A mí también—se apresuró a decir, sumisa, *Mariflor*.

La abuelita ponderó entonces jactanciosa:

—Recogemos, además, cebada, nabos... y en algunos huertos, muestra de trigo.

No pudo la moza menos de suspirar otra vez ante la mención ufana de tan ricas cosechas. Y así andando y discurriendo sobre las simientes y los terrones, los añojales y las «aradas», vió *Mariflor* oscurecerse la tierra recién movida y destacarse en torno mujeres y yuntas, en grupos solitarios y activos.

—¿Qué hacen, abuela?—preguntó.

—Terciar: es la última labor, por ahora.

—¿Y no hay ningún hombre, ni uno sólo en el pueblo, que ayude a estas cuitadas?

—¡Qué ha de haber, criatura! el que se nos quedase aquí, sería por no valer, por no servir más que para labores animales. Los maragatos—añadió envanecida—son muy listos y se ocupan en otras cosas de más provecho.

—Y las maragatas, ¿por qué no?

—¡Diañe!... ¿Ibamos a andar por el mundo con la casa y los críos? ¿Quién, entonces, trabajaba las tierras?

La joven no se atrevió a contestar, porque en su corazón y en su boca pugnaba, harto violenta, la rebeldía: allí mismo, delante de sus ojos, jadeaban yuntas y mujeres con resuello de máquinas, fatales, impasibles, confundidas con la tierra cruel...

—Ya estamos en Ñanazales—dijo la tía Dolores—. ¿Ves aquellos búis moricos?... Son de casa: la mejor pareja del lugar.

—Y la obrera, ¿quién es?—preguntó la moza en seguida.

—Una que tú no conoces: está para parir.

—¿Y trabaja?

—¡Qué ha de hacer! Así hemos trabajado todas.

Fuese hacia ella la abuelita, diciéndole a *Mariflor*:

—Mira, ahí tienes un sentajo: quédate a descansar un poco, que voy a ver la traza del terreno.

Y se alejó por la linde menuda, donde la barbechera puso fonje mullida, amortiguadora de los pasos: delante de los bueyes «moricos» una mujer esperaba, limpiando la reja con el gavilán.

Sentóse Florinda en una piedra grande, relieve de majanos divisorios, y como el sol ya calentaba mucho, se subió hasta la frente, suelto y libre, el pañolito que sobre el jubón lucía: así quedó desnuda su garganta, carne fina y trigueña, dorada y dulce como fruto en sazón. Bajo aquella piel sérica y firme, soliviando los corales de la gargantilla roja, estalló un sollozo contenido apenas, y la suave faz mojada en llanto buscó refugio entre las alas del pañuelo.

No sabe *Mariflor* por qué llora, ni cuál de las amarguras que conoce levanta en su espíritu esta repentina tempestad: añoranzas. acaso, de los padres ausentes en dos mundos distintos y remotos; quizá secretas aspiraciones de la juventud amenazada; imágenes, tal vez, de otra vida feliz que ya es recuerdo; todo junto, apremiante y doloroso, removido por la tristeza infinita del páramo, oprime y sacude el corazón de la niña maragata... ¡Quién sabe si también las piedades y las indignaciones alzan su voz de llanto en aquel pecho altivo y generoso!...

Aunque no comprende Florinda la razón de aquella angustia impetuosa, bien quisiera llorar mucho, sólo por el descanso de su alma, que se lo pide con sordas voces. Pero hace un valiente esfuerzo para tragarse los sollozos, se enjuga las lágrimas y pretende evadirse a todo trance del vehemente dolor cuyo motivo determinado ignora.

Casi duda conseguir este triunfo la muchacha jovial que hace poco reía en Valdecruces con escándalo de la tía Dolores. Y tanto arrecia el ímpetu misterioso de la rebelde cuita, que *Mariflor* cruza sus manos en actitud devota de plegaria.

—¡Virgen!—prorrumpe—. Seréname como a las aguas turbias de los ríos, como a las olas bravas de los mares...

Al punto un pájaro, escondido entre el barbecho, trasvuela hasta la orilla de la joven, trinando alegremente. Ella le asusta con su propio sobresalto, y el pajarillo vuelve entonces a trasvolar, sin suspender su canción, muy contento de vivir, muy goloso de unas briznas de hierba, casi invisibles, que se asoman cobardes al pedregal del camino.

A milagro le trasciende a Florinda aquella aparición, como si fuera imposible que un ave gorjeara en primavera y habitara feliz en la llanura de Maragatería. Un resorte, enmohecido en la memoria de la triste, se mueve de pronto, avanza, busca, y encuentra estas palabras dulces, que en augusto libro se aprendieron:

Yo soy aquel que tiene cuenta con los pajaricos, y provee a las hormigas, y pinta las flores, y desciende hasta los más viles gusanos...

Como por arte de magia cede la tormenta de lloros y suspiros que descargaba, dura, allí, al violento compás de un corazón, y muéstrase Florinda consolada lo mismo que si el pájaro inocente fuera un mensajero providencial; cuando él, ahora, reclama y ayea en el rastrojo, ella sonríe, sin lágrimas ni quebranto.

Persiguiendo el rumbo de la avecilla dan los ojos de la maragata en un bancal de brezo florido. Ya va a correr para recibirle como otro mensaje del divino Artista, cuando la voz de la abuela la detiene:

—¿Adónde vas, rapaza?

—A coger esas flores—murmura con el acento aún turbado por la reciente borrasca de su espíritu.

Pero la vieja no se fija en ello ni repara tampoco en la lumbre de pasión y delirio qne arde en las mejillas de la joven, ni en el cerco encarnado de sus ojos; está la tía Dolores preocupada porque, según dice la obrera, uno de los «moricos» parece triste.

—¿Y ella, la mujer?—dice Florinda muy apremiante.

—¿Cuála?

—Esa que está terciando para ti.

—Pero, ¿qué hablaste della? ¡Estás boba!

— Que si gana mucho jornal—pregunta la muchacha algo confusa, sin atreverse a decir todo lo que se le ocurre.

—Gana abondo: tres riales y mantenida.

— Y «abondo», es mucho... ¡Dios mío!—lamenta la niña con terror en lo profundo de su alma.

Acércase distraídamente hacia los brezos, mientras inquiere la abuela con un poco de desdén:

—¿Te gustan las albaronas?

—Son éstas, ¿no?

—Sonlo. También la urz negral da flor.

—¿Morada?

—Sí; parece de muertos... Son las más abundantes del país.

—Y las amapolas—añade Florinda, pensando—, ¡flores de tragedia!... ¿No sabes?—dice de pronto al oir cómo pía el pájaro evocador—. He visto una codorniz.

—¡Quiá mujer!... Será un vencejo.

—Canta muy bien... ¿Oyes? ¡Si fuese una alondra!

—No, criatura; esas son más tardías y anidan en los trigales verdes; por aquí escasean.

Dió prisa la tía Dolores: ya iba el sol muy alto y pudiera la moza coger un «acaloro» no teniendo costumbre de andar a campo libre.

Retornando a la aldea, aún pregunta *Mariflor:*

—¿Es parienta nuestra la que gana tres reales?

—Algo prima de tu padre viene a ser; hermana de Felipa, pero ellas se apellidan Alonso. ¡Lástima que a esta pobre la inutilice el parto, ahora, para dos o tres días! Son buenas serviciales...

Allá flota el cobijo del pastor como abandonada bandera que ningún viento agita en el desierto pardo de la llanura; los esquilones del ganado tañen lentamente al compás del trajín, en algunas «aradas»; y las mujeres, todas viejas al parecer, todas tristes, anhelantes y presurosas, gobiernan el yugo al través de los terrazgos: queda el camino a veces atravesado por el vuelo de un ave.

—¿No lo ves? Son aviones—corrobora la anciana—;

éstos son mansos como· las golondrinas; vienen en la primavera y hacen el nido en los alares...

Ya en la linde de Valdecruces, Florinda, con las flores del brezo entre las manos, vuelve la mirada hacia el erial. Aquel primer paseo por el campo de Maragatería causa en la joven una impresión indefinible de angustia y desconsuelo.

Y aunque se reanima su fe con la memoria del divino Artífice «que pinta las flores y tiene cuenta con los pájaros», los dulces ojos, serenos como aurora otoñal, miran afligidos al horizonte.

VIII

LAS DUDAS DE UN APÓSTOL

 la sombra de la nublada frente, los ojos de don Miguel estaban tristes; retirado el sacerdote a su aposento, con las manos entre las rodillas y el busto inclinado en el «escañil», meditaba sin tregua.

¡Vaya un conflicto! ¡En buen hora la compasión y la amistad lleváronle a ser consejero y tutor de la familia Salvadores! Toda la solicitud con que él defendía los embrollados asuntos de esta pobre gente, no bastaba a prevenir su adversidad.

Las noticias de América eran harto desconsoladoras: el padre de Florinda, «el señor Martín» —según le llamaba el mismo don Miguel— encontró a su hermano Isidoro muy enfermo, y en manos ajenas el humilde negocio allí establecido, señuelo de la esperanza familiar, vorágine que sorbía cuanto la usura prestaba, con subi-

do interés, sobre el menguado peculio de la tía Dolores.

Algún socorro llevó a ultramar el segundo emigrante:
algo de lo que a duras penas salvara en el hogar costa-
nero; mas la viril resolución del señor Martín, expa-
triándose con la pena de su reciente viudez y dejando a
su hija en Valdecruces, parecía estéril ante la mala ventura que a todos alcanzaba desde la amarga paramera.

Ya el ausente maragato le escribía con sigilo al sacerdote, que juzgaba muy difícil levantar el caído negocio
de América sin mucho más dinero del que llevó; hablaba también de Florinda con tristeza angustiosa y mostrábase impaciente por conocer el camino de las negociaciones matrimoniales entre ella y su primo Antonio.
«A base de esa alianza —escribía— quizá fuera posible
restaurar la hacienda de Valdecruces, pero yo quiero
dejar a la muchacha en absoluta libertad para elegir marido: nada ambiciono para mí; por ella y por mi madre
sufro; por este pobre enfermo y por sus hijos me afano».
Y añadía: «Dime tus impresiones. Antonio irá para la
fiesta Sacramental; creo que sigue muy encaprichado por
la niña; sabe que está bien educada, que es hermosa, y,
tanto él como su madre, desean lucir en la ciudad una
mujer de buen porte y de finura. Mas yo no quiero engañar a mi sobrino; si llega la ocasión, hazle saber que
perdí casi todo cuanto tenía en el tiempo en que nego-
ciamos la boda bajo la condición de someterla al gusto
de la rapaza; el novio sabe que he delegado en ti todas
mis atribuciones sobre el particular...»

Recordando la carta confidente, el cura se levantó inquieto y anduvo por la salita con aire absorto; había recibido otra esquela, y otra aún, que, distintas y semejantes a la vez, convergían al mismo punto: el matrimonio
de Florinda.

El pretendiente de Valladolid escribía al párroco diciéndole que, «sabedor de la tutela que desempeñaba

cerca de su prima, tenía el gusto de comunicarle su propósito de celebrar la boda aquel verano, aprovechando la ocasión de su viaje a Valdecruces «cuando las fiestas», puesto que sus muchas ocupaciones le impedirían volver, y ya era hora de tomar estado... Quedaba en espera del «sí» definitivo para los fines consiguientes...»

Y en el mismo correo, también con sobre al señor cura, una letra fina y nerviosa, clamaba de pronto:

«¿No te acuerdas de mí?... Considero imposible que me hayas olvidado, aunque nada contestas cuando van mis renglones a buscarte; soy aquel de las coplas y de las penas a quien tú exaltabas con elevados discursos a la orilla del mar, del mar mío que amaste y «sentiste» como un gran artista.

»De aquella amistad nuestra guardo yo recuerdos imborrables que ojalá perduren también en tu memoria; atisbos de tus antiguas confidencias, raras y profundas como las de un santo; reliquias inefables de la paz de tus ojos, de la ternura extraña de tu voz. Siento al través de nueve años de ausencia la codicia de un secreto que en tu alma soñé... No lo niegues; era un secreto «blanco» y triste (según decimos ahora) que en vano quise aprisionar en los moldes artificiosos de una fábula... Tú no hablaste nunca, y aquel misterio quedó en mi fantasía como intangible estela de visiones que no pueden cuajarse en una estrofa...

»Quizás haré mal en volver a ti con esta memoria por divisa; quizás te alarmo y «te escondo» al resucitar de improviso el agudo recuerdo de mis curiosidades; mi propia imprevisión te prueba la cordialidad de este impulso.

»Al regresar de Cuba hace dos años supe en Villanoble que habías terminado la carrera con mucha brillantez, y te escribí a tu pueblo; después te mandé mi último libro: no respondiste a mi reclamo. Ahora, una adorable letra de colegiala ha escrito para mí tu nombre, y esta providencial noticia tuya que recibo por tan dulce mensajero, me conmueve con el íntimo temblor de muchas ocultas emociones que despiertan y vibran, gozan y esperan...

»Si te asusta mi exordio, si te desplace esta indiscreta persecución psicológica y sentimental, juro en mi ánima acallar para siempre tales porfías inquiridoras; y aún le queda a este pobre artista el aspecto de entrañable amigo y de hombre sensible para quererte y admirarte mucho.

»Acógeme bajo esta fase de íntima fraternidad que antaño nos unió por encima de mis inquietudes y de tu reserva; óyeme con tu afable sonrisa de tolerancia: de mi corazón, que tú conoces de memoria, voy a mostrarte una página «inédita», que casi yo mismo ignoro.

»—Ya «te siento pensar» con reflexiva compasión:—¡Cree que está enamorado!...

»Tú sabes muchas leyendas de mis amores, y sonríes con incredulidad, al verme perseguir de buena fe otra dulce mentira... Nada profetizo, porque me he equivocado muchas veces; mas, honradamente te aseguro que si éste de hoy no es el «definitivo» amor... está muy cerca de serlo...»

No acertó el comunicante, suponiendo que el sacerdote hubiera sonreído en la lectura de esta carta. Aun recordándola ahora, palidecía ligeramente y plegaba con nueva incertidumbre el entrecejo. Ninguna personal zozobra le suscitó el escrito del poeta; a las particulares alusiones con que Rogelio Terán le saludaba, fuéle a don Miguel muy llano contestar con serena desenvoltura:

«Cumple ese espontáneo juramento y renuncia de una vez a tus pesquisas novelables; ni una mala copla podrías ensayar a cuenta de los «secretos blancos» que me atribuyes, y que sólo existen en tu imaginación.»

Mayores dificultades tuvo que vencer el cura para

contestar al resto de la carta, donde el artista, en pleno asunto de novela, contaba con lírico entusiasmo la despedida y el encuentro, origen «aquella nueva página de un corazón». Desde *el sueño de la hermosura* sorprendido en el viaje, hasta el adiós penoso en el andén astorgano, toda la historia linda y triste pasaba lo mismo que una centella por los enamorados renglones. Y don Miguel, ingenuamente conmovido por aquella relación fervorosa y rara, hallóse lejos de sonreir; repercutían en su espíritu con singulares ecos las exaltaciones generosas reveladas en aquel párrafo:

«... Esta niña tan llena de atractivos, que merece llamarse María y llamarse Flor, me ha mirado con deleite y ternura en dulcísimo abandono de su alma, y dejándome vivir como un sonámbulo a orilla de la hermosa realidad, hundióse en desierto camino paramés, al lado de una vieja lamentable y torpe, con rumbo sabe Dios a cuántas amarguras...»

—¡Sabe Dios a cuántas!—repetía el sacerdote, saturándose en el latente aroma de caridad vertido de la pluma del poeta.

Delatada por el santo perfume, la pura doctrina de un noble corazón daba su fruto en estas otras frases:

«Yo sé que esa pobre familia te aprecia como confidente y amigo de su más íntima confianza; que ponen en tus manos sus asuntos y proyectos, y que entre *Mariflor* y un primo suyo median planes de boda no sancionados aún completamente. ¿Quieres hablarme de estos propósitos? ¿Quieres decirme si dañaré los intereses de la muchacha yendo a solazarme con su presencia al amparo de tu amistad? Siento la violenta tentación de volverla a ver. —¿Con qué intenciones?—me preguntas—. Yo mismo las ignoro en definitiva; desde luego con las de hacerle todo el bien posible, y ni una sombra de mal siquiera.»

Al llegar mentalmente a este punto de la lectura, to-

dos los días repetida de memoria, el párroco de Valdecruces hizo una pausa en su agitado raciocinio, acodóse
en el tosco rastel del antepecho y encendió con lentitud
un cigarro.

A espaldas del fumador aposentábase la sombra en la
modesta salita, diseñando apenas el perfil de un pupitre
y de un sillón y el contorno de unos altos escabeles.
Fuera, se amortecía bajo el crepúsculo un huertecillo,
cuyas legumbres posaban pálido tapiz de verdura sobre
el color ocre de la tierra, y en la apacible lontananza del
erial tenía la muerte de la tarde una serenidad purísima.

Paseó don Miguel sus claros ojos por el asombrado
huerto, por el deleznable caserío asignado entre calzadas y rúas silenciosas, y los clavó después en el lueñe
horizonte, allí donde sangraba la agonía de un magnífico
sol de mayo, en la serena curva del cielo azul: evocaba
el sacerdote aquel momento en que acudiera *Mariflor*
a su llamada para responder con claridad a dos trascen-
dentales preguntas: —¿Quería a su primo por esposo?

—No, señor—dijo rotundamente la moza sin asomo
de vacilaciones.

—¿Y a Rogelio Terán?

Aquí, una súbita sorpresa tiñó de grana el semblante
de Florinda, la cual bajó los ojos, torció nerviosa el pico
del pañuelo y exclamó lo mismo que la heroína de
Campoamor:

—«Cómo sabe usted?...»

Aunque el cura de esta *dolora* no era «un viejo», para
él tuvo la niña «el pecho de cristal», como en la fábula;
y apenas dejó traslucir los amorosos afanes, tuvo también la palabra expedita para defender sus preferencias
y los libres fueros de su corazón. Ya para entonces habíase mostrado transparente como el pecho, el cristal de
unos ojos que miraban al párroco de hito en hito, y en
los cuales fulgía la esperanza como un rayo de luna sobre el mar.

Sintióse conmovido el sacerdote en la contemplación de aquella moza que miraba de frente como él, sin duda porque tenía muchas cosas buenas que decir con los ojos oscuros y anhelantes. Y al cabo de innumerables observaciones y temperamentos, se convino en la plática, requeridora una triple resolución: escribir al padre el fiel relato de la amorosa cuita; tratar con el primo, sólo verbalmente, «del asunto», sin corroborarle entretanto promesa alguna de matrimonio; y responder a Terán «en la forma que el señor cura lo creyera discreto», dando margen a las ilusiones que la niña compartía con el poeta.

Así, *Mariflor* y don Miguel se propusieron en amigable complicidad servir a los corazones y a los intereses, con un sentimiento doblemente caritativo por parte del sacerdote; avaro y generoso a la vez, en el espíritu ferviente de la enamorada.

—Yo misma—concluyó por decir aquella tarde—explicaré a Antonio este verano los motivos de mi negativa y le pediré la protección de su fortuna para la abuela. Si es bueno y es rico, tanto como dicen, ¿ha de negarse a salvarnos a todos? Cuanto más que yo no pretendo que nos regale nada; bastará que nos preste sin usura...

Y como don Miguel acogiera en silencio el vehemente propósito, añadió la muchacha con vivísima zozobra:

—¿Cree usted muy difícil un milagro?

—Según y conforme...

—Es que yo le he prometido a Olalla hacer uno, con la ayuda de Dios, para librar la hacienda de abuelita.

—¿Y será a base de lo que Antonio te conceda y tú le niegues?

—¡Eso mismo! ¿Le parece a usted imposible de lograr?

—¡Oh transparente corazón de mujer—meditó el cura sonriendo—. ¡Mezcla humanísima de egoísmo y caridad, de obstinación y de ternura!... En fin—dijo sentencioso—: la fe mueve las montañas... Para Dios no hay imposibles...

Las últimas palabras del sacerdote extendieron por el dulce rostro de la niña una expresión de singular confianza. Así, férvida y creyente, se había despedido *Mariflor* en aquella entrevista.

Desde el mismo barandaje donde el cura se apoya, la vió cruzar el huerto y salir a la penumbra del camino en el preciso instante en que pasaba *Rosicler* balanceando su chivata de pastor al compás de una copla.

Se saludaron los dos mozos bajo las alas de la brisa, mientras el paisaje se quedaba dormido en la mansedumbre de la noche y florecía en astros el profundo cielo. Y cuando ambas siluetas se dibujaron levemente, ya separadas en la oscuridad, la canción de *Rosicler* vibró engreída, dejando en el aire una letra de boda, el jirón de un romance popular que pregonaba:

«Mira, niña, lo que haces,
mira lo que vas a hacer,
que el cordón de oro torcido
no se vuelve a destorcer...»

Trovó un pájaro en su última ronda por el huerto, rodó en las nubes una estrella rubia, y don Miguel sintió los ojos turbios de lágrimas, quizá nacidas de la melancolía de la hora, o de aquel recuerdo «blanco y triste» mentado por el poeta, removido por los acentos de la copla, por la visión juvenil de la niña y el zagal...

En este otro crepúsculo, tan espléndido como aquél, la honda meditación del señor cura tiene cambiantes y matices como la piedra ónice, y el relámpago de alguna sonrisa aclara a veces el frunce del entrecejo en la frente del apóstol. El cual, como si hallase súbito remedio a una de sus perplejidades, arroja por el balcón la punta apagada de su cigarro, y asomándose a la puerta de la salita, llama de pronto:

—¡Ascensión!... ¿puedes venir?

—Voy ahora mismo—responde en el fondo de la casa un agudo acento de mujer. Y una moza acude en seguida, diciendo al entrar:

—¿Enciendo luz?

—Todavía no. Te quería preguntar si conseguiste que Marinela Salvadores te confiase aquel secreto que tú adivinabas.

—Y acerté, mismamente.

—Vamos a ver: ya sabes que no me impulsa la curiosidad a estas averiguaciones en que tú me ayudas: quiero el bien de la rapaza; curar esa dolencia, esa misteriosa pesadumbre que nadie conocía... ¿Qué tiene, en fin?

—Tiene... vocación de monja.

— ¡Así, en firme, de verdad?—exclama absorto el párroco.

—De verdad, tío. Si no entra clarisa, se comalece.

—Pero, ¿de qué le ha quedado eso?

—De que un día fuímos juntas a Astorga y llevamos de parte de usted un mandado para la madre abadesa: fué en el mes de abril...

La muchacha se sienta en un escabel, y el cura, reclinándose en otro, cerca de la sobrina, escucha con atención, ya bien entrado en el aposento el silencioso temblor de la noche.

—Fué en el mes de abril—repite Ascensión después de una pausa, dando mucho alcance a su confidencia—. Con la madre Rosario salió al locutorio una novicia a quien yo conocí en la Normal de Oviedo. Nos dijo que estaba muy gozosa en la clausura, que tenían un jardín precioso donde cultivaban flores para la Virgen, y que se disfrutaba un deleite divino en aquella vida. Marinela, que no habló una palabra, salió de allí tocada de la vocación como por milagro, y desde entonces conozco que se muere por ser monja.

—Pero, ¿y la dote?—prorrumpe don Miguel con impaciencia.

—Por eso la zagala padece; hoy me ha confesado sus pesares al volver de Piedralbina: ni por soñación espera conseguir los dineros para entrar en Santa Clara... ¡y llora tanto!

—¿Y por qué ha de ser en Santa Clara precisamente? Si tiene verdadera vocación religiosa, bien puede buscar otro convento donde no necesite llevar mil duros por delante.

—Ya se lo he dicho yo; pero ella quiere en ese, en ese nada más. ¡Usan las monjas un traje tan precioso, todo blanco! Y se dedican a plegar la ropa de los altares, a hacer dulces y labores; ¡cosas finas y santas!

—Sí—replica el cura remedando el tonillo alabancioso de la moza—, y a practicar ayunos y vigilias, penitencias y sacrificios.

Tras un breve silencio, Ascensión añade con tenue ironía:

—En su casa ayuna Marinela y vive sacrificada... Ser clarisa es destino envidiable.

—¿También para ti?

—¡Yo, como tengo dote y haré buena boda!

—Porque Máximo tiene dinero, ¿no?

—¡Claro está! Pero Olalla y Marinela no han de casarse: todo el mundo dice que la tía Dolores ha perdido el caudal.

—¿De manera que te parece envidiable el destino de monja para esa niña, porque no tiene un céntimo?

—Ya ve... Estar a la sombra en un claustro hermoso, vestida de azucena, cuidando un jardín para la Virgen, ganando el cielo entre oraciones y suspiros... es mucha mejor suerte que trabajar la mies como una mula para comer el pan negro y escaso, y envejecer en la flor de la mocedad: yo que Marinela, también entraba clarisa.

—Pero, criatura y ¿la dote? ¿No ves que si ahora le diesen veinte mil reales a Marinela para profesar en Santa Clara, lo mismo le servían para casarse? Menos tienes tú y sólo por lo que tienes vas a hacer una «buena boda», según dices: la pobreza no justifica la vocación religiosa en este caso, y más vale así, aunque sea imposible realizar los deseos de tu amiga.

Ascensión, la maestra elemental, sobrina del señor cura, no enrojece al sentirse envuelta en tan desnudos comentarios, sino que, reflexiva y avisada, advierte a la sapiencia y lógica de su tío:

—Repare que muchos prelados reciben herencias para dotar a las novicias pobres, pero nunca para dotar a las novias... Hay devotos ricos que protegen con grande caridad las vocaciones religiosas; hay plazas de favor en los conventos; y, en un caso de apuro, no teniendo una mujer nada más que la tierra abajo y el cielo arriba... menos difícil me parece entrar en la clausura con el hábito que entrar en la parroquia con el novio... ¿No es verdad?

La pregunta, certera y amarga, hiende como un dardo la sombra, y el sacerdote álzase al recibirla y se lleva la mano al pecho igual que si le sintiese herido.

Suspira sin responder, da unos pasos a tientas por la estancia y, de pronto, se dirige hacia el balcón, donde acaba de asomarse la luna bajo un pálido velo de niebla.

—¿Enciendo luz?—vuelve a preguntar la moza, dando por concluído el interrogatorio.

Y con grave intención, que ella no comprende, el párroco de Valdecruces avanza en la oscuridad hacia el claror divino y, señalando al cielo, responde:

—Deja que ésta me alumbre...

IX

¡SALVE, MARAGATA!

QUEL jinete que cruzaba la estepa en un mulo, a pleno sol, vagoroso y audaz, con aires de aventura, parecía, de lejos, *Don Quijote*; cenceño, flexible, impaciente, exploraba los horizontes y caminos ensoñando quimeras, igual que el caballero de la *Triste Figura*. Un pobre *Sancho* de a pie le acompañaba, ni gordo ni contento, alquilado en Astorga a la par del mulo; no iban de palique el criado y el señor, como sucede en las novelas, donde un hidalgo curioso cabalga por país desconocido a la vera de un guía, y todo se le vuelve al intruso preguntar al indígena por esto, por lo otro y por lo de más allá.

Este espolique de ahora no era muy explícito que digamos: corto de palabras y largo de piernas, quizá pretendiese economizar en saliva lo que derrochaba en pasos, y así holgaba su boca mientras sudaban sus pies.

Tampoco las preguntas del caballero parecían a propósito para quebrantar la pasiva reserva del peón: interrogaba aquél, confusamente, sobre agricultura, historia, costumbres y privilegios de la tierra, y el pobre maragato encogíase de hombros bajo su parda almilla, con ruda perplejidad.

—Aquí, de agricultura—supo al fin responder—, pues... el centeno; de costumbres... nacer, emigrar, morirse, ¡como en todas partes! De historia... los cuentos de las viejas, patrañas de godos y romanos... ¡ vaya usté a averiguar! y de eso otro que usted dice... ¡diájule! non lo oí mentar nunca...

Era el espolique un hombre, tosco por su innata rudeza, condenado a servidumbre, que a la sazón padecía en una posada de la capital.

El andante caballero, visto de cerca, había trocado el yelmo de Mambrino por un *jipi*, y la célebre lanza por un vástago de roble; llevaba un maletín a la grupa, finos guantes en contacto con las bridas, y áureos lentes sobre los ojos azules; era joven y parecía feliz.

Según iba creciendo la mañana, aparecíase, bajo la fuerza del sol, más vasto el erial, más estéril y solitario. Caía la luz con arrogancia, en toda la plenitud del mes de junio, y extendía el purísimo celaje su amplia curva sobre la planicie con una majestad acogedora, llena de resplandores. Los cascos de la caballería alzaban un eco sordo al herir el camino polvoriento, y en la orilla de tímidos bancales algunos brezos violados desfallecían de sed y de tristeza.

Cansado ya el viajero de pretender la esquiva conversación del espolique, iba poblando de visiones y recuerdos aquella muda soledad. Comenzó por discurrir, con acalorada fantasía, si a tales senderos confusos, todos aridez y desolación, haría referencia aquel fiero relato de una lucha terrible en que el godo Teodorico destruyó las tropas del rey suevo, Rechiario, en las *llanuras parámicas*, un célebre día 3, *antes de las Nonas de octubre...* Apenas evocada esta bárbara memoria, un nuevo relámpago de la imaginación encendía delante del viajero las recordaciones caballerescas de cierto famosísimo hecho de armas que en el siglo xv tuvo lugar a la orilla del *Camino francés*, en el ancho país de «los pueblos olvidados».

Y ya no eran indómitas mesnadas las que en sangrientas imágenes cruzaron la llanura en torno del jinete soñador: los más bizarros adalides de la Edad Media, en marcial apostura de torneo, acudían ahora a las brillantes justas del *Paso honroso*, mantenidas por Suero de Quiñones y otros nueve gentiles caballeros; hasta sesenta y ocho de lejanos reinos y ciudades sorprendieron con el trote bravo de sus corceles el silencio profundo de la estepa, codiciando un puesto en la peregrina lid, donde los defensores se proponían correr *trescientas lanzas, rompidas por el asta con fierros de Milán...*

Un caliente arrebato de bravura agitó el renuevo de roble en las ancas del mulo; dió la bestia un respingo cobarde, y el viajero creyóse transportado a la famosa liza sobre las relucientes crines de un potro andaluz. Le enardecieron con singulares bríos los sones de aguda trompetería *en tono rasgado* para *romper en batalla*, y vislumbró en el marco de la insigne fiesta la hermosura exquisita de doña Inés, doña Beatriz y doña Sol: iban a rescatar sus guantes empeñados por la galantería de los combatientes.

De pronto una imagen viva, cándida y humilde, alzó en el polvo del camino su miserable silueta; llevóse el visionario la mano al *jipi* con rendimiento cortés, y una pobre maragata, cabalgadora en lenta burra, pasó con los ojos bajos, murmurando apenas:

—Buenos días.

Al tímido rumor de tal saludo quedó roto el encanto
del caballero, el cual en aquel mismo instante imaginaba
descubrirse ante doña Mencía, la celebrada esposa de
don Gonzalo Ruiz de la Vega, dama ilustre cuyo guante
había de rescatar en el *Paso honroso* el conde de Bena-
vente...

Suspiró *Don Quijote*, sonriendo; volvió en torno
suyo la mirada y quedó atónito, como sobrecogido por
la austeridad infinita del paisaje: ni una nube corría por
el cielo, ni un átomo de vida palpitaba en el llano. La
tierra infecunda se resquebrajaba a trechos, rugosa y
amarilla como el cadáver de una madre vieja en cuyo
rostro las lágrimas dejaron surcos hondos y fríos.

Al roce súbito de aquella trágica impresión, la fantasía del ecuestre viajero volvió a encresparse los mismo
que una ola, y tornaron a poblar la gris llanura un tropel de personajes, surgentes de leyendas y becerros, có-
dices y archivos; desfilaban en la más pintoresca de las
confusiones; algunos tan despacio como si les adormeciese el son remoto de antiguos cantares. Mezcláronse
las preces sordas de una bárbara religión primitiva con
los salmos rudos del pueblo romano y con las cristianas
oraciones de aquellos devotos que, viviendo en la tierra
la Madre del Salvador, *le mandaron desde Astorga un
mensaje verbal a Palestina...* La figura pálida y lastime-
ra del «Rey Monje», iba, con los ojos vacíos y los hábitos en túrdigas, arrastrando su pesadumbre junto al
brutal perjeño del rey Mauregato, legislador en fabuloso
tributo *de las cien doncellas.* Después, en la desnuda lejanía, se perfiló el fantástico ejército que en vísperas de
la batalla de las Navas acudió a las puertas del monas-
terio de San Isidoro, en la ciudad de León, a llamar con
recios golpes: capitaneaban la hueste romancesca el
Conde Fernán González y el Cid, buscando en su sepulcro al rey Fernando I para que asistiese con ellos al
combate... A la par de estas visiones legendarias, ama-

cos, asturicenses, celtas, iberos y romanos, judíos y moros, surgían en quimérico rolde, edificando y destruyendo con febril ansiedad. Augusto, Vespasiano, Teodorico, Witiza, Tarik, Almanzor, una apretada nube de conquistadores y vencidos posaba su ambición y su ideal en los solares rotos, hundiendo bajo la tierra lanzas y semillas, regándola con lágrimas y con sudores. Mas el yermo, silencioso, inmutable como la eternidad, no sintió la herida de los hierros ni la amargura de los llantos; no fecundó una sola grana de simiente ni ablandó su dureza con el sudor de las audaces generaciones. Sin amansar su esquivez ni merecerle una sonrisa, le anduvieron de hinojos ilustres obispos y fervientes misioneros; rudo campo de penitencia donde sólo florecían sacrificios y austeridades, le santificaron legiones de creyentes en pos de anacoretas y de apóstoles: Jenadio, Fructuoso, Valerio, Froilán, Domingo (aquel que se llamó *de la Calzada*, porque ayudó a labrar con sus manos el *Camino francés*), santos eran que en el «desierto» de León y de Castilla, con abundantes compañeros y discípulos, clavaron la Cruz y la oración en gloriosa campaña espiritual. Y ¿no hubo, entre tantos amores, heroísmos y proezas, bastante calor humano para dar vida a los eriales solariegos, para resucitar la muerta llanura?... ¿Cuántos siglos yacía yerto, insensible como un cadáver, el pobre suelo, hendido igual que un viejo rostro donde el llanto labró surcos?... ¿Qué pretéritas edades, qué desconocidas criaturas le sintieron latir rico y preñado como fecunda tierra del corazón de una patria?...

¡Eran éstas demasiadas interrogaciones! Aunque el viajero había refrescado sus memorias y lecturas antes de ponerse en camino, ya le faltaban a su mental soliloquio documentos y recursos para discutir las causas de aquella perpetua desolación. Quiso hurtar el fatigado pensamiento a la sutil y complicada red de tales raciocinios, pero su noble conciencia de hidalgo y de patriota le acusó de un tanto de culpa en el abandono y la ingratitud que lamentaba sobre el muerto camino. ¿Quién mejor que un poeta para abrir a las modernas corrientes de cultura y piedad un ancho cauce, y fundir en mieses de oro las entrañas estériles del páramo?

Alzó el jinete la juvenil cabeza con arrogante impulso, y posó la caricia de sus ojos azules sobre los escobajos del sendero: quería enamorarse de aquel vago propósito que de repente le asaltaba; sentir fuerte y grande el entusiasmo por la liberación de aquella tierra, solar de una raza insigne, testigo y campo de una historia inmortal, madre eternamente condenada a la esclavitud de la miseria en el mismo seno de su floreciente nación.

Que era empresa de locos aquel sueño, le decía al hidalgo su prudente egoísmo. Pero las ansiedades del artista y las inquietudes del quijote respondieron al punto: ¿Acaso con la pluma no tiene una palanca invencible cada escritor moderno?... ¿No son ahora el libro y el periódico los vencedores propagandistas de la idea?...

El mulo se había parado: lanzó un sordo relincho; olfateaba, y tenía en los belfos una ligera espuma.

—¿Qué le sucede? —preguntó el caballero mientras arreaba el espolique.

—Le desazona el secaño —respondió el aludido parcamente.

Y a la sola noticia de que el animal tenía sed, cambiaron de rumbo los pensamientos del poeta: sintió el desamparo de la ruta con una sensación de punzante disgusto; un antojo violento de agua viva, de agua corriente y bienhechora, le secó las fauces y le enardeció la frente. Desconcertado y pesaroso, escudriñó la monotonía de los horizontes con la angustia del náufrago que persigue una vela salvadora en las desiertas lontananzas del mar. Pero en la vibrante luz ni las alas de un insecto se mecían; hasta el aire parecía dormido en la llanura, y la llama del sol, derramando su lumbre en el erial, semejaba una lámpara encendida sobre enorme sepulcro.

En vano buscó el jinete algún semblante amigo donde poner con beatitud la mirada, sedienta de piedad; por toda respuesta a tan ávida pesquisa, dió el implacable suelo una gris vegetación de cardos marchitos y de rastreras gatuñas.

Entonces al poeta le asaltaron enjambres de visiones fugitivas: cortes y ejércitos, potentados y magnates, artistas y labradores, huían hacia los valles, hacia los ríos y las costas; buscaban la dulzura de los bosques y la riqueza de las mieses. Los reyes castellanos, Ordoños y Bermudos, Urracas y Berenguelas, Fernandos y Alfonsos, sentían en la pujanza de su corona temblar el espanto del yermo como un trágico soplo de muerte y exterminio. Y por fin abdicaba —con el abandono y la expatriación— su omnímodo poder sobre la estepa aquel noble señor de *diez mil vasallos, siete villas y ochenta y tres pueblos*, Alvar Pérez Osorio, marqués de Astorga, alférez mayor del Rey, mantenedor valiente de la bendita Seña en la batalla de Clavijo, el que a los veintiséis títulos de sus blasones unió la singular grandeza de poderse llamar «Señor del Páramo»... La solariega casa de Osorio, descendiente de emperadores orientales, prima de reyes, madre de los condados de Altamira, de Luna, de Guzmán, de León, de Trastamara y de Cabrera, raíz y origen de los más puros abolengos españoles, árbitra de las libertades de Castilla, levantó su hidalgo señorío de los cabezos del erial, y olvidando la aspereza de tal cuna, indómita y fuerte como el destino, huyó también a refugiarse en más hospitalario país...

Allá lejos, donde el cielo y la tierra parecen confundidos en infinita comunión de inmensidades, aparecióse un punto blanco. Viéndole flamear distintamente, veloz en el aire con arrogancia majestuosa, murmuraba el quijote «modernista» en la embriaguez de sus evagaciones:

—¿Será el lienzo de un barco?... ¿Será la bandera de Clavijo?...

Historia, fantasía y leyenda, bailaban, locas de remate, bajo la frente rubia del mozo soñador; preso en la terrible pesadilla del llano, confundido entre realidades y quimeras, sentía vagamente la sombra del ensueño, el cansancio del viaje y la amargura del lugar. Quiso vencer aquel estado de modorra, sacudir el delirio y la fatiga; hizo al cabo un esfuerzo para recobrar su aplomo, y advirtió, al conseguirlo, que tenía hambre y que le dolía un poco la cabeza. Miró el reloj: iban a dar las once. Había salido de Astorga con muy ligero desayuno, y el camino y el sol estimulaban ahora sus buenas disposiciones para el almuerzo.

—¿Qué se ve allí?— preguntó al guía, señalando la única mancha del horizonte.

—Es la cigüeña—dijo el maragato, y añadió—: Ya no está lejos Valdecruces.

—Ni lienzo navegante, ni enseña heroica—pensó el joven, burlándose de su visionaria turbación—; son unas alas potentes; por su destino libres, cautivas por su fidelidad.

Y quedóse el viajero sumergido en regalada laxitud, en el sedante baño de poesía que la contemplación del ave le brindaba.

Todo era manso y fuerte en la vida singular del enorme pájaro: la reciedumbre de su nido, centenario a veces, puesto en la torre parroquial debajo de la Cruz, en el apacible corazón de las aldeas; la ternura delicadísima para con los hijuelos; aquella gracia seria y noble con que vigila las sembraduras y convive entre los campesinos; la rara y firme condición de su boda sexual *para toda la vida*; de su vuelta al mismo terruño para todos los años, y la reposada actitud de la figura, el paso y el vuelo, que componen armoniosa grandeza con el matiz austero del paisaje... Cuanto del animal amigo de los hombres pudo enaltecer el curioso viajero, parecióle conmovedor y simbólico.

—Una maragata y una cigüeña me han «hecho los honores» del páramo—meditó, engolfándose en la repentina emoción.

En aquel momento la breve caravana, doblando una ligera loma, alcanzó al ave, quieta en el camino; tenía el largo cuello ondulante, y el pico un poco inclinado hacia la tierra; miraba pensativa los áridos terrones, como la mujer que al paso del caballero musitó humildemente: «buenos días». Y siguió esperando, inmóvil en su habitual postura de meditación y reposo, hasta que llegaron los caminantes: alzó entonces lentamente sus ojillos de indefinible color, pardos y cenicientos igual que la estepa; dió algunos pasos con dignidad y compostura, erguido el cuerpo, mesurado el ademán, y abrió, por fin, las espléndidas alas con un vuelo fácil y gracioso, desapareciendo del horizonte en majestuosas espirales.

No tuvo tiempo el poeta para glosar con sus admiraciones tan peregrino espectáculo, porque al rendir la imperceptible cumbre, mostró el duro sendero repetidas señales de dulzura.

Se alzaba un poco en aquel sitio y por él descendían las tierras en suaves ondulaciones, amansadas y humildes, con recientes señales de cultivo y amigables surcos de senderos.

A preguntas curiosas del jinete dijo el peatón que allí empezaba la mies de Valdecruces, y que aquellos «bagos» ya tenían hecha la tercera labor para recibir la simiente «en la semana de los Remedios», al nacer el otoño.

Y acosado por nuevas preguntas, explicó el maragato cómo la pobreza del país no permitía cosechar anualmente en los mismos terrenos, y así quedaban en *fuelga* los unos mientras fructificaban los otros.

—Estas—añadió en el tecnicismo agrícola del país— estuvieron «de aramio» siete meses.

Y señalaba las glebas recién movidas junto a los profundos roderones del espacioso camino. El cual iba estrechándose con la disimulada lentitud de un prisionero que al evadirse quiere ocultar su prisa y su esperanza. De ambos afanes pudiera suspirar el triste fugitivo del barbecho, buscando la ilusión de una mies, la gracia bienhechora de un arroyo y el caliente regazo de una aldea.

Y esta sorda inquietud que parecía latir en la pálida ruta, comunicóse a los viajeros con impaciencia viva, sin excepción del mulo, apresurado ahora, olfateador y relinchante por demás. Habían torcido su rumbo por la estepa, a indicaciones del caballero, que la quiso recorrer toda, y entraban en Valdecruces por un transitorio vergel de centenos maduros.

Pocos pasos adelante, columbró ya el jinete la verdosa masa de hojas y de espigas, un imprevisto oasis que, acosado de cerca por el erial, parecía surgir inseguro y tembloroso como un atrevimiento de furtivo amor hacia la esquiva ingratitud.

Pasó un hálito caliente de primavera sobre el áspero dorso de la llanura, y las espigas estalladas exhalaron dulcísimo perfume.

Comenzaban a palidecer las anchas hojas lineales en torno al granado fruto, muertas ya las sutiles flores en el raquis henchido. Pero aún flotaba en el ambiente esa especie de niebla azul, producida por aromas y glumas de la flor.

Hundiéndose de pronto el forastero en tan inesperado paraíso, imaginó escuchar una plegaria vehemente y armoniosa en el rumor de aquel vaivén de espigas, verdes y rubias, con degradaciones de admirables tonos.

Fuera ya del camino central, guiaba el espolique por las honduras de un sendero, delicadísima estela de los crecidos centeneles, agitados con inquietud de marejada. Latía el perfume como un aliento en torno del jinete, y se asomaban al horizonte, más visibles que en el transcurso del viaje, los bravos picos del Teleno y Fuencebadón.

Bien sabía el poeta que la maravilla sorprendente de aquella mies, rescatada al páramo como botín de durísimo combate, era obra y tormento de la mujer maragata; que bajo aquel fugitivo mar de espigas naufragaban oscuramente la juventud y la belleza de unas abandonadas criaturas, por débiles tenidas en el mundo; que ni la heroica satisfacción del noble sacrificio acompañaba en su naufragio a las infelices cautivas de la tierra, del instinto y la ignorancia. ¡Y era el hondo caudal de su ternura, inconsciente, la única fuerza humana bastante poderosa para hacer vivir y fructificar los indomables terrones del yermo!

En la hidalga paramera de León, solar de los más castizos de la raza, teatro y reliquia de inmortales memorias, duerme el pueblo maragato, incógnito y oscuro, desprendido con misterioso origen de una remota progenie. Siglos enteros supervivió a la desolación de los eriales, solitario en toda la integridad de su rara pureza, embarrancando en la llanura como un pobre navío que encalla y se sumerge, y al cual se abandona y olvida en el turbulento mar de la civilización. Pero, al fin, en la trngedia de este «buque fantasma» se salvaron los fuertes. Más duros los códigos en los mares de tierra que los que rigen en los mares de agua, consintieron que en las bárbaras olas del erial se quedasen cautivos para siempre las mujeres y los niños, mientras los hombres útiles pedían remolque a la vida del progreso para explotar sus riberas. Y las pobres maragatas se encontraron solas, condenadas a no extinguirse nunca, porque los maridos arribaban a menudo hasta la callada flota que extendieron por el llano estas graves mujeres de Maragatería: acuden ellos potentes y germinadores a imponer como un tributo la propagación de la especie, a dejar la semilla de la casta en las entrañas fecundas de unas hembras, tan capaces, que hasta en el páramo cruel han producido flores...

Así discurría con ansia y pesadumbre el andante poeta, enervado por la fragancia de los centenos, peregrino entre las espigas que palpitaban con dulce temblor.

Sentía el mozo levantarse otra vez su inquieta voluntad con el generoso estímulo de las redenciones. Si era una locura soñar con la liberación del yermo, no lo era tanto apetecer la de aquellas mujeres miserables. Y, si aun este propósito fuese desmesurado para acometido por un corazón, un estro y una pluma, le quedaba al artista la certidumbre de poder esgrimir con gloria aquellas nobles armas, para rescatar del mar de tierra, libre y dichosa, a una sola mujer.

A cada paso del mulo tomaba más cuerpo esta ilusión en los bizarros sentimientos del joven.

Si acaso a Valdecruces le empujaban—seguía meditando—la curiosidad y el antojo, sobre aquellos humanos impulsos labraría con arte y con misericordia el cauce de ternura por donde corriese el definitivo amor a formar un sereno remanso.

Ráfagas de ocultos fervores le sacudían, enardecido y ambicioso, con las manos trémulas de fiebre, la memoria llena de secretos y el porvenir cuajado de esperanzas. Todas sus emociones del camino se condensaron, vibrantes, en aquella última; de cuantas quimeras y memorias le acompañaron hasta allí, sólo quedaba en su imaginación, como cifra y símbolo, una bella figura de mujer: adornábase con un traje regional, acaso descendiente de góticos briales o de gentiles paños morunos; tenía dulce el rostro como la ilusión del viajero, y el alma heroica lo mismo que la raza leonesa.

Reinó esta solitaria imagen como dueña absoluta de tantos pensamientos impacientes, cuando, ya surcada la mies, se acercó en el paisaje la arcillosa giba del caserío y una mansa barbechera corrió a confundirse con las rúas del pueblo.

En la primera de las cuales se extendía ancho lugar, parecido a una plaza, decorado en medio con una fuente. Al borde del pilón una mujer aguardaba que su cántaro se llenase. Iba compuesta al uso del país, de mucha gala, sin duda por ser domingo, y parecía absorta en la contemplación de la corriente.

A este sitio llegaban los viajeros cuando, desde muy cerca, un toque grave de campana avisó en la parroquia el mediodía.

Descubrióse el espolique para rezar las oportunas oraciones y le imitó el caballero, distraído. Mas de pronto, al encontrar junto la fuente, viva y hermosa la imagen de sus recientes pensamientos, adelantóse hacia ella enajenado y feliz.

La sorprendida aguadora levantó su mirada y le brillaron los ojos como topacios al llenarse de luz; era una mozuela pálida y triste, de agraciada figura. Advertida por el aviso parroquial, iba a santiguarse, cuando apareció el forastero y, mirándole con ébria admiración, trazó aturdidamente la señal de la cruz.

En la boca del jarro, ahito, rió entonces el agua cantarina, vertiéndose con dulce murmullo, mientras Rogelio Terán y de la Hoz, hidalgo montañés, novelista romántico, poeta lírico, hombre sentimental, mozo gentil, con el *jipi* en la diestra, declamó reverente:

—¡Salve, oh maragata, augusta *Señora del Páramo*, salve!

Con lo cual la aludida, escandalizada ante una oración nueva, no escuchada jamás, tuvo al viajero por hereje o por loco; le envolvió un instante en la mirada de sus ojos verdes y profundos, y abandonando el cantarillo, echó a correr con las mejillas pintadas de arrebol.

Aún resonaba la fuga de aquellos pies menudos en la calzada vecina, euando el desairado galán sintió con repentinos apremios el aguijón del hambre, y más sensible la pesadez del dolor de cabeza. Pero en atravesando la plaza ya le ofreció el reparo apetecido la casita del cura, puesta con vigilante devoción enfrente de la iglesia.

Mudo estaba el lugar, como deshabitado y misterioso. La campana piadosa había cesado de tañer y la cigüeña asomaba sus alas extendidas en la torre, protegiendo el nido debajo de la cruz.

Dió el maragato dos recios golpes en el conocido portal de don Miguel, y bajo el tejaroz de la parroquia volaron con alarma unos vencejos...

X

EL FORASTERO

UANDO llegó a su casa Marinela, jadeante y medrosa, desde el fondo de la cocina donde la esperaban para comer auguró la madre:

—Esa coitada rompió el cántaro de fijo.

Aguardaron todos en muda expectación a que la niña explicase aquel azoramiento de su vuelta.

—No rompí el jarro—murmuró ella con timidez—; es que vide a un señor rezándome, a mí misma, una salve trabucada, tal que si yo fuera la Virgen... Venía de viaje; está demoniado o es judío.

—¿Onde fué eso?—preguntó Olalla con asombro mientras los rapaces corrían a la puerta, y *Mariflor* iniciaba también un movimiento de curiosidad.

—A orilla de la fuente—dijo la aguadora, tomando otra vez el camino detrás de su prima y de su hermana.

La tía Dolores no pareció enterarse de la novedad, entretenida con encender *fuyacos* en el rescoldo mantenido por las brasas de un tueco. Y Ramona, cortando lentamente raciones de la hogaza morena, rezongó aburrida:

—¡Cuántos parajismos!

Ni en la calle silenciosa, caldeada por el flamear del sol, ni en la plaza desierta, vieron los averiguadores rastro alguno del misterioso forastero. El cantarillo, en colmo, seguía derramando el agua riente, que al borbollar ahora, parecía esconder en sus cándidas modulaciones un acento de burla.

—Tú soñaste, rapaza—le dijeron los curiosos a la pobre Marinela.

—No soñé—afirmó la niña con mucha seguridad, aún palpitantes de admiración los profundos ojos.

—¿Era joven?—aludió Florinda con aire distraído.

—Mozo y galán; montaba un mulo alto como el nuestro; traía paje y fardel.

—¿Por el camino de Astorga?

La maragata levantó los hombros un poco insegura.

—Creo—dijo—que venía por la mies... no sé de dónde.

Y sus pupilas, cambiantes como las piedras preciosas, adquirieron vagos colores de turquesa.

—Olalla, portadora del cántaro, adelantábase con los niños, y *Mariflor*, enlazando a su prima por la cintura, preguntaba todavía con afán:

—¿Era rubio y usaba lentes?

—De eso no me acuerdo—balbució la mozuela, buscando ansiosa en su imaginación los perfiles del rostro aparecido. De repente aseguró arrobada:

—Tenía los ojos azules.

—¿De veras?

—De verísimas.

Las dos enmudecieron, con los corazones tan acelerados como si el color azul fuera para entrambas un abismo...

Durante la comida no se habló una palabra de la aventura de Marinela; sólo Pedro miró a la moza por dos veces, haciéndose en la sién un ademán expresivo, como diciendo: estás «de aquí». La aludida se impacientó ruborosa, y Olalla puso un dedo sobre los labios con prudente disimulo, recomendando la paz.

Comían en torno a una de las «perezosas», con grave compostura y aplomada lentitud, como si cumpliesen una sagrada obligación. Olalla, que oficiaba de «sacerdote» en aquella solemne ceremonia, sirvió primero a Florinda y después a Marinela; luego puso en un mismo plato las raciones de Pedro y de Tomás; en otro la de Carmina y la suya, y dejó el resto del caldoso cocido entre su abuela y su madre. Quedaban así establecidas dos tácitas preferencias, que parecían justas en consideración al desgano y el esfuerzo de ambas comensales, dueña cada una de un plato y angustiadas sobre el humo del guisote.

Era tan visible la repugnancia con que las dos comían, que Ramona, después de empapujarse varias veces con murmuraciones, atragantadas entre bocados y sorbos, acabó por decir con aquella su ronca voz, sin matices ni blanduras:

—¿Por qué no mojáis mánfanos en la salsa? Hay que comer para trabajar. ¡Vaya unas mozas, que no valéis una escupina.

La abuela suspiró con un ¡ay! rutinario, muy tembloroso. Y Olalla posó interrogantes sus ojos claros en las delincuentes: siempre comían poco; ¡pero lo que es hoy!... Abarcó la mesa en una solícita mirada, sin tropezar otros manjares que el pan moreno y duro, y volvióse hacia el llar, desguarnecido de cacerolas, humeante bajo la caldera donde hervía el agua para la comida del cerdo. Paseó en idénticas persecuciones las paredes y el techo de la cocina, y después de lanzar sobre su madre temerosa consulta, que no tuvo respuesta, preguntó a las dos inapetentes:

—¿Queréis una febra de bacalao?

Todos los ojos se volvieron hacia la pobre bacalada, a la cual un cloque hería prisionera en la altura, pendiente como una interrogación sobre la estancia miserable.

Las dos favorecidas por el generoso ofrecimiento se habían apresurado a hundir en la salsa pedacitos de pan desde que Ramona censuró sus melindres. Movieron la cabeza diciendo que no ante la perspectiva del regalo, torpes para hablar, como si una misma angustia les cerrase la boca, y mirándose con singular emoción, a punto de gemir.

—No; si tú—saltó la madre iracunda, dirigiéndose a su hija—tienes gustos muy finos; naciste para canonesa y no llegaste a tiempo.

La muchacha rompió a llorar con exageradas señales de dolor, como si otros secretos infortunios le acudiesen a los ojos pungidos de lágrimas, mientras que su prima, sintiéndose también envuelta en la insistente acusación, reclamaba su animosa voluntad para serenarse.

Olalla había palidecido: nada la hacía estremecer como el lloro de sus hermanos.

—¡Madre, por Dios!—rogó conciliadora. Y añadió fingiendo alegría:—Hoy hay postre, que es domingo.

Los rapaces se miraron sonrientes, y ella, al levantarse con rumbo a un secreto armario, acarició los hombros de Marinela y le sopló al oído unas palabras, suaves como zureos de paloma...

Las manzanas y el queso pusieron a los niños tan alegres, que su animación llegó a resplandecer un poco en toda la familia, y Olalla, más libre de cuidados, reveló de pronto un pensamiento que desde la víspera le venía causando sordas indignaciones:

—¡Miren que llegar sin un triste céntimo el hombre de Rosenda, tiene almal

Acogió Ramona la conversación con interés agudo, murmurando:

—Ella hace muy bien en amontonarse.

—¡Perfectamentel

—Amontonarse, ¿qué quiere decir? —preguntó *Mariflor* curiosa.

Y su tía, más amargo que nunca el acento, explicó entonces:

—Pues no vivir con «él», no recibirle, negarle hasta el habla.

La vieja parpadeó muy de prisa, como si espabilase el sueño o solicitase una gota de llanto para limpiar las nubes de sus ojos.

—¡Válgame Diosl —prorrumpió únicamente.

—Sí; válganos a las míseras madres abandonadas con los hijos —clamó la nuera.

Un exiguo fulgor, como llegado con fatiga desde muy lejos, chispeó en las pupilas de la anciana. Y repuso quejosa:

—No lo dirás por ti.

—¿Que no?

—Si el marido no te puede mandar dinero, de lo suyo gastáis... y algo de los demás.

—También lo de mis padres lo gastaron los nietos, que yo no me casé desnuda... y he sudado mucho en somo de la tierra.

—¡Ansí es la vidal

—Pero cuando es poco lo que se tiene y lo que se trabaja, al padre cumple mantener a los hijos... o non facerlos.

—¡Mujer!

—Lo que usted oye.

—¿Y cuando el esposo gasta mala suerte y mala salud?... —subrayó la vieja, amarilla y temblante como la llama de un cirio.

—¡Que se chive! —escupió Ramona con brutalidad, poniéndose de pie.

Su elevada estatura dominó la estancia al ras casi del techo. Extendió los brazos hacia los relieves de la comida y alzó de una sola vuelta platos y cucharas, los mendrugos de pan, la fuente y el mantel: todo lo depositó sin ruido en el rincón donde era costumbre lavar el belezo. Se puso un delantal de arpillera sobre la saya «rajona» y comenzó calladamente aquella labor menuda que en los días festivos excusaba a su hija.

Sobre el lejano resplandor enceso en los ojos de la anciana, cayó la rugosa cortina de los párpados. Apoyó la tía Dolores un codo en las rodillas, en la mano la frente, los pies en un «silletín», y pareció que se amodorraba en el sopor de una fácil siesta.

Los rapaces se habían escabullido hacia el corral, y las tres mozas, descoloridas, inmóviles, se inclinaban en una misma actitud de sobresalto, como si las aturdiese el rudo peso de aquellas frases que sonaron a disputa y maldición.

Olalla, vergonzosa de que su prima sorprendiese tan acerbas intimidades, quiso, para disimular su disgusto, seguir hablando de Rosenda Alonso.

—Es una hija del tío Rosendín, ¿sabes? —le dijo en voz baja a *Mariflor*.

—¿El sacristán?

—Ese. Figúrate que la pobre parió dos mielgos la semana pasada; ¿te acuerdas?

—Sí; yo la encontré pocos días antes, que daba compasión...

Y la muchacha se estremece al recuerdo de aquella criatura sin forma de mujer, apabilado el rostro, desfallecida como una sombra, arrastrando con paso vacilante un *feije* de leña y un vientre enorme.

—Pues tiene otro rapaz —continúa Olalla— que anda en cuello todavía y sin qué echar a la boca; cuando va y se le presenta el marido fambreando también.

—

¿El, es bueno?

—Serálo; pero es pobre como las mismas ratas.

—Si se quieren...

—¿Cómo se han a querer, boba, sin ser dueños ni de un quiñón de tierra?

Triunfante al exponer aquella rotunda imposibilidad, la joven dice:

—Con menos apuros las maragatas se amontonan cuando los maridos vuelven sin dinero. ¿No verdá, Marinela? —y sacude blandamente a la trasoñada niña.

Ella parece despertar de una grave meditación, se hace repetir la pregunta, y luego responde con respetuoso fatalismo:

—Es el usaje del país.

Y Florinda, abrumada por la validez indiscutible de tal uso, baja la frente sin replicar. Otros íntimos anhelos la preocupan, mucho más agitados desde que Marinela encontró al forastero de los ojos azules...

Entra Pedro desperezándose, y dice que después del Rosario irá a fincar los bolos; en su aire aburrido se conoce el deseo de que llegue la hora. Como parlotea en alta voz, Olalla le advierte por señas que está durmiendo la abuelita, y él entonces vuelve a salir hacia el corral donde los chiquillos discuten la posesión de un *rongayo* de manzana.

Desde la oscuridad donde trajina, pregunta secamente Ramona:

—¿No lleváis al chabarco los curros?

La abuela se estremece sin abrir los ojos, y las muchachas se ponen de pie como sacudidas por un resorte.

—Agora mismo —dice la mayor—. Y las otras la siguen con mucha celeridad, como si les diese miedo quedarse en la cocina.

La brusca luz de fuera les hace a las tres entornar los párpados. El *estradín* está lleno de moscas y de polvo, y el corral, a pleno medio día, arde y calla, reverberante de sol.

—¿Onde estarán esos pillavanes? —dice Olalla, viendo que sus hermanos han desaparecido.

Se oyen hacia el huerto unas risas pueriles, y las gallinas se alborotan pedigüeñas delante de las muchachas.

En la negra habitación que acaban de abandonar parece que con ellas ha huído la poca luz que había, aquel dorado resplandor que desde el *estradín* entraba con un vaho caliente de la tierra. El trashoguero, embrasado todavía, pone en el hondo llar rojos matices de expirante lumbre y un olor de agua sucia emerge en el aire con la oscuridad y con el humo.

La tía Dolores, apenas salieron las muchachas, se enderezó con singulares bríos, cerró las dos puertas que daban acceso a la cocina y, adelantándose en la sombra, segura como un remordimiento, preguntó hacia el sitio aquel donde se rebullía la nuera:

—Si viene Isidoro, ¿tú no le recibes?

Hubo un silencio frío... Se oyó después un «No, señora».

Menos firme, la voz de la anciana tornó a decir:

—Y si algún día viene a tu casa Pedro, comalido y pobre, ¿le recibirás?

Vibró al punto un fuerte «Sí, señora».

Y la tía Dolores, extendiendo los brazos con un sordo crujido, replicó anhelante:

—¡Pues no olvides que esta casa es mía!

Se quedó allí la vieja, muda y en cruz, sin que el rincón sombrío se diese por enterado de aquella lógica irrebatible. Porque Ramona, que ya había acabado de fregar, abrió sin ruido la puerta lindante con la cuadra y salió llevando la comida para el cerdo...

El caudal que durante los inviernos pasa trabajador por los molinos, derivado del Duerma, hace su entrada en Valdecruces bajo la humilde forma de un arroyo, sujeto a languideces estivales que en ocasiones llegaron a borrar la estela desmayada. Viene esta caricia de aquel lado donde madura más temprana la mies, donde no todo el terreno es añojal y hasta algunas parcelas pueden pomposamente llamarse «de regadío» cuando los ardientes calores funden en el Teleno heladas nieves, y unos providenciales arroyatos brindan a este rincón de la llanura el piadoso murmullo de su limosna.

Por el mismo lado entró, en este día memorable, un poeta con ínfulas de libertador, como si todas las sonrisas de la esperanza hubiesen de llegar a Valdecruces desde allí.

Mientras Olalla espera que los patos se bañen en el desmedrado arroyuelo, las otras dos mocitas están muy silenciosas y meditabundas mirando cómo fluye el tenue hilo de la corriente. Y sin más preámbulo, como si una invencible preocupación la sugestionase, Marinela dice:

—Sí, sí; por aquel lado «venía».

Su voz, impregnada de misterio, balbuce al oído de la enamorada, que se estremece y se turba:

—Hace volcán — pronuncia Olalla vagamente—. Y Florinda cubre sus cabellos con el pañuelo blanco del bolsillo.

En el sopor fatigoso de la hora fulgura el aire y duerme la tierra, retostada y sediente, sin que llegue del vecindario un solo suspiro hasta la calle, desde las ventanas, abiertas como bocas en perezoso bostezo.

Han madrugado mucho los calores y los campesinos temen, con razón, que se les tueste la cosecha antes de estar en punto de segarse. Andan ya «cogiendo la vez» para los trajines del riego, solicitando hasta la última gota del agua que empieza a murmurar como en agosto, derretida en los montes por este mismo ábrego que en la llanura consume los caudales del Duerna.

Tales pensamientos se agitan en la mente de Olalla

con fatigado rumbo: este arroyo, vecino de su calle, no le dará corriente para lavar la ropa, para bañar los patos, para surtir a la cocina; y, sobre todo, no podrán buscar quien las ayude en las tareas del riego, ni en las de la *jaja* y escardadura; quizá tampoco en las de la siega y la recolección. Las obreras son demasiado pobres para esperar por los jornales; de América no mandan un céntimo; el tío Cristóbal pide los haberes o la casa, y la abuelita chochea sin acordarse de lo que debe, de lo que es suyo, de cuanto sea preciso pagar y conseguir. Ya volaron los restos de la «matación», y la olla cuece sin «llardo» y sin «febrayas», como la del último pobre del lugar. Escasea el aceite; faltan zapatos a los niños; la madre sufre y riñe, con el genio más adusto que nunca...

—¡Dios santo!—clama la moza en medio de sus meditaciones, sin poderse contener.

—¿Qué sucede?—le pregunta su prima.

Pero Olalla conoce por instinto el arte de fingir. Su carácter reservado y oscuro no se presta a las expansiones; siente un salvaje pudor de aquella terrible miseria que a pasos agigantados se posesiona de su hogar, y hasta en el seno de la familia procura disimularla, menos por compasión que por orgullo de mujer fuerte, por extraña codicia que la empuja con bravo deseo a esconder, como un tesoro, penas y trabajos para ella sola, hasta donde sea posible.

—Sucede—responde tranquila—que estáis cogiendo un sofoco sin necesidá; veivos a casa.

—No, no—se apresuran a decir las otras con obstinación.

Y como Olalla siente que la negativa está envuelta en nubes de inquietud, quiere ahuyentar con frases animosas aquel mudo trastorno, y balbuce palabras resonantes que tiemblan en la penumbra de los pensamientos igual que pajarillos lanzados a volar en medio de la noche:

—Bailaremos a la tarde. Ya Marinela tiene que empezar a ser moza, y tú habrás aprendido las danzas de aquí, en dos meses que las ves...

—No aprendo todavía—responde *Mariflor*.

—No bailo—asegura Marinela.

Impaciente por aquellos murmullos negativos, Olalla prorrumpe:

—¡Sodes bobas!

Sonríe Florinda, deseando mostrarse menos preocupada, pero busca en vano alguna cosa alegre que decir; y como los «curros» patullan en la fangosa margen del arroyo, comenta distraídamente.

—Casi no tienen agua.

—Sí; el aflujo va mermando con la sequía, y en el bañil de allá bajo tampoco hay bastante para que las bestias se remojen...

—¡Si lloviese! — ansía *Mariflor*, sabiendo que se aguarda la lluvia como un gran beneficio.

Las tres alzan los ojos con incertidumbre hacia el flamante cielo, curvado en imperturbable serenidad sobre la aldea, y los tornan después hacia la calle, que silente y espaciosa como un ejido, huye al campo con el leve surco del arroyo entre las guijas.

La doble hilera de casas, puestas holgadamente en su sitio con cierta urbana solemnidad, se interrumpe a menudo por sebes de huertos, portones de corrales y afluencias de otras rúas, que también se abren anchas, calientes y dormidas.

—Parece que no hay nadie en el pueblo—dice *Mariflor*, dominada por el agobio profundo de tanta soledad.

—Están todos echando la sosiega, mujer; ya verás como otros domingos, a la hora del Rosario y después en el baile, cuánta gente.

Y Olalla, siempre calmosa, parece que se olvida de recoger sus patos.

Hasta que llega un perruco con la lengua fuera a be-

ber en el mísero arroyuelo, y espanta los ánades que salen parpando a las orillas en torpes vaivenes.

El gozque, así que sacia la sed, ladra con furia, y
cuando las niñas vuelven la cabeza buscando el motivo
de aquel alboroto, ven a Ramona asomándose a la em-
palizada del corral.

—El tercero para las dos —advierte—. ¡Si habéis d'ir
al Rosario!...

A esta sazón rompe a tocar la esquila de la iglesia.

Aléjase el perro, lanzando sordos gruñidos a la brusca
aparición de Ramona, mientras las muchachas y los patos
se recogen

Y en la calle, letárgica otra vez, sólo parece vivir el
hilo tenue del arroyo, y un trapo que a lo lejos pone erguida su dudosa blancura, como anuncio y señal de una
taberna.

Cuando vuelven a caer las tres mozas en el hondo
agujero de la cocina, sienten una frescura penetrante en
medio de una densa oscuridad.

Mas, pronto Olalla descubre en la masa de sombras y
de humo a la *Chosca*, acurrucada en el suelo entre la ceniza, dando sorbos y bocados voraces a la misteriosa
sustancia que extrae de un pucherete.

En el escaño, donde suele dormir la criada, se ha escondido la tía Dolores. Allí está inmóvil sobre la ruin
yacija, dominada por el letargo o por el sueño.

—¿Qué hace usté, abuela? —le pregunta la joven
asombrada— ¿Duerme todavía?... ¿No viene a la parroquia?

La sacude con el temor de que pueda ocurrirle un
accidente.

Pero ella responde levantándose:

—Ya voy.

También su voz ahora parece que ha venido de muy
lejos, como el fugaz relámpago que le brilla algunas
veces en los ojos.

Hoy la esquila avisadora voltea con más sutiles vibraciones; algo le sucede; anuncia una cosa extraordinaria; tiene una doble intención, oculta en el repique insinuante en los últimos golpes: *Tan.. tan... tan...* ¿Qué secretos dice a gritos la esquila?...

Esto se pregunta *Mariflor* acabándose de vestir, y en tanto que vuelan como alondras sus deseos.

Ya las tres maragatas están muy elegantes, que, de la antigua opulencia familiar, guarda la tía Dolores ricas vestiduras del país: «rodos»; sayuelos, dengues, arracadas, mandiles y otros aliños de mucha gracia y mérito, aunque no cotizables para la avaricia del tío Cristóbal, como los «bagos» y las yuntas.

Marinela, endomingada desde muy temprano, aguardó en un rincón que las otras terminasen su arreglo, procurando no estorbar en la estrechez del gabinete de Florinda, único de la casa donde con el sol entra alegre la luz.

Cuando van a salir, llega muy presurosa la sobrina del párroco, con la mantilla puesta y el rostro encendido.

—Como tardábais —dice—, vengo por vosotras. Y añade en impaciente explosión confidencial:

—¿No sabéis?... Ha llegado a casa de mi tío un señor de Madrid: escribe libros y cantares, y habla mucho de *Mariflor*.

—¿Le conocías? —prorrumpe Marinela estupefacta, adivinando que ha parecido su forastero de los ojos azules.

La aludida, acelerado el pulso, batiente el corazón, murmura como un eco de contestaciones idénticas:

—Venía «con nosotras» en el tren...

—Sí; es verdad —corrobora Ascensión—, lo ha contado en la mesa, y como yo he servido la comida lo estuve oyendo todo.

Olalla oculta impasible sus impresiones, y las pupilas volubles de Marinela relumbran como dos esmeraldas.

—¿No está loco? —interroga.

Y luego que refiere a la sobrina del cura su hallazgo singular del medio día, ésta clama risueña:

—¡Andanda con la salve!... Pues el señor que dices está en su sano juicio, es bien fablado y buen mozo.

—No llegaremos a tiempo —murmura pasivamente Olalla.

Movidas por advertencia tan oportuna, salen del gabinete y de nuevo cruzan las sombras del pasillo y de la cocina, evitando con la puerta principal el rodeo de la calle. Ni junto al llar ni en el escaño hay figuras humanas esta vez: la casa, desierta y silenciosa, se agacha humilde bajo el sol.

XI

LA MUSA ERRANTE

AY comedia...

—Hay volatines... ¿Vamos?

—Díle a madre que nos deje ir...

—¡Díselo!

Olalla fingió enojo, deseando complacer a los chiquillos, y lamentóse en alta voz para que su madre la oyese:

—¡Cuidao que sois pidones! Por mi parte ya estáis aquí de más.

—Y mañana no habrá quien les recuerde para ir a la escuela—dijo Ramona en tono de transigir.

—¡Ah! Ya les haría yo poner los huesos de punta.

Las tres caras redondas y apacibles de los niños demostraban insólita inquietud, porque la esperanza de asistir a una «comedia» en el propio Valdecruces era cosa verdaderamente absurda, capaz de conmover a todo el pueblo.

Nadie supo qué azares enemigos llevaron a los infelices histriones por aquellas pobres veredas maragatas. Ello fué que, con las penumbras de la noche, llegó un carro al crucero, se detuvo en una esquina estratégica y comenzó a desalojar extraños personajes, herramientas y enseres, bichos y trapos. Salieron de la ambulante guarida tres viejos y una mujer madura, dos mozas, dos niños y un galán; varios perros ladraron, chilló un mono, vociferó un lorito y relincharon dos caballejos y una mula: dió a luz, en fin, el Arca de Noé.

El asombro de algunos rapaces que presenciaron la llegada, propaló por el pueblo la noticia, y la soporosa tranquilidad de los vecinos encendióse con rara turbación.

Desde el baile, cuando ya se retiraba la gente dominguera en pacífico desfile, escurriéronse los grupos hasta el Crucero, y, a distancia, con ciertas precauciones, comentaron la singular visita.

A la vera del carro fulgían ya, como luciérnagas, algunas luces, y los juglares, con actividad inconcebible para el atónito público, habían obtenido del tío Cristóbal, alcalde pedáneo, licencia para celebrar aquella misma noche una función.

Entre grandes estrépitos, de escandalosa y memorable resonancia, un tambor y un cornetín anunciaban, a poco, el *extraordinario espectáculo*, para las nueve y media en punto.

Inicióse el pregón al través de las calles con una arenga dicha en medio de la plaza por el más mozo de los tres viejos. El orador, después de saludar con leve modulación extranjera al *respetable público*, ponderó como lo más sorprendente de aquella solemnidad la «presentación» de la «célebre» *Musa errante*, una dama loca de amor, que andaba por el mundo gimiendo su querella y que declamaría sus cuitas en «magníficos versos» ante el *ilustre auditorio*. El cual no quedó muy enterado de la importancia del anuncio ni muy curioso por el peregrinaje de la *Musa*.

Pero se celebrarían también «danzas griegas»; difíciles y peligrosos ejercicios de gimnasia; burlas de payasos; suertes maravillosas por «el nunca visto joven Manfredo, malabarista y nigromante».

Tantas exóticas ponderaciones, comprendidas apenas, enervaron al «ilustre auditorio» con un fascinador aroma de flores desconocidas.

Y el violento perfume de la novedad que desvela a los niños impacientes alrededor de Olalla, llega a trascender en el acento de la madre, ablandado de pronto.

Aprovechà la moza esta buena coyuntura para preguntar con su tacto calmoso de campesina:

—¿Nos deja ir?

—Dixbos... ¡Pero solas!...

—¡Venga usted!

—Que vaya la abuela.

La cual tuvo que ser consultada a voces, como si se hubiera quedado sorda de repente. Y enterándose de que era invitada a «juegos de farsantes», negóse esquiva y triste, con entumecido movimiento de cabeza y de labios.

—Iré yo—murmura Ramona, lanzando a su suegra una mirada baja y fría.

Cuando buscan a *Mariflor* para cenar, responde desde el huerto, y acude sonriente, sin esconder el gozo del semblante.

Le dicen los chiquillos que van a ir todos «a la comedia», y la muchacha procura sacudir el entorpecimiento agudo de su alegría para razonar y entender lo que sucede. Repite en voz alta lo que han dicho los otros, deseando cerciorarse así de cuanto oye; y su acento resuena ronco y dulce, embargado por la emoción.

Todos quedan mudos cuando habla ella, sobrecogidos por la fuerte caricia de ternura que como encendida fragancia brota en sus frases pueriles. La miran con vago asombro; resplandece, y sonríe sin cesar, recién despierta a realidades que sin duda ha soñado; moja con la punta de los dedos pedacitos de pan en la inevitable salsa, y parece que le saben muy bien según los multiplica.

La frugal colación tiene esta noche un gusto nuevo, un incógnito grano de pimienta que estimula en los paladares el apetito y la sed. Hasta la inapetente niña de los ojos volubles, come de prisa, alterada y ansiosa, como si fuese un sápido manjar la «sopa de patata».

Cuando más se acentúa el incitante sabor que hay en la cena, más se extiende el silencio en la cocina. Entonces *Mariflor* revive a sus anchas las preciadas memorias de aquella tarde, y también la punta de sus pensamientos mojan pedacitos de ilusiones en la «salsa de la felicidad»...

Bendice la niña el instante precioso en que don Miguel le dijo, al salir de la iglesia: —Aquí está «aquel señor» amigo tuyo—mientras Rogelio Terán, con aire deslumbrado y feliz, se adelantó a saludarla en medio de las primas.

Como él no reconociese en Marinela a la maragata que halló junto a la fuente, la sobrina del cura hizo el descubrimiento entre rubores de la moza y cortesanías del galán; después, todos reunidos, se fueron lentamente hacia el lugar del baile.

Aprovechando la estrechez de una calleja, dijo Ascensión, oficiosa:

—Vayan delante ustedes.

Emparejó a la enamorada con el artista, quedóse del brazo de Marinela y dejó atrás a Olalla con el sacerdote...

Bebe *Mariflor* un sorbo de agua, en la boca misma del cántaro, para serenar este recuerdo, y quédase confusa ante los murmullos de las palabras dulces que todavía resuenan en su oído y las consideraciones y esperanzas que se agitan en su corazón.

Es a ella, a la triste criatura abandonada entre cuidados y pesadumbres, a quien un hombre de calidad ha dicho esta tarde:

—¡Te amo, te amo!... Sueño llevarte en mis brazos, un día, lejos de Valdecruces; quiero que seas dichosa y que me debas la felicidad; quiero compartir la vida contigo. ¡Eres mi reina, eres mi musa!... ¿Me quieres, *Mariflor?*

—Sí, sí—repite embriagado por la gratitud el eco de una respuesta.

Y entre las efusiones sentimentales que embargan a la moza, que hinchan sus pensamientos y los entumecen con divina y cordial calentura, quedan flotando en obstinada aparición las imágenes más indiferentes; el gorrito azul de la niña mielga a quien Rosenda Alonso mece en las rodillas; el severo perfil de las bailadoras que danzan de dos en dos, con los ojos bajos, el ritmo lento y las castañuelas alborotadas, y el semblante inmóvil del tío Fabián, agrietado y oscuro como las nueces secas ..

También la *Chosca* tenía cara de nuez. Y mirándola con repentina curiosidad, sintió la muchacha importunas ganas de reir.

Comía la sirviente a la mesa metiendo su cuchara con acompasado vaivén en la vasija común a la tía Dolores y a Ramona. Las tres sorbían y mojaban con lenta moderación, sin hablar y sin mirarse, como viajeros extraños y adustos a quienes el calor y la sed reúne en el camino a la sombra de un árbol o en torno a la frescura de una fuente.

Descubre a estas mujeres *Mariflor* como a criaturas nunca vistas ni relacionadas con la sangre de ella, con su casta y origen.

Y cuando, ya agotado en los platos el *moje* por mendrugos de pan, se levantan los comensales para salir, quédase la muchacha sorprendida por su propia voz que que dice:

—·Adiós, abuela.

Apacible y sin estrellas rodaba la noche en el espacio.

Al caer la tarde, se había extendido sobre el cielo, pálido de calor, una sutil neblina, delicada y luminosa en su baño de luz crepuscular. Y al descender la sombra a la llanura, quedó la blanca nube abierta en los horizontes como un manto refrigerante, encendida por un cándido resplandor de plenilunio: dulces soplos de viento, que parecían rezar por los caminos, acabaron de prestar a la noche encantos de primavera.

El auditorio de los comediantes, compuesto de niños y mujeres, con algún anciano por rara excepción, se preocupaba de mirar al cielo tanto como a la vieja alfombra convertida en escenario bajo la trémula claridad de unos hachones.

—Píntame que hace viento de Ancares—anunció Olalla con regocijo.

—Sí; corren unas falispas algo frescas—corroboró Ramona.

Su acento, amargo siempre, envolvía en la brusca modulación una violenta ansiedad que halló resonancia febril en el concurso: la inquietud y el deseo hizo balbucir a todos los labios con sigilosa esperanza:

—¡Hace viento de Ancares!...

Y detrás del feliz augurio, los ojos se volvieron hacia el Norte, escrutando las nubes encima del caserío, de aquel lado por donde la lluvia era esperada.

—¡Señores, atención!—gritó el director de escena, como si advirtiese que el público se distraía del «maravilloso espectáculo»—. Va a comenzar la extraordinaria labor del joven Manfredo.

Ya se habían celebrado las «danzas griegas», un baile triste, lleno de extrañas figuras y contorsiones, entre una moza muy desabrigada y un doncel con arreos de baturro.

Era, sin duda, este mismo «nigromante y malabarista» que jugó con navajas y botellas, con platos y faroles, tirándolos al aire en complicadas suertes, para recogerlos con las manos, con la boca y con los pies.

En seguida barajó unos resobados naipes y los hizo viajar por todo su cuerpo. Guardó una carta con mucha pulcritud en la palma de la mano, advirtiéndole muy finamente:

—Pasa, monina; pasa, chiquitina... pasa...

Y al conjuro del ruego mimoso, la sacó de la punta de una bota, exclamando complacido:

—¡Ya pasó!

Aquel público no conocía, en su mayor parte, más tramoyas que las farsas de los pastores, celebradas por año nuevo en zancos sobre la nieve, y estaba, en realidad, maravillado.

—Paez cosa de paganía—murmuró Ramona con recelo.

—¡De veras!—dijo a su lado, absorto, *Rosicler*.

Un espacioso rumor llevó sobre el concurso estas palabras que se condensaron en la frase hostil:

—¡Esos tíos serán ensalmadores!...

Y las aguas muertas de todas las pupilas se rizaron con un soplo de supersticiosa pasión.

En aquel momento apareció en la plazuela don Miguel con su hermana, su sobrina y un señor que ya por la tarde estuvo acompañándoles y gastó inusitado palique con *Mariflor* Salvadores.

Acercáronse los recién venidos al grupo que formaba el auditorio, y el forastero halló manera de llegarse a Florinda, en tanto que el cura explicaba a Ramona algún asunto muy difícil, a juzgar por lo que ella dilataba los ojos con un gesto anhelante de comprender: miró por fin a su sobrina arrobada en silenciosa conversación con el caballero, y alzó los hombros con brusca señal de indiferencia. Pero su mirada, fija con dura obstinación en el escenario, ya no vió imágenes distintas ni participó nuevas impresiones al atormentado pensamiento: toda la inteligencia de la pobre mujer quedó colmada, inflexible y obtusa bajo las frases breves del sacerdote.

El joven Manfredo pedía, con muchas reverencias, un aplauso al «respetable público», después de complicada serie de habilidades. Y aquella gente, que no sabía aplaudir, mostróse torpe y seria delante del ceremonioso malabarista.

No parecía muy buena la ocasión para alargar la bandeja peticionaria, y las mujeres se quedaron atónitas ante aquel movimiento repentino del director de escena.

Todas las manos se encogieron vacías, y el estupor general daba a entender cuán sincera existía allí la convicción de que los histriones fuesen unas criaturas sin hambre y sin cansancio, ni otra misión en el mundo que la de rodar en una preñada carreta divirtiendo a las gentes.

—Señores: ¡somos unos pobres artistas! —clamó el director con su acento italiano y su cara triste.

Una ráfaga de sorpresa agitó débilmente los inanimados sentimientos del concurso; pero los rostros continuaron impasibles enfrente del ajeno dolor.

Rogelio Terán contemplaba asombrado la escena, quizá sin suponer que en ninguno de aquellos bolsillos hubiese un solo cobre.

La limosna del párroco y la del forastero vibraron únicas, con sonoro repique en la exhausta bandeja.

Al brillo de la plata, una calurosa actividad reanimó a los artistas. Pidió el galancete su sombrero al tío *Chosco*, el enterrador, que no sin vacilaciones alargó la miserable prenda, raída y parda, de alas abiertas, ceñido el casco por un cordón de colgantes borlas.

El viejo lucía inmóvil su *garnacha* venerable, remedo de la gentil melena de los godos. Y el malabarista sacaba duros, a granel, del maragato sombrero; hacía sonar con deleite las monedas, y tenía al público sugestionado con este inverosímil rumor del vil metal.

Sin que decayese el raro interés que tan peregrino juego despertaba, anunciaron a toque de corneta la aparición de la *Musa errante*, y el propio joven Manfredo, sin un solo duro ya en sus manos, adelantóse con mucha gallardía sobre la alfombra, presentando a la dama.

Era ésta menuda, frágil y bella; parecía una niña vestida de señora.

Llevaba flotante la cabellera oscura, el vestido de luto, escotado y aparatoso, con relumbrones de lentejuelas y sobrepuestos de livianos tules. Había en su rostro infantil, quebranto y languidez; los ojos, despiertos y tristes, pedían clemencia en mudo lenguaje; los bracitos desnudos, agitados en la patética oratoria, se abrían como en demanda de un abrazo, con la desolada expresión de quien siente una infinita necesidad de reposo y de auxilio.

Avanzó enlutada entre los humeantes hachones, con aire visionario y fúnebre, y comenzó a decir:

> Yo soy una mujer: nací pequeña,
> y por dote me dieron
> la dulcísima carga dolorosa
> de un corazón inmenso.
> En este corazón, todo llanuras
> y bosques y desiertos,
> ha nacido un amor, grande, muy grande,
> colosal, gigantesco;
> amor que se desborda de la tierra
> y que invade los cielos...
> Ando la vida muerta de cansancio,
> inclinándome al peso
> de este afán, al que busca mi esperanza
> un horizonte nuevo,

un lugar apacible en que repose
y se derrame luego
con la palabra audaz y victoriosa
dueña de mi secreto.
Yo necesito un mundo que no existe,
el mundo que yo sueño,
donde la voz de mis canciones halle
espacios y silencios;
un mundo que me asile y que me escuche:
¡le busco, y no le encuentro!...

Vibró la última estrofa como un gemido y rodó sobre la calma de la noche con tan anchurosa profundidad, que la errante querella pudo sentirse peregrina de un mundo nuevo, del mundo silente y espacioso anhelado por aquel inquieto y henchido corazón.

Florinda y el poeta se miraron a los ojos con profunda zozobra, impresionados por la avidez y la inquietud del amoroso romance. Y a las impasibles aldeanas les pareció sentir en algún punto remoto de su ruda naturaleza un extraño roce como de brisas o de alas, una desconocida sensación de impaciencias y ansiedades.

Aquel sordo torbellino sentimental fué a batir en el pecho de Marinela con el ímpetu de una marejada tempestuosa.

Desde el medio día se agitó la zagala en brusco sobresalto hasta la hora en que vió al forastero junto a *Mariflor* hablándola con los labios y con los ojos un divino lenguaje que la niña tradujo con intuición milagrosa.

Y esta noche, sacudida por contradictorios sentimientos, perturbada por singulares impulsos, advirtió de pronto que latía desnudo su corazón al viento de las estrofas errabundas, como un árbol a quien arrebata su follaje repentino huracán.

La voz ardiente de la farandulera desceñía con arrebato vertiginoso la vestidura de sombras y de ignorancias sobre los exaltados pensamientos de la joven, y ella veía a la intemperie todo el fermento amargo de sus desvaríos, todo el caos de sus bellas locuras; pensó que los demás contemplaban con asombro aquella terrible desnudez espiritual, motivo de su espanto, y cubrióse con el pañuelo la cara roja de vergüenza. ¡Estaba herida del incurable mal de amores que el romance clamaba! ¡Tenía, como la errante musa, un anhelo infinito sangrando penas en el inmenso corazón!...

Y esta misma certidumbre entraba en el ánimo de la moza con nublada conciencia, como al través de un sueño. Quizá la niña triste iba a sacudir tamaña pesadilla despertando a su estado interior de oscuridad, donde ardía como lámpara celeste la vocación religiosa, vacilante y confusa entre nieblas que servían de pudoroso vestido al inexplorado sentimiento...

La figuranta se adelantó en el escenario otra vez. Hablaron con ella el director y el galán, animándola sin duda a combatir la indiferencia del público con un nuevo recitado. Y la dama, obediente y humilde, volvió a extender los trémulos bracitos y a querellarse rostro a las nubes, con desgarradora expresión de impotencia:

¡Todo está dicho ya!... ¡Qué tarde llego!...
Por los hondos caminos de la vida
pasaron vagabundos los poetas
rodando sus cantigas:
cantaron los amores, los olvidos,
anhelos y perfidias,
perdones y venganzas,
zozobras y alegrías.
Siglos y siglos, por el ancho mundo
la canción peregrina
sube a los montes, baja a los collados,
en los bosques suspira;
cruza mares y ríos, llora y muge
en vientos y celliscas;
se queja en el jardín abandonado,
en las flores marchitas,
en las cosas humildes, en las tumbas,
en las almas sombrías.
Todo el mundo es querella, todo es himno,
todo el mundo es sollozo y poesía...
Y yo vengo detrás de ese torrente
que al universo encinta,

con una canción nueva entre los labios
sin poder balbucirla:
porque ya no hay palabras, no hay imágenes
ni estrofas ni armonías,
que no rueden al valle penumbroso
y suban a las cimas,
y salven los abismos,
colmando las medidas
de las voces humanas
y los sagrados sones de las liras...
¡En este mundo lleno de canciones
ya no cabe la mía!
Loca y muda la llevo entre los labios
sin poder balbucirla...

Bajo las floridas alas de su pañuelo, **Marinela** rompió a llorar con un murmullo devaneante de palabras, como si también en sus labios feneciese una canción muda y loca, de acentos imposibles.

—¿Qué tienes, criatura?—le preguntó asombrada la sobrina de don **Miguel**.

Se produjo un movimiento de alarma en torno a la llorosa, y su madre la sacudió por un brazo, ríspida y violenta.

—¡El tríbulo de siempre!—murmuró.

Acercóse Olalla muy descolorida, cuando el cura, como si conociera el origen del súbito desconsuelo y lo creyese justo y necesario, ordenó que dejasen a la moza llorar.

El poeta y *Mariflor* miraron al sacerdote comprendiéndole, mientras los demás vecinos murmuraban que era aquel llanto un síntoma de «manquera» incurable.

La *Musa* extendía el plato petitorio con el aire indiferente de costumbre, quizá un poco movido aquella noche por el aspecto singular del público, por su grave y silenciosa expectación.

De cerca parecía más mujer y más triste la danzante: se agrandó su estatura, y las líneas de su rostro aparecieron más cansadas y fuertes.

Posó en torno suyo una mirada ancha y escrutadora,

y para tender el plato al alcance del cura y de Terán, se mezcló en aquel grupo extraño donde hasta los niños hablaban en voz chita.

Entonces, sorprendiendo los ahogados sollozos de Marinela, preguntó asombrada:

—¿Por qué llora?

Su acento dulce y caliente hizo temblar a la afligida, que descubrió el semblante y acarició con el húmedo cuarzo de sus ojos la figura de la otra mujer.

Como nadie respondiese, la comedianta, agitando el velo oscuro de su cabellera, volvió a decir:

—¿Por qué llora?

—Porque le ha conmovido tu declamación—dijo al cabo Terán.

Puso en la bandeja otra dádiva y averiguó sonriendo:

—¿De dónde eres?

—No lo sé... De cualquier parte... De un camino—repuso la andariega.

—¿Cómo te llamas?

—*Musa.*

—Será remote – pronunció una voz tímida.

—¿Y dónde aprendiste esos romances tan inquietos?— añadió el joven.

La enlutada sacudió su melena con un gesto peculiar, alzó los hombros y contestó en frase ambigua:

—Por ahí...

Su brazo desnudo parecía extenderse con altivo desdén hacia todos los horizontes universales.

—¿Quieres darme una copia de los versos?—le decía Terán curioso.

—Papá los tiene.

Papá, que era el director, se había aproximado. Buscó diligente en sus bolsillos unas hojas escritas a máquina, y luego de escogerlas, alargólas murmurando:

—No son éstas las únicas que «hemos vendido», caballero.

El poeta comprendía y pagaba mientras desfiló el público en silencio, y don Miguel, sin intimidarse por el escote exagerado, le decía a la recitadora algunas palabras serenas y apacibles.

Marinela, que había cesado de llorar, apoyábase en el brazo de Ascensión, cada vez más vergonzosa, débil, con inexplicable laxitud de los miembros y del espíritu, como en la crisis de una enfermedad repentina. Seguía obsesionándola el espanto de ver al aire su corazón enfermo de ambiciones y de quimeras, dolido de ternuras insensatas, preñado de un cantar indecible.

Ramona miraba de reojo a su hija pensando confusamente por dónde habría venido sobre ella la agravación de sus habituales pesadumbres; y miraba, sobre todo al galán acompañante de *Mariflor*, sin ver, entre las brumas del espíritu, las razones que tendría el párroco para decir que aquel hombre era un buen caballero inspirado en los mejores propósitos hacia la niña, y a quien era preciso tratar con mucha discreción. En la oscura cárcel de su inteligencia el instinto le hacía temer a Ramona una amenaza en el forastero.

Ya los cómicos apagaron los hachones y recogieron la alfombra, buscando el refugio de su casa ambulante, apenas visible en el abandono de la plaza al resplandor mortecino de dos luces.

Habían retirado en un periquete los bancos y cajones donde se aposentó una parte del público, y quedaba otra vez la cruz sola y vigilante en la anchura silenciosa del lugar, abriendo los brazos con infinita indulgencia, precisamente hacia el rincón donde iban a dormir los pobres aventureros.

Divididos en grupos, los curiosos tornaban a sus hogares con la extrañeza de haberlos abandonado, con el asombro de vagar a tales horas por las calzadas adormecidas en la noche.

La presencia de don Miguel les obligó a rechazar suposiciones de brujería en el raro festejo nocturno, y un alucinamiento de milagro oprimió sienes y corazones ante la sorpresa de cuantas habilidades había lucido la farándula, aparecida como un prodigio en aquel olvidado rincón de la llanura.

Iba Olalla tirando de sus hermanitos, que volvían los ojos borrachos de sueño hacia donde se quedaban los farsantes, y la familia de don Miguel acompañaba a la de Salvadores, siempre inclinado con ansia el forastero sobre la belleza de *Mariflor*.

Se había roto el pálido celaje mostrando un fondo azul florecido de estrellas, y la luna, redonda y ardiente, subía en triunfo por el firmamento escoltada por tusones livianos de nubes.

Aquellas ráfagas que la gente anhelosa de lluvia recibió como «viento de Ancares», no eran más que suspiros de la brisa mojados en la frescura natural de la noche. Y al mirar descorrido el cortinaje blanco sobre el índigo dosel, las mujeres suspiraban a la par del viento, y los ojos contemplaban desconsolado el alto horizonte azul.

Despidiéronse las dos familias en la plaza donde el forastero encontró a Marinela; cambiados los adioses, con no poca timidez en algunos labios, desapareció cada grupo en diferente calle, y como un eco de las eternas inquietudes humanas, quedó allí solo y despierto el gallardo temblor de la fuente, compadecido por un rayo de luna.

XII

LA ROSA DEL CORAZÓN

L llegar a Valdecruces conoció Rogelio la situación de la familia Salvadores; supo asimismo que la boda de Florinda con su primo Antonio era raíz de una esperanza para la rehabilitación del hogar, y que la pobre moza, enamorada del poeta, vivía en sorda lucha pugnando heroicamente por favorecer a los suyos, sin hollar los fueros de su propio corazón.

Al oir de labios de don Miguel tales revelaciones, sintió Rogelio una agudísima piedad, y en un arranque de ternura y gratitud, determinó acelerar sus propósitos, casarse con la dulce niña y arrebatarla para siempre a las tristezas y servidumbres del páramo.

Junto a la noble figura del sacerdote, en aquel ambiente de austeridad y sacrificio, desbordáronse las compasiones del caballero: vió a la hermosa doncella condenada a yacer en una vida tan contraria a su educación y natural finura; admiróla doblemente con instintos de artista y misericordia de enamorado; encareció sus excelencias y virtudes, elevándolas a lo sumo de la imaginación, y prometióse con hidalguía quijotesca «no comer pan a manteles» hasta librar a su dama de tan penoso cautiverio y hacerla feliz, muy feliz...

Mas, una vez a solas, pasó por la mente del hidalgo cierta ráfaga de inquietud. Rogelio no era rico: después de una infancia triste, de una adolescencia cruel, combatida por muchas pesadumbres, su arte y su pluma, unidos en esfuerzo quizá no muy constante, pero firme y bien orientado, comenzaban a subir la dura cuesta de la fama; pero aún no podía como «el otro» redimir la hacienda de Valdecruces, ni siquiera ofrecer a su amada más que un porvenir inseguro. Unirse con *Mariflor*, ¿sería, pues, hacerla feliz?

Miraba Rogelio la vida a lo poeta, desde las cumbres, sin pensar en las humildes realidades hasta que por su mal tropezaba con ellas. Al decidir la boda no hallaba para su vida otro refugio que una silenciosa casita en Villanoble, donde murió su madre, la solitaria mansión estremecida siempre por las voces del mar. Bello rincón sin duda para esconder un idilio, para aguardar prósperos tiempos en brazos del amor. Pero quizá esos tiempos no llegasen nunca: tal vez un día tuviera el marido que salir del hogar, como antaño su padre, víctima también de amor y de pobreza, el cual se fué para siempre, aunque tras sí dejaba una mujer y un niño...

Al abismarse en las incertidumbres de lo venidero, revivía el mozo las memorias de su infancia, junto a aquella madre siempre meditabunda, siempre inquieta, vigilando día y noche los caminos por donde el ausente pudiera tornar. Recordaba con obsesión de pesadilla los ojos desmesurados de la infeliz cuando en el horizonte marino aparecía un buque con rumbo a Santander, la

desolación infinita del materno rostro en constante solicitud sobre los barcos y las olas. Cuando las lágrimas
y el tiempo empañaron la luz de aquellas pupilas dulces
y pacientes, la mujer perseguía al niño para señalar, entre
la bruma, el humo ilusorio de una embarcación, y preguntar ansiosa, como la conocida «hermana» en el cuento popular de *Barba Azul:*

—*Rogelio, hijo mío, ¿qué ves?...*

Temblaba el poeta ahora, repitiendo con el corazón
oprimido por inexplicables ternuras, su réplica tantas
veces balbucida:

—*No veo más que las aguas y las nubes...* ¡El no quisiera, por nada del mundo, ser la causa de que en bocas
inocentes hallasen ecos aquella pregunta y aquella contestación, cifra de tremendo martirio, renovado al través
de toda una vida!

Era Terán superticioso, creía en los pecados por
atavismo. Más de una vez, pensando en la inconstancia
de su padre y en sus propias flaquezas, huyó de tener
novia, prediciendo:

—Voy a causar su desventura.

Y a menudo, cuando le enardecían nuevos amores, se
observaba con espanto como si en el fondo de su corazón temiese descubrir el gérmen de alguna fatalidad he-
reditaria. Estos mismos terrores le persiguieron al arri-
bar a Valdecruces, aunque nacía la afición de ahora con
tales ímpetus y ternuras, que llegó a juzgarla definitiva
y libre de toda infidelidad.

Acalló, pues, al fin, sus sobresaltos e incertidumbres; afirmóse en la idea de la boda, y así se lo dijo a
Mariflor. Pero la niña, preocupada, irresoluta, confe-
sóle, tras violentos sonrojos, que no podía casarse sin
aliviar a su gente de los graves apuros en que se estaba hundiendo: lo había prometido, lo había jurado...
era un caso de conciencia y de honor. Con tan sublime
sinceridad, con tales aspiraciones generosas resplandecía

el propósito de Florinda, que el caballero enmudeció reverente.

No aludió ella, ni de lejos, a su primo; antes bien, con singular delicadeza limitóse a expresar la candorosa confianza que tenía de intervenir favorablemente en las desventuras familiares.

—Yo estoy resuelta —dijo— a remediarlas. Es un deber que me impuse.

—¿Aun a costa de la íntima felicidad? —preguntó Rogelio atónito.

—A costa de ella, no... pero antes de realizarla, sí... ¡lo he jurado! Yo no puedo pensar en mi propia felicidad sin resolver la situación de esta casa. ¿Cómo? No lo sé... En Dios confío. Entretanto, debo olvidarme de mí misma.

Dijo la moza con rotunda firmeza; mas la sorda rebeldía de sus sentimientos hablaban con tal elocuencia en la penumbra de los ojos, que el poeta sonrió seguro de la pasión con que era amado.

Y al referir más tarde al cura esta entrevista, difundióse una grata sorpresa por el rostro franco y abierto de don Miguel. Quiso Terán entonces, un poco desconfiado, calar los ocultos pensamientos de su amigo: asociaba su presente actitud con la singular resistencia de *Mariflor*, adivinando en torno suyo algo más de aquello que ya sabía... Pero nada pudo inquirir, porque el sacerdote se embozó de pronto en la reserva peculiar de aquel país, todo calma, recato y misterio...

Suponía don Miguel tan interesada a *Mariflor* por el poeta, conocíala tan amorosa y vehemente, que esperaba verla transigir al primer reclamo de la pasión, escondiendo en olvidados plieguecillos de la conciencia su afán de caridades. Mas cuando supo que la moza había puesto, incauta y valiente, condiciones a la propia ventura en beneficio de la ajena, una conmovedora admiración le dispuso a proteger tales propósitos, reveladores de heroicas energías y quizás de providenciales designios.

Así que, poco después, cuando *Mariflor* fué a casa del párroco en busca de refugio y de consuelo, animóla con grande ternura.

—Sí: yo estoy dispuesta a esperar—dijo la niña—, a esperar el milagro.,. Pero ¡si viera usted lo que sufro!... Cada día que pasa cae sobre mi carazón con horrible pesadumbre... Tiemblo por la suerte de todos mis amores... ¿Hago mal, acaso, queriendo ser feliz?

—No, hija mía. Yo también quiero que lo seas. Pero hay que tener presente...

—¡Qué! ¿Ya no confía usted en Rogelio?

—¡No confío en la felicidad!—exclamó el sacerdote, recordando a la madre del poeta—. Además—añadió—, si tú quieres favorecer a los tuyos...

—Sí: espero el milagro.

—Rogelio lo realizaría demasiado tarde... nunca tal vez... La situación es crítica... Tu primo Antonio...

—¡Yo no me caso con mi primo!—protestó impaciente la muchacha.

Y como el sacerdote enmudeciera, ella se cubrió el rostro con las manos.

—¡Ya no me anima usted!—gimió—, ¡ya me abandona!

Sin dejarse llevar de toda su compasión, quiso el cura alentarla:

—No te abandono, mujer. Te animo a ser valiente, a ver claro, a elegir el camino más corto para llegar al cielo, a desconfiar de la dicha que buscas en la tierra. ¡Pobre criatura! Debo prevenirte ¡a ti que sueñas demasiado!

—Pues soñar, ¿no es vivir... con el espíritu?

—Sí: cuando no se abandonan los deberes de la implacable realidad... En fin, no te apures; yo llamaré a tu primo. Mediremos su voluntad, sus intenciones...

—Pero diciéndole que no me caso con él—repetía la moza.

—Yo no intento, hija mía, que tú te sacrifiques. Haz lo que quieras... Dispuesto está Rogelio a casarse contigo... ¡Piénsalo bien!

—He jurado ayudar antes de nada a mi familia...

—Yo te libro de ese juramento.

—¡Es que me da mucha lástima de todos!—dijo *Mariflor* en un arranque de ardorosa piedad. No soy egoísta. Quisiera tener mucho dinero para darlo a manos llenas a mis parientes, a los extraños, a todos los que sufren, a todos los que viven muriéndose de pobreza... Pero casarme con «ese hombre» sólo porque es rico... un hombre a quien no conozco, a quien no quiero... Mire usted, señor cura: ¡si él tampoco me conoce; si él tampoco puede quererme! ¿Por qué ha de casarse con una pobrecilla como yo? En cambio tiene el deber de amparar a la abuela, que es de su sangre, que es su abuela también... Hablándole al corazón, por fuerza ha de compadecerse de ella lo mismo que nósotros... ¿No es verdad?... ¡Sí: llámele usted; llámele en seguida! Yo le diré todo esto... Cuando me escuche, cuando nos mire, si es cristiano, si nos tiene ley, nos dará su apoyo, salvará nuestra hacienda... Y no será preciso que yo venda mi corazón por un puñado de dinero...

A los oídos del sacerdote, acostumbrado a lamentos de cada criatura, no eran frecuentes palabras como éstas: allí cada mujer llevaba estoica y firme su cruz en la marea siempre viva de los infortunios, sin tiempo ni bríos para compadecer los ajenos dolores. Cada vez más prendado del alma de *Mariflor*, embriagábase el apóstol con las brisas consoladoras que esta niña llevaba desde la tierra que vive hasta la tierra que muere, como un soplo de sutiles piedades cultivadas en medio de la civilización para infundir sus simientes en el páramo.

—¡Sí, sí!—exclamó don Miguel—. ¡Quién sabe!... Llamaré a tu primo... Le llamaré en seguida como tú quieres.

—¿Y acudirá?

—Creo que sí.

—¿Antes del *día de agosto?*

—Antes: la semana que viene. Yo deseo que te tranquilices... Además, el tío Cristóbal amenaza con el embargo y hay que tomar alguna determinación.

—Ayer se llevó la recua.

—Ya lo sé.

—Y la *Chosca.*

—Eso no lo sabía.

—No le pudimos pagar unos salarios, y como estaba para el cuido de los animales, pues se marchó también... ¡Pobre! Iba muy triste, con los tres mulos y la borrica: volvían todos la cabeza hacia el establo al seguir por primera vez el camino de un albergue nuevo... ¡Daba una compasión!

—No quise evitar el despojo—dijo consternado el sacerdote—, porque de los que os amenazan es el menos perjudicial; realmente una recua, por mermada que esté, sin terraje propio y sin tráfico, más bien resulta gravosa...

—La conservaban por cariño y también por algo de orgullo: ¡es tan penoso venir a menos!... Aunque me entristeció la despedida de las bestias, me alegró al fin que cambiaran de amo; estaban, lo mismo que la *Chosca,* muertas de necesidad... La mujerona infeliz no comía bastante y se afanaba por darles a ellas de comer, en los rastrojos, en los alcores, en los añojales... ¡Pobre criatura! Nunca tuvo casa ni familia: su padre y ella se tratan casi como desconocidos.

—Y lo son. El tío *Chosco* «ya no se acuerda» de que esa mujer es hija suya. Quedó viudo al nacer la desventurada, fuése lejos y cuando volvió, pobre, viejo y vencido, se miraron como dos extraños... ¡ella también parecía vieja!

—Vivió desde niña en trabajosa esclavitud...

—No da más de sí la caridad de Valdecruces—suspiró don Miguel—. Y Florinda balbució:

—¡Cómo ha de darlo!

Quedóse acongojada, con el pensamiento henchido de penas.

—Pues ¡y el *Chosco*—insistió luego—, a quien mantiene usted de limosna, que vive sin más ilusión que la de enterar a sus parientes y sólo disfruta olfateando los difuntos!...

Después de una pausa lúgubre, tornó a decir *Mariflor*:

—¿Cree usted que el tío Cristóbal llegará a embargarnos, a ponernos en la calle?

—Es capaz—respondió el cura—. Pero no así de pronto—añadió, viendo palidecer a la muchacha—. Hicimos la tasación de las caballerías y con ellas pagasteis el interés de los réditos...

—¿Interés de intereses?... ¡Válgame la Virgen!... ¿Sabe mi padre que están así las cosas?

—Ya le escribí diciéndole toda la verdad, porque ha sido muy dañoso el engaño en que le tuvo la abuela.

—Es inocente como una niña; es ignorante y simple: si no fuera por usted, ya estaría la pobre en medio del arroyo.

—Ahora, con la pareja de los moricos—insinuó el párroco suavemente, como si temiese lastimar con las palabras—creo que el feroz prestamista quedará muy conforme...

—¿También los bueyes?... ¡Lo que va a sufrir la abuela!... Y, dígame, no me asusto; dígame si la casa peligra: es lo que más me apura; que nos echen del hogar de mi padre.

—No, no; yo haré todos los esfuerzos posibles por evitarlo—repuso el cura muy conmovido.

—¡Demasiado hace usted!

Los ojos de Florinda dijeron estas palabras aún más profundamente que sus labios.

—¡Si usted quisiera explicarme—agregó después con vivo rubor—cuánto debemos a ese hombre y en qué formal!... Yo entiendo algo de cuentas y necesito ayudar a mi padre con usted.

Absorto, perplejo, no sabía el cura qué decir, entre el reparo de abrumar a la muchacha con más hondas preocupaciones y la admiración de verla sobreponerse a sus íntimas amarguras para socorrer las cuitas del común hogar. Decidióse de pronto: la mirada firme y escrutadora de *Mariflor* no daba treguas.

—Es más intrincado el asunto de lo que tú te supones—comenzó—. El pasado mes venció un nuevo empréstito que el tío Cristóbal hizo sobre la casa, los enseres, el huerto, la cortina y una parcela de regadío en la mies de Urdiales: tres mil pesetas por todo ello, y no fué poco para lo que vale aquí la propiedad y lo que hacía temer la usura del prestamista. Pero no te asombres: ese «rasgo increíble» no solamente está garantido con hipoteca de las mejores fincas del pueblo, sino que rentaba de una manera escandalosa. A mayor *generosidad*... mayor negocio. ¿Comprendes?

—Sí, señor.

—Como tu abuela no pagó los intereses nunca y el tío Cristóbal los cobraba compuestos, la deuda amenazaba doblarse. Así sucedió en otras ocasiones, y así vuestro pariente se quedó con mucho de este patrimonio antes de que yo viniera a Valdecruces.

—¡Y mi padre sin saber nada!—exclama Florinda con desconsuelo.

Un fuerte impulso confidencial persistía en don Miguel, satisfecho de hallar al fin en la familia Salvadores una persona razonable.

—El usurero—continuó—dejaba correr los meses sin

apremiaros, mientras los réditos le enriquecían: la hacienda garantizaba los plazos vencidos. Pero ya calculó que tenía «derecho» a quedarse con todo y se resiste a esperar; quiere la casa, los muebles y las fincas de la hipoteca, o los doce mil reales... Hemos tasado en dos mil los bueyes moricos y concede un plazo para el resto si se le entregan en seguida los animales.

—¡Le costaron a mi padre mil pesetas!

—¡Sí; es buena yunta, pero ha trabajado mucho y está maltratada: no veo además òtro medio de obtener un respiro, que debe ser corto, muy corto, para que los fatales intereses no vuelvan a subir, para que sacudáis de una vez esta inicua explotación.

—Sí, sí—decía la moza—. Pero después, ¿qué haremos con poca hacienda y sin costumbre de trabajar?... Si mi padre no tiene suerte, le veo mal fin a nuestras angustias: más difícil será evitarlas en lo sucesivo que ponerles remedio ahora... Diez mil reales—añadió optimista—se encontrarán fácilmente.

—¿Crees tú?—interrogó asombradísimo don Miguel.

—Se me figura...—murmuró azorada la joven, dudando de repente si habría dicho una inconveniencia: su generosa juventud contaba miles de reales con mucha facilidad.

Así, cuando el párroco declaró rotundamente: —Yo no conozco a nadie que tenga tanto dinero disponible—balbució sobrecogida:

—¿Le parece a usted mucho?

—Para darlo o prestarlo a un pobre, me parece una suma fabulosa. ¡Estòy bien seguro de ello!

—¿Lo ha experimentado usted?—replicó la zagala con la inquietud de súbita sospecha.

—Si yo «encontrase», como tú dices, esos miserables cuartos, ¿estaría vuestra deuda en pie?... No creo en el dinero; no sé dónde se esconde; no parece por ninguna parte cuando se le busca para hacer caridad: por no tenerlo sufrí en mi primera jnventud los más refinados pesares...

Triste ráfaga de evocaciones pasó como una nube por la frente del apóstol.

—Cursé mis estudios de limosna, sin saborear nunca la posesión de una peseta; caí en las adversidades de este pueblo sin poder remediarlas, y cuando las vuestras me tocaron en lo más vivo del corazón, enloquecí hasta el punto de creer en la existencia del embustero metal: en mi prisa por salvaros pagué al tío Cristóbal con la dote de Ascensión...

—¿Qué?

—¡Y ahora no parece el dinero ni para vosotros ni para mí!

Alzóse precipitadamente de la silla, pesaroso de haber dejado escapar semejante confidencia; *Mariflor*, desolada, se había levantado también.

En el profundo silencio de la tarde descendía la sombra invadiendo la estancia; asomábase por el abierto balcón el cielo, de color de violeta.

—No te apures, chiquilla—repuso el cura por decir algo—; he sido un torpe: no quería contarte así las cosas.

Con fácil prontitud asociaba Florinda a las últimas revelaciones de su amigo cierta frase que antes sorprendiera: *un nuevo empréstito*. Y ahora comprendía el alcance de esas palabras.

—¿De modo que fué inútil el tremendo sacrificio de usted?

—¿Tremendo?...—sonrió el cura con generosidad.

—¿De modo—repetía *Mariflor* como una sonámbula, dando vueltas por el despacho—que diez y doce veintidós mil?... ¡Esta sí que es suma fabulosa! No hay nadie que la tenga «disponible».

—¡Mujer, no tanto!... Te alucinas...

La moza no escuchaba razones: en la aterciopelada

dulzura de sus ojos se dilató el espanto de necesitar con urgencia ¡veintidós mil reales!... una suma tal, que acaso no existiera en el mundo... Sintió de repente en sus hombros las dos manos de don Miguel.

—Esto se arregla, ¿entiendes?—dijo el sacerdote—. Esto se arregla a escape: yo no he agotado todos mis recursos para buscar ese dinero; me he explicado mal sin querer; te estoy haciendo sufrir de una manera intolerable.

—Aunque esto se arregle por milagro de Dios—repuso la joven obstinadamente—, la abuela volverá a las andadas. Yo no sé cómo viviendo con tal miseria necesita empeñarse una y otra vez: ¡ya no confío en apoyar la casa que se hunde!

—Mira: tu abuela es una calamidad. En la sombra confusa de su vida brilló sólo un amor: el de la madre. Y esa única luz ha ofuscado a la pobre mujer en lugar de alumbrarla. Repartió su ciega idolatría entre los hijos mientras la muerte se los iba arrebatando, y por una de esos flaquezas propias de criaturas vulgares, concentró después sus desvelos en uno de los dos que le·quedaban.

—Mi tío Isidoro—suspiró Florinda.

—Sí; porque tu padre casó con forastera... El predilecto, mal afortunado en sus negocios mercantiles, emigró hace tres años con la misma fatalidad que le acompañó en España, y desde entonces, cuanto pide a su madre, se lo manda ella, escondiéndose de los que debemos evitar que os arruine a todos sin provecho para ninguno, porque Isidoro, enfermo y torpe, no sirve para nada.

—¿Y quién cura esa manía?

—Yo la curaré ahora que la experiencia me ha prevenido; ahora que tu padre me ha otorgado poderes y atribuciones para intervenir en cuanto sea menester.

—¿Hace mucho que se renovó esa hipoteca?—preguntó la niña avergonzada.

—Un año. Apenas la levanté yo, por detrás de mí se volvió a tejer el enredo.

—¿Pagó usted muchos intereses?

—Pocos...

—¿De verdad?

—Mujer, no te preocupes—eludió el cura, angustiado por la turbación de la joven.

Pero ella, recelosa, alarmadísima, deseando conocer toda la magnitud del desastre, hacía signos de incredulidad. Y al mismo tiempo que preguntaba, iba acercándose a la puerta, como si sintiera impulsos de huir antes de obtener una contestación categórica.

Don Miguel no quería dejarla marchar tan abrumada.

—Yo tengo mis planes—dijo aún, reteniéndola; un programa de nueva vida para vosotros.

—¿Cuál?

—Tú te casas.

—¿Con quién?

—Con quien te quiera y te guste, ¡carape! A tu abuela «la declaramos pródiga»; a Pedro le mandamos a ganarse la vida; Olalla y Ramona trabajan la mies para mantenerse con la anciana y los pequeños; a Marinela la buscamos dote para que se haga monja... Esto en el peor de los casos; si tu padre no tiene suerte y a mí no me toca la lotería...

Quiso la muchacha sonreir.

—Pero, trabajar la mies—protestó al cabo—, es una cosa horrible para Olalla.

—¿Y no para su madre?

—También... aunque tiene más costumbre...

—¡Peor para ella!... ¡Pobre mujer! La quieres poco y vale mucho.

Mariflor, sorprendida, añadió sin defenderse:

—Pedro es muy niño para salir de casa... La dote de Marinela es muy difícil de encontrar....

—En fin, que no estamos conformes—replicó el santo varón algo quejoso.

—¡Perdóneme, señor cural—exclamó Florinda muy encarnada—. Dios le pague cuanto hizo, cuanto hace por nosotros... Así que Antonio llegue, tomaremos una resolución que le alcance a usted...

Y antes de salir, ocultando el vivo rubor en el umbral de la puerta, añadió entre lágrimas:

—Tengo algunos anillos de oro, el reloj de mi madre, un brazalete... ¡si usted lo quisiera recibir!

Había juntado las manos en férvida súplica, a punto de caer de rodillas. Transido de compasión el sacerdote, hizo un ademán brusco y tierno.

En aquel instante se oyó el eco de unos pasos en el corral.

—Es Rogelio, que vuelve de Monredondo—advirtió don Miguel.

Y la moza, con un signo de silencio en los labios y un presuroso adiós lleno de suavidades, bajó por la escalera aceleradamente.

Esquivando al forastero, deslizóse al «cuartico» donde Ascensión cosía, muy curiosa de la confidencia celebrada en el despacho.

—¿Qué haces?—dijo *Mariflor* sin saber lo que preguntaba—. Se había enjugado los ojos, y a la media luz del aposento escondía mejor las señales de su angustia.

—Ya ves—repuso Ascensión desplegando un trozo de blanqueta con el cual confeccionaba refajos.

—¿Son para el equipo?

—Sónlo; esta lana es de la trasquiladura de antaño. ¡Da gusto coserla cuando se ha visto viva en los animales!

—¿La has hilado tú?

—Sí; pero antes lleva muchos trajines. Cada vellón se lava, se esponja, se escarpena, se abre, se carda y se hila:

todo lo hacemos aquí; después lo tejen en Val de San Lorenzo.

—Y ¿cuándo es la boda?

—El día de agosto, a más tardar; durante el mes que viene se leerán los proclamos.

—Entonces, mañana será el primero.

—No; el domingo que sigue. Pero, ¿cuándo es la tuya?... ¿lo hablasteis arriba?—aludió Ascersión.

—Vine por asuntos de la abuela... Yo no me caso tan pronto.

Resonaban pasos y voces en el despacho de don Miguel, y los últimos alientos de la luz desfallecían en las blancas paredes del «cuartico».

—Sentiste llegar a don Rogelio, ¿verdad?—interrogó la novia, doblando su costura.

—Sí... Ahora me voy: es tarde.

—Te acompaño hasta la fuente.

Tomó la muchacha un cántaro en la cocina, y ambas jóvenes salieron sin hacer ruido.

Ascensión Crespo y Fidalgo es una maragata sonriente y graciosa a quien un leve roce con gentes extrañas a la suya ha dejado suave matiz de alegría en las palabras y en los pensamientos: posee un título de maestra elemental que no logra encumbrarla mucho ni distanciarla moralmente de su país; pero le da cierto lustre entre los vecinos, aparte su preponderancia como sobrina del párroco y novia de un rico mercachifle.

Su madre, hermana mayor del cura, había querido acompañarle en Valdecruces, no tanto por regir con cariño el hogar del sacerdote como por tener su sombra. Criáronse un tiempo don Miguel y su hermana bajo la protección de un tío que dió carrera al varón y legó a la hembra unos quiñones y unos miles de reales. Viuda ella al recibir la merced, y madre de dos niñas, casó pronto a la mayor, gracias al olorcillo de la herencia, con un pariente muy bien establecido: fugaz matrimonio que en el término de un año desbarató la muerte, llevándose a la recién casada. Pero el viudo, con la querencia del lar y de la dote, vuelve ahora en busca de su cuñadita Ascensión, y la madre, que aún llora a la hija malograda, sonríe ante la suerte de esta otra, convencida de que un marido con dinero es la suprema felicidad para una mujer.

Estos son, asimismo, los ideales de la joven maragata. Su rápida excursión por la Normal de Oviedo no le descubrió muchos horizontes, ni ensanchó sus miras, ni llegó a turbar hondamente el atávico reposo de su inteligencia; bastante hizo la moza con suavizar su trato, con desentumecer un poco la sonrisa y la voz: siguió escribiendo sin ortografía y leyendo con el tonillo cantarín que aprendió en la aldea; pero sus modales tuvieron más desenvoltura, sus palabras más camino, y una gota de la curiosidad del mundo resbalaba, alegre, desde sus ojos hasta sus labios sin descender nunca hasta el corazón.

Redimida de las rudas labores campesinas, con su título flamante de maestra y su rumboso compromiso de boda, gozó la muchacha en el lugar de todas las preferencias y admiraciones, hasta que llegó Florinda. Sin ningún mezquino sobresalto prestóse al punto a compartir con ella el auge de aquellos sutiles privilegios; creyó que su descollante categoría la designaba para recibir cortésmente a la gentil forastera, iniciarla en las nuevas costumbres y hacerla, en suma, con la mayor solicitud, «los honores» del pueblo. Pronto esta buena disposición tuvo por acicate la simpatía y la curiosidad. Florinda se hizo querer: el encanto y la dulzura de su carácter se imponía con irresistible gracia, y el ligero tinte exótico de su persona resplandeció a los ojos de la maestra cual lejano saludo de las novedades mundanas que ella conocía. *Mariflor* miraba a los ojos de la gente;

reía alto, lucía el florido cabello peinado a la moda de las ciudades; tenía pensamientos pulidos, ideas bizarras que de todo su sér emergían con libres y serenas emociones... Ninguna zagala de Valdecruces admiró a la forastera con tanta intuición de sus méritos como la sobrina de don Miguel.

Ahora, camino de la fuente, Florinda y Ascensión coloquian en afable intimidad, lejos entre sí los corazones y unidas las existencias juveniles en el fondo de un mutuo cariño.

—¿Conque te proclamas el mes que viene?

—Las dos veces que faltan, sí, porque la primera amonestación lanzóse ya en enero, cuando nos apalabramos.

—¡Ah! ¿Es costumbre?

—¡Natural, mujer, para que se sepa que somos novios!

—¿Te escribe mucho?— insinúa Florinda, intrigada.

—Aquí no se usa.

—¿Pero ni una vez siquiera?

—Ni una sola.

—¿Tampoco ha venido a verte?

—Tampoco; vendrá la víspera del casamiento, y después de la tornaboda se volverá a partir. Mi madre—añade, ufana, la maestruca—me da el ajuar de la casa y la dote de cuatro mil pesetas, que administra mi tío.

Muy descolorida y agitada, comprobando la cuantía de la aterradora suma, *Mariflor* pregunta para disimular sus preocupaciones:

—¿Cómo sabes si quieres a tu novio sin conocerle apenas?

—Porque fué bueno para la biendichosa.

—¿Ausente y en un sólo año le pudisteis juzgar?

—Era deportoso... ¡«mandaba» mucho!

La risa de la fuente interrumpe la plática, y Ascensión averigua, antes de despedirse de su compañera:

—Y tú, ¿cómo quieres a un forastero sin conocerle más que de un viaje, sin saber de su casta ni de su bolsillo?

—He hablado mucho con él, con sus ojos y su corazón—balbuce Florinda, algo confusa—; he leído sus libros y sus cartas... Además, ¿por qué dices que le quiero?

—Lo supongo—sonríe la maestra, con pretensiones de sabiduría, y advierte: —Es muy bien parecido y elegante, de mucha labia y educación... pero este personal de pluma no suele tener hacienda... ¡Harías mejor boda con Antonio!

Vibró rudo el consejo sobre el rumor del agua fugitiva, en tanto que se alejaba *Mariflor*, sonriendo a fuerza de pesadumbre.

En la profunda calma del ocaso le parece a la moza infeliz que una vegetación de espinas surge debajo de sus pies y que un lamento corre por la sombra. Al llegar a su casa, busca refugio en el huertecillo, pidiéndole a Dios serenidad de ánimo, consuelo y fortaleza. Allí, escondida entre la única fronda del vergel, siente de súbito en el rostro el roce de unas alas de mariposa: es la hojita de un capullo que vuela desde el rosal.

Atravesado el pecho de las más inefables compasiones, tomó Florinda el pétalo en sus manos, y con irresistible impulso, quiso volverle a la yema sonrosada de donde había caído. Pero quedóse inerte, presa de inexplicable zozobra: era imposible unir la hoja muerta con el retoño vivo... Y la zagala sentía cómo se deshojaba también, de inexorable modo, la palpitante rosa de su corazón.

XIII

SOL DE JUSTICIA

 N día y otro posaba el sol adurente sobre la llanura.

Eran tan placenteras las señales del cielo, que la sequía se convirtió en seguro peligro para la escasa mies de Valdecruces, y bajo la férula del tío Cristóbal celebróse con toda exactitud el turno de regar, aprovechando el agua de los fugitivos arroyos.

Según había temido Olalla Salvadores, llegó para sus «bagos» la vez en el riego sin que la familia tuviese con qué buscar obreras; y al amanecer aquella mañana, Ramona y su hija mayor, silenciosas y diligentes, salieron hacia los centenales con los aperos necesarios para «apresar y correr el agua».

Del mermadísimo patrimonio de la tía Dolores no quedaban a la sazón más tierras de regadío que las dos hazas de mies adonde las mujeres se dirigían; y ya estas únicas parcelas estaban hipotecadas al tío Cristóbal, que nada quiso dar sobre el terreno de secano, las «hanegadas» de Abranadillo y Ñanazales, tendidas al otro lado del pueblo, y menesterosas de continuas huelgas por su mucha ruindad.

Precisamente el viejo acaudalado de Valdecruces poseía tierras asurcanas de las que iban a regarse, y se mostró aquel año muy solícito para beneficiar las de sus infelices vecinas, gozándose en la ambiciosa certeza de unir pronto los diferentes lotes en una sola finca envidiable, señora de la mies.

No se durmió el anciano aquella mañana, y apenas calentaba el sol cuando se aparecía entre los rústicos centenos la imponente figura de un hombre alto y rojo, curtido y vacilante, con ancho sombrero de cordón y borlitas, bragas de estameña, polainas de pardillo, y almilla muy atacada sobre un chaleco de color; calzaba galochas y apoyábase en un cayado patriarcal. En su rostro, enjuto y boquisumido, asomábanse unos ojuelos grises, cargados de cejas blancas, turbios y persistentes, con tenacidad interrogadora.

A este maragato, rico en relación a la pobreza del país, le respetaban por el dinero y la autoridad, pero su avaricia inextinguible le hacía también odioso y temido. A pesar de sus noventa y seis años, manteníase terco y duro como un roble, y su presencia inspiraba en todas partes cierta inquietud mezclada de repulsión.

Un solo hijo, ya viejo, le quedó al tío Cristóbal en la hora de la viudez; pero este único descendiente, cargado de familia, hubo de buscar el sustento en tráficos humildes fuera de Valdecruces, pues todo lo que hizo el codicioso quintañón por la necesitada prole, fué llevarse a una de las nietas para que le sirviese de criada. Y Facunda Paz, la moza recogida por el abuelo, no lució nunca en el baile un rostro complacido, ni un «rodo», mandil o sayo tan donoso como el de sus vecinas o el de sus mismas hermanas, aunque las prendas de los antiguos ajuares, mantelos y corpiños, rasos y cúbicas de la abuela se apolillaban en el fondo de los cerrados cofres. Había trabajado el tío Cristóbal en Madrid algunos lustros, mercader y agiotista en miserable escala, establecido allá por los andurriales de la Puerta de Toledo. Casó, ya hombre maduro, con moza acomodada de su país, y se trasladó a la aldea sin abandonar los trapicheos mercaderiles; así fué explotando en oscuros negocios la necesidad tirana del pobre vecindario, sin compasión de la propia familia, como en el caso de la tía Dolores, de quien era pariente.

No amaba este avaro la tierra como las mujeres de Maragatería, con ese amor recio y generoso que da la sal del llanto y del sudor para abono del surco en los terrones. Amaba el dominio y la riqueza con mezquinos alcances, dentro de una pasión raquítica y sin alas.

Más duro de corazón y de mollera con los años, sentía la embriaguez de las posesiones a lo grosero y sensual, sin ternuras de enamorado, sólo con las voracidades torvas del instinto.

Su torpe codicia iba arrastrándose lo mismo que un reptil por los barbechos, en la estrechez de la mísera tierra laborable y en el camino silencioso y triste de las hendidas cabañucas romanas, hasta dar por chiripa en una casa de adobes, en una recua y un rebaño.

Ahora zumba el usurero, como un cínife, en torno a la parcela de regadío donde Olalla y Ramona abren el cauce regador.

Hipan aspadas las dos mujeres sin resuello ni alivio en la pesadumbre del trabajo, metidas hasta la cintura en la rota, represando y corriendo el anhelado camino para el agua.

—Dios os ayude —dice la trémula voz del tío Cristóbal desde el hoyo profundo de sus labios.

Ramona sigue trabajando sin responder, y Olalla pronuncia tímidamente:

—Bien venido.

Un golpe de tos atraganta al viejo, y su melena goda se agita en la inclinada cerviz, como blanco cendal batido por la tormenta sobre un árbol caduco.

Alguna cosa impaciente querían decir aquellos labios contraídos en espantable mueca, en tanto que los ojos, fijos y voraces, escrutaban a las trabajadoras con ansiedad: sin duda el tío Cristóbal pretendía enterarse de noticias urgentes antes de acabar de toser.

Mirábale de reojo la doncella, alarmada y expectante, y Ramona le volvía la espalda con obstinado tesón, cada vez más hundida en la rotura, buscando afanosamente el rumbo del arroyo.

El año anterior no necesitaron las de Salvadores regar sus panes, porque había llovido en la primavera. Y ahora parecía que la antigua vecindad del agua huyese como una desconocida a la solicitud de los audaces brazos femeninos.

—Hogaño está más lejos —había dicho suspirante la moza, mirando cómo la gracia apetecida resbalaba por el suave declive de la mies, en murmullo remoto...

Ya el tío Cristóbal podía «colocar» aquella urgente pregunta que le palpitaba en los ojos. Habíase parado al borde de los centenos, erguida la vejez codiciosa sobre el verde tapiz de los tallos, apoyándose con fuerza en el bastón.

Supo el viejo, la víspera, que un galán «señorito» acompañaba, como en las ciudades, a la prometida de Antonio Salvadores, del rico a quien él temía casado con *Mariflor*, pero a quien nunca supuso capaz de favorecer a la familia con desinteresados fines.

De realizarse pronto la anunciada boda, pudiera suceder que al fincarse en Valdecruces los novios, levantara para sí el empeñado patrimonio de la abuela. Entonces, ¡adiós casa, «bagos», yuntas y «cortina» en la sombra perseguidos!

Mas, si por lo contrario, la zagala contrajese nupcias con aquel fino caballero, él se la llevaría fuera del país; y, donde, con una sola excepción, todos los vecinos necesitaban limosna, ninguna otra mano se podía tender hacia la sitiada hacienda.

No había que pensar en que la defendiesen Isidoro ni Martín Salvadores, que, a pesar de sus buenas aptitudes para el comercio, naufragaban también en el maleficio lanzado por la tía Gertrudis sobre la casa del abuelo Juan.

Desvelada con estas consideraciones, la astucia del tío Cristóbal se dejó sorprender por la impaciencia, y quiso averiguar a todo trance lo que de cierto hubiese en la general suposición del forastero prendado de la niña. Ya iba a preguntar rotundamente: —¿Conque la rapaza de Martín hace boda con uno de fuera?—cuando se presentó orillando la mies, a buen paso y con la azada al hombro, la propia tía Dolores.

Saludáronse los dos primos con un leve murmullo estupefacto. ¿Qué hace aquí la sombra de este carcamal?, se dijo la vieja, memorando con pálida lucidez las celadas rastreras de su pariente.

Saltó luego a la zanja con más agilidad de la que hubiera podido suponerse, y escudriñó de soslayo la esquiva catadura del hombre, crecido desde allí como un gigante, negro y rojo, igual que una tragedia, sobre la glauca alegría del centeno.

—¿A qué viene?—preguntaron con acritud dentro del cauce.

—A trabajar—respondió la anciana llena de bríos.

Hizo Ramona un gesto desdeñoso, y Olalla suspiró jadeante.

Alzábase la moza a menudo para medir con los ojos la distancia a cuyo borde modulaba el arroyuelo su promesa; no era mucha, alcanzada con la vista: veinte metros escasos. Mas era enorme para hendirla con el azadón, honda hasta nivelar la altura del terreno con el declive donde el regajal corría. Y la carne joven, nueva en aquella bárbara lid, temblaba hecha un ovillo, sudorosa y encendida bajo el implacable sol.

En cuanto llegó la abuela a meter sus afanosos brazos en la zanja, Ramona la dejó arañar el escondido seno de la tierra, menos duro que la capa exterior, y subió infatigable a romper el camino en los abrojos, sobre el campo de barbecho, mustio y ardiente.

Rígida la corteza del erial, defendíase con sordas rebeliones del empuje bravo de la azada. Un hiposo jadeo, semejante a un bramido por lo amargo, resoplaba en el pecho de la cavadora, y la tierra devolvía en retumbos persistentes los desesperados golpes, escupiendo su polvo de cadáver a la roja cara de la mujer.

Mira la joven con espanto cómo su madre rompe al fin la brecha sin hacer una pausa ni pronunciar una frase, como poseída de un vértigo brutal. Da y repite azadazos lo mismo que una furia, con sacudidas violentas de todo su cuerpo: parece que le crujen los riñones y se le saltan los ojos; parece que llora a raudales según tiene lá faz mojada de sudor.

También la anciana contempla absorta el tremendo poderío de una triste juventud, escondida en la sangre y en la voluntad bajo las injurias de vientos y de soles, de lágrimas y trabajos.

Pero al tío Cristóbal no se le da un ardite en aquel imponente pugilato de la carne heroica y viva con la tierra muerta y dura.

Impaciente hasta la indignación por la intempestiva llegada de la tía Dolores, por el silencio hostil de las tres mujeres y el eco retumbante de la cava, se revuelve el avaricioso con la doble ansiedad de la vejez que tiembla impotente por cada minuto perdido para sus deseos.

—¿Conque la rapaza de Martín hace boda con uno de fuera?—pronuncia, al cabo, después de toser y de escupir.

Resbaló su pregunta como tañido de campana rota sobre el cauce entreabierto y los rastrojos: el trajín enervante quedó atravesado por la sorpresa.

—¿Qué dice?—murmura con asombro la tía Dolores.

Olalla da principio en voz queda a una difícil explicación que confunde a la anciana, y Ramona hiende con nuevos redobles el erial.

—¡Eh!... ¿no contestáis?—grita el viejo apremiante.

Ya la abuela va entendiendo un poco:

—Sí, sí; el señor de Villanoble que viajaba con nosotras en el tren; el que está con el cura de güéspede y va todos los días a nuestra casa... Ya, ya... Pero, ¿y el primo Antonio?... ¿Y la boda esperada como una salvación por la familia?

—Ya veremos—insinúa Olalla, mientras su madre, muda y sorda, permanece entregada al trabajo con frenesí.

—¡Diájule! ¿Os habéis vuelto simples? ¿No queréis contestar?—vocifera exasperado el tío Cristóbal.

—No hay que impacientarle mucho—piensa la muchacha, con la serenidad de su juicio calmoso, y responde:

—De lo que usté pregunta... no sabemos nada.

—¿Cómo que no sabéis?... Pues si no es por la moza, ¿por quién viene ese barbilindo?

—Por don Miguel.

—¡Mentira!

Olalla se encoge de hombros con aquel movimiento brusco, peculiar en su madre. Y el viejo, sospechando que va por difícil camino su investigación, hace acopio de paciencia, contiene su ira en un rebufo, y se deja caer a la sombra del centenal, con el firme propósito de acechar allí hasta que sepa algo, hasta que aquellas «morugas» hablen o revienten.

Entonces Ramona le lanza una mirada oblicua para

seguir en actitud de bestia, con la cabeza gacha y el resoplo bravo, embistiendo contra el duro rebujal.

Arde el sol inclemente, con furores de canícula, en gavillas de rayos violentos, y ya tan alto sube que la sombra de los panes se disipa en los rastrojos, desamparando al tío Cristóbal.

Va surgiendo la rotura, roja como una herida en el pálido rostro de la tierra, bajo la azada prepotente.

Sigue Olalla el rastro abierto por su madre, y tunde también con bríos las glebas hostiles; pero necesita descansar a menudo, suspira y se angustia visiblemente en el esfuerzo.

De vez en cuando vuelve Ramona la cara, un poco, para murmurar entre dientes:

—¡Aguanta, niña!

Quiere la tía Dolores, en medio de su admiración, aborrecer a la nuera, odiarla por fuerte y voluntariosa, por dura y audaz. Pero no cabe ninguna violenta pasión en el pecho cansado de la anciana; sólo puede amar pasivamente en torno suyo, con un resto del extraño y sombrío amor que consagró a la tierra: hasta para sufrir tiene estancada la vida en la petrificación de todos los sentimientos, y es preciso que una novedad muy cruel la sacuda para que todavía llore o se agite.

Allí sigue el tío Cristóbal, testarudo, con su pretensión entre las cejas y su mirada gris fija en el cauce, sin que le apure el resistero del sol encima de las espaldas. Cansado ya de esperar un indicio que le lleve a descubrir lo que avizora, concluye por hablar solo y pronuncia frases alusivas al asunto, llenas de doble sentido, y reticencias, confiando en que las mujeres, por prurito de replicar, piquen el cebo de la conversación.

—No se debe torcer el su inclín a las mozas .. Los forasteros también son buenos maridos...

Esperaba anhelante, y como nadie respondiese, entre escupitajos y toses tornó a decir:

—Aunque a Antonio le hacen rico, no ha de gastar sus haberes aquí; más le gusta Santa Coloma, el pueblo de su madre... El muchacho es cabal, no digo que no; pero el mozalbillo de los Madriles debe ser cosa fina... y ese empleo de escribano que tiene renta ahora muchísimo dinero...

Se hunden las azadas en los duros terrones con acentos diferentes y continuos, brava la una, esforzadísima la otra, débil la tercera en seniles manos; la luz cuaja la llanura en un incendio; trasvuela un ave, y dice aún el tío Cristóbal:

—Sería una machada que despidierais al uno por el otro. Nada más que con papel y tinta gana éste en un mes tanto como Antonio en un año con la tienda. Y que la gente de pluma es dadivosa, de mucho rumbo y generosidá... Buena suerte ha tenido la rapaza... ¿Es aquella que viene por allí?

En el fino sendero de la mies aparece una joven lenta y afanosa, con uno cestilla colgada del brazo.

—Ya es medio día—dice al llegar.

Y posando su leve carga, se abanica con las dos puntas sueltas del pañuelo. Por verla el semblante esquivo, se arrastra el anciano sobre el calcinado polvo, y ella gira disimuladamente el busto sin dejarse descubrir.

—¡Eh! muchacha: ¿eres tú la novia del forastero?

—¿Yo?—prorrumpe absorta Marinela, volviéndose de pronto.

—¡Ah, no eres tú!

Terco, obcecado, el tío Cristóbal delira en torno de su idea única, lo mismo que un demente.

De roja que es la cara del anciano se ha puesto de color de violeta y ofrécese tan turbia la mirada de los ojos grises, tan inseguro el acento de la sumida boca, que Marinela supone borracho a su pariente.

Vanse hacia el arroyo las dos zagalas para llenar de

agua nueva el cantarillo, que ya varias veces fué a pedir refrigerio a la linfa murmuradora.

—¡Llega tan caliente!—lamenta Olalla.

Colman la vasija, beben las dos, y vuelven a colmarla.

—¡Está como caldo!—dice la sedienta cavadora—. Después cuchichean, mirando con recelo hacia la mancha oscura del anciano, medio tendido al borde de la zanja.

—¿Se ha vuelto chocho o está bebido?—pregunta Marinela.

—No, mujer; quiere que le digamos con quién se casa *Mariflor*...

—¿Y le habéis dicho?...

—¡Qué sabemos nosotras!

Era la primera vez que las dos hermanas hablaban del asunto. Considerada como una niña la más joven, solía descubrir los secretos familiares nada más que con los ojos, sin sorprender casi nunca una palabra ni una confidencia, expansiones poco frecuentes allí donde el ritmo de la vida señalaba todas las inquietudes en el silencio taciturno de las almas.

Mientras comieron las trabajadoras, agazapadas en fila sobre el delgado sendero del centenal, libres apenas de la plenitud del sol que a plomo caía en la llanura, fué otras dos veces Marinela a llenar el cántaro al arroyo.

Había pedido agua el tío Cristóbal, y después de dársela, vertió la niña el líquido restante y corrió a lavar la boca de barro donde puso el viejo la suya de color de ceniza.

Él no se mostró sentido por aquella manifiesta repugnancia, ni pareció notar el molesto asombro que causaba a las mujeres su tenaz compañía. Caído en soñolienta modorra, había perdido sin duda la noción del tiempo, olvidado hasta de zumbar sus maliciosas preguntas.

Ni el hambre ni el ejemplo le avisaron la hora de comer; ni el tórrido calor que le cocía dióle impulso de buscar el cobijo de su casa. Cuando vió hacer a sus vecinas la señal de la cruz, le pareció que sonaba muy lejos el familiar repique de una campanuca. Y cuando ellas, viéndole medio dormido y atontado, le dijeron que el sol le iba a dañar, trató de incorporarse, dió de bruces en la tierra y quedó inmóvil, con la boca pegada al suelo.

Miráronse las mujeres con asombro, y como el viejo diese entonces un fuerte ronquido, Ramona dispuso únicamente:

—Dejadle que duerma.

—¿Al sol?—preguntó compasiva Olalla.

Inició la madre, con algunas vacilaciones, su acostumbrado encogimiento de hombros, y la muchacha, quitándose el mandil, lo desplegó con solicitud sobre el ancho sombrero del maragato.

Poco después, hinojada en el sendero, Marinela recogía los pedacitos de pan y el hondo cacharro con un resto de «moje», y doliéndole a Ramona la delgadez endeble de la inclinada cintura y el trasojado semblante de la niña, preguntó de pronto:

—¿Por qué has venido tú con esta calor, tan aina de comer?

—«Ella»—aludió con humildad la joven—iba a fregar el belezo y a echar las llavazas al cocho... También cebó las gallinas y las palomas, rachó leña y llevó los «curros» al agua.

—Abondo es eso...—comentó la madre con invencible desdén.

A tal punto, lanzó otro ronquido el tío Cristóbal, revolvióse con sacudidas largas y crujientes, y en un esfuerzo, como si quisiera levantarse, clavó en tierra las uñas de ambas manos.

Las mozas habían palidecido.

—Péme que está enfermo—dijo Olalla—; hincóse al lado suyo y trató de alzarle la cabeza; pero la sintió agarrotada y rebelde.

Acudió entonces Ramona, hundió sus recios brazos por debajo del cuerpo rígido, y de un brusco tirón dió vuelta al hombre: aparecía con el rostro casi negro, mojado de una espuma sangrienta, los párpados caídos y la respiración difícil.

Quedaron aterradas las mujeres.

—¡Coitado, agoniza! —clamó la tía Dolores llena de medrosa piedad, en tanto que la nuera pedía con demudado semblante:

—¡Agua, agua!

Inclinó Marinela el cántaro tendido.

—Aún tiene dello... —Daba diente con diente mientras rociaba su madre la congestionada faz.

Abrió el moribundo los ojos, torcidos hacia la moza con una mirada vacilante y sombría, como aquella que buscó a la novia del forastero antes de decir:

—¡Ah, no eres tú!

Torció también la boca, en la mueca de su habitual sonrisa impertinente, y quedó tieso, inmóvil, con el respiro apenas perceptible. La tía Dolores le daba pausadamente aire con el delantal; las muchachas, doloridas y mudas, le hacían sombra con el cuerpo: seguía Ramona mojándole los pulsos y las sienes, y caía el silencio con el sol, como un manto de luz sobre el extraño grupo.

—Encomendémosle —murmuró Olalla arrodillándose.

—Señor mío Jesucristo —fué diciendo la voz oscura y triste de la madre, y las otras mujeres repitieron angustiadas la oración hasta el final.

No había dado el tío Cristóbal señales de entender el tremendo aviso, cuando giraron sus pupilas desorbitadas y ciegas, y un estertor hiposo le silbó dentro del pecho: con el postrer visaje y la última sacudida, la inerte cabeza saltó desde las manos de Ramona rebotando en el polvo, y las uñas del moribumdo volvieron a clavarse feroces en el erial.

—¿Murió? —dijo despavorida Olalla.

Marinela dió un grito y cerró muy apretados los ojos.

—Sí, sí; hay que llamar gente, —respondía la madre trazando sobre el difunto la señal de la cruz—. Y viendo a la zagala tan miedosa, añadió resoluta:

—Vai con la cesta y, al tanto, das razón de lo que ocurre.

—¿A quién?

—A la familia; ellos avisarán a la Justicia.

Obedeció la joven con terror y sigilo: sus pies medrosos apenas tocaban el sendero; su grácil figura desaparecía entre los altos panes. Pero quizás un leve roce de su brazo, o tal vez un soplo de perezosa brisa, movió las hojas verdes con rumores suavísimos de «escucho».

—¡Madre, madre! —gimió la muchacha con espanto. Volvióse atrás corriendo, y quedó parada al borde de la mies, sin atreverse a salir al raso donde el muerto dormía. Allí encontró a la abuela, acurrucada en la linde con cierta indecisión, tentada a la fuga, y detenida por el trabajo y la caridad.

—¿Que yé, rapaza? —preguntó con susto.

—Tengo miedo... me siguen... escuché una voz...

—¡Te haltan jijas hasta para fuir! —lamentó más distante el acento brusco de Ramona.

Y Marinela, inducida por su mismo pavor, asomóse al rebujal desde el seto vivo de los tallos.

Vió que Olalla había desaparecido y que su madre, sentada al sol, impasible y estoica, velaba al muerto. Parecióle el cadáver más rígido y huraño, con la boca abierta, y la piel del sequizo color de los abrojos; quedó allí fascinada un minuto, y, de repente, echó a correr entre la verde masa, por el hilo sutil de los senderos; movía con los codos el follaje, y el rumor de las hojas sacudidas le causaba indecible inquietud: todas las crueles fluctuaciones del pánico vibraban en los tirantes nervios de la doncella, empujando su loca fuga al través del centenal.

Cuando llegó desalada al pueblo, no supo cómo hablar en casa del tío Cristóbal. Entró en la ruin vivienda, que de pobres menesterosos parecía, y halló a Facunda cosiendo en el clásico *cuartico*, la pieza que ciertos días solemnes sirve de comedor a los maragatos, forzosamente colocada entre la cocina y el corral; la misma que en casa de la tía Dolores han llamado *estradín* por excepción.

Ante la absorta mirada de su amiga, Marinela, confusa y torpe, acabó por decir:

—Que tu abuelo se ha morido junto a la mies de Urdiales.

—¿Mi abuelo?... ¿Sábeslo tú?...

Facunda, con más asombro que dolor, se había puesto de pie.

—Vengo de allá; le vide.

—Pero, ¿qué le dió?

—La muerte repentina.

—¡Virgen la Blanca!... ¿Y qué hacía allí?

—Mirando cómo abrían el calce: andamos al riego en nuestra hanegada de la Urz.

—¿Asurcana de la nuestra Gobia?

—¡Velaí!

Con la costura en la mano, la moza volvió a sentarse enfrente de Marinela, doblada sobre un escañuelo en actitud de abrumadora fatiga.

—Pues yo le estaba esperando para comer.

—¿Y no comiste?

—Nada.

Quedaron mudas, mirándose a los ojos con sorpresa, al compás del reloj que se mecía en su caja de roble, señoreando el *cuartico*.

Facunda levantó del solado un marchito ramillete de tomillana, y espantó con lentitud el enjambre zumbador de moscas, desatado en el aposento.

—Y al biendichoso —dijo después—, ¿se le saltaría el corazón?...

—¿El corazón?... Píntame que el mal le dolía en los ojos y en la boca: echaba espuma entre los labios y tenía el mirar lusco.

—Salió de casa en ayunas, con una copa de aguardiente.

—Pues cuenta que derecho fué a la mies. Allí dió en preguntar con quién se casaba mi prima.

—¡Andanda!

—Estaría algo chocho... ¡tantos años!

—Y la boda ¿es con ese extranjero?

Pasó un fulgor oscuro por las turquesadas pupilas de Marinela.

—No sé —balbució, para añadir a poco:

—Pero, digo yo que sí.

—Es galán y bien apersonado —musitó en éxtasis Facunda... —¿Tienes hambre? —preguntó de repente, viendo a su amiga, blanca lo mismo que la cal, en demudación terrible.

—No —dijo la otra con la cabeza.

—Pues ¿qué tienes entonces?... ¡Estás priadica!

La interrogada sacudió los párpados violentamente para ahuyentar la nube de su lloro, y pudo con esfuerzo tristísimo decir:

—Me pasmó el difunto, ¿sabes?

—¡Ah, ya!... Quedaríase muy feo; ¡sin las armas de Dios!

—Mi madre le rezó el señor mío.

—¿Están al riego entodavía?

—Hasta la noche. La barbechera cae más alta que el regato, y es menester cavar mucho.

—¿Quién os ayuda?

—¡Nadie!

Al evocar el desamparo de su pobreza con la triste palabra negativa, por la mente de la joven pasó el reflejo seductor de los caudales del tío Cristóbal.

—¡Vais a heredar a rodo!—murmuró fascinada, sin envidia ni rencores.

Alumbráronse los ojos descoloridos de Facunda y una sonrisa beata se le cuajó en los labios. Todos los matices de la emoción, suscitada por aquel anuncio, resplandecieron en esta frase elocuente:

—Voy a comer...

Alzóse de nuevo, con ademanes pesados: era gruesa, fuerte, baja; tenía mejillas carnosas, tez bronceada por el sol, mirada pasiva, y una insignificante belleza juvenil en el conjunto de la figura.

Revolvía Marinela su curiosidad alrededor, resumiendo maquinalmente el inventario del *cuartico*. Y, de pronto, la hizo estremecer una anguarina del tío Cristóbal, colgada en el apolillado capero, rígida y sin aire, como una mortaja.

—Tienes que avisar a la Justicia—le advirtió a la heredera con solemne tono.

—¡Ah! ¿Sí?—clamó Facunda, abriendo mucho la boca.

—¡Natural!

—¿Quién lo dijo?

—Mi madre.

—¿Pero es obligación?... Cuando murió la abuela no llamaron al juez.

—Porque estuvo en la cama... Cuando el tío Agustín se atolló en la nieve y amaneció cadáver, vino el Ayuntamiento.

—Y ¿a quién mando a Piedralbina?—murmuró atribulada la moza, como si tuviese que realizar una hazaña insuperable.

—Manda a *Rosicler*.

—Tiene el aprisco a la mayor lejura, en los alcores del Urcebo...

—Pues a tu hermano...

—Anda a la escuela...

Quedáronse de nuevo silenciosas, sumidas en la preocupación terrible de aquella grave dificultad.

Marinela se había puesto de pie, sin apartar mucho los ojos de la anguarina parda.

—¿No habrá un motil que te haga el mandado?—murmuró despacito, como si alguien durmiese.

Y Facunda, en el mismo tono de misterio, resolvía:

—Iré yo después de comer y de avisar en casa de mi madre.

—¡Eso!

Felices con el hallazgo de aquella inesperada solución, se miraron en triunfo, sonrientes, como si hubiesen escapado de un enorme peligro.

Tras largo y duro rechinamiento de resortes, dió el reloj una lenta campanada, y Marinela, despidiéndose muy lacónica, salió de puntillas, apresurada y vacilante.

—Al paso que vas—dijo la dueña de la casa con luminosa inspiración—podías contarle a don Miguel...

—¡No puedo, no!—atajó la infeliz, temblando locamente.

—¿Por qué, criatura?

—¡No puedo, no!—y agarrada al cestillo, volvió a correr la mozuela triste, dejando a su vecina con la boca abierta. Pero al doblar la calle y cruzar la plaza, en el mismo brocal de la memorable fuente la detuvieron una sombra, una voz y un saludo. Era el propio forastero de quien la moza huía: llegaba sonreidor y alegre; extendió los brazos para contener la delirante carrera de la joven, y con audaz halago le rezó al oído, como un eco de su primera entrevista:

—¡Salve, maragata!

Un grito y un sollozo contestaron a la oración devota

del poeta... Tuvo él que sujetar el talle de la moza, fatalmente inclinado hacia el pilón donde el agua decía la eterna incertidumbre de las cosas humanas.

—¿Me tienes miedo?—preguntó conmovido, hablando a Marinela de tú, como a una niña.

Todo el nublado de las contenidas lágrimas estalló entonces.

—Pero, ¡siempre lloras!—exclamó Terán con angustia—. ¿Qué tienes?... ¿Por qué sufres?

Ella se dejó sostener un instante, enloquecida por el desbordado ensueño de su alma, y al punto quiso huir.

—¿Temes que te haga daño?... ¿Estás enferma?—seguía el joven diciendo, con blandura y cariño, sin dejarla escapar.

—¡No puedo, no!—repitió aún Marinela con gemido impotente, como si ya no supiese decir otra cosa.

Y a Rogelio Terán le pareció que la desconsolada frase había causado un estremecimiento profundo en el transparente corazón del agua.

—¿Qué tienes, dime?—insistió el poeta.

Alzóse el lindo rostro con tal expresión de súplica y mansedumbre, que el caballero aflojó los brazos y dejó partir a la zagala.

Ya entonces la triste no pretendió correr. Fuése con pie desfallecido, deshecha en lágrimas y sollozos, dándoles libertad con repentina y bárbara crudeza, con alarde infantil.

Sorprendido y emocionado la vió Terán hundirse en la ardiente calle. No había él ido a Valdecruces para hacer llorar a las mujeres, y su experiencia, un poco mundana, le advertía de misteriosas culpas en el llanto de aquella joven. *Mariflor* le había dicho que su prima gozaba poca salud, que padecía de tristezas y lloros, y que desde la noche de la farsa se había puesto mucho más inapetente y melancólica, más trasoñada y sensible. Por dos veces la encontraron escribiendo el romance de la

Musa entre lágrimas y suspiros. Y Olalla, su compañera de lecho, contó que la niña por la noche no pegaba los ojos, y que si acaso al amanecer se adormecía era para soñar con voz alucinante los versos de la farandulera.

También supo el forastero por don Miguel, con otros muchos pormenores, que la zagala tenía vocación de monja. Pero, con su penetrante vista de buen lector de almas, el poeta adivinó aquella tarde un nuevo aspecto en la enfermedad complicada de la niña.

Dióse a estudiar el conflicto con inquietud y lástima, ruano y meditabundo, al través del pueblo inmóvil, sin advertir que se había borrado en el rojizo suelo la sombra exigua de las paredes, y que ardía la luz, como un volcán, vertida a plomo en las silentes calzadas.

XIV

ALMA Y TIERRA

ESDE aquel medio día luminoso en que Rogelio Terán llegó a Maragatería, soñador y aventurero, a semejanza de Don Quijote, habían transcurrido dos semanas apenas, tiempo harto breve para curiosear la tierra y el alma de este país incógnito y huraño, tosca reliquia de las viejas edades, remanso pobre y oscuro de los siglos de hierro.

Deslizábanse los amores de *Mariflor* y el poeta como idilio sereno y apacible en la vida un poco fatigada del mozo, mientras se le iba mostrando la dulce novia aún más gentil que en el primer encuentro inolvidable, más esbelta y pensativa, luciendo más su innato señorío sobre el fondo gris de Valdecruces.

Cuantas impresiones recibió aquí el artista en sus andanzas tuvieron una fuerte originalidad. Con grande asombro y compasión aprendía la dura existencia de este

pueblo de mujeres, bravo y taciturno, que ni el tiempo
ni el olvido lograron borrar de las crueldades de la estepa al través de las centurias: hábitos y costumbres, semblantes y caracteres, mostráronse al novelista esquivos y
asequibles a la vez, como si el rostro de la aldea, tan
cándido y tan rudo, guardara hondos misterios bajo las
tenaces arrugas de los siglos... Calzadas escabrosas, rúas
cenicientas, míseras cabañas, casucas de adobes, techumbres de bálago, trajes, palabras y tipos, descubiertos al
primer vistazo en toda su interesante rusticidad, callaban
la certeza de su origen y escondían su historia en la penumbra de caminos ignotos: un marco de nieblas y de
sombras envolvió a Valdecruces delante del forastero, a
la luz espléndida del sol.

En la romántica incertidumbre de sus observaciones
veía el poeta surgir a cada instante el vivo enigma de
unos ojos claros, de una boca muda, de un talle macizo
y un lento ademán; la humilde y robusta silueta de una
mujer, de una esfinge tímida, silenciosa, persistente: ¡la
esfinge maragata, el recio arquetipo de la madre antigua,
la estampa de ese pueblo singular petrificado en la llanura como un islote inconmovible sobre los oleajes de la
historia!

Esta imagen perenne, más diminuta y simple, más
asustadiza y torpe, repetíase pródigamente en los niños:
la cara redonda, elevado el frontal, cóncavo el perfil, los
ojos pardos, verdes o azules, con una vaga tendencia
oblicua, daban a todos un aire primitivo de candor y timidez, un viso triste de pesadumbre y esclavitud. El
sesgo leve de la mirada era nota de cobardía y sumisión
más que de recelo o disimulo; y los gestos pausados, los
calmosos debates de la palabra y el pensamiento para
resolver la más sencilla de las dudas, delataban un cultivo intelectual muy rudimentario, un secular abandono
de aquellas mustias imaginaciones.

Ningún rasgo masculino altivecía el semblante fusco

de la aldea; los pocos viejos que allí se refugiaban habían perdido la **energía** viril lustrando por ajenos países, y en el esfuerzo bravío que sacudía a las mujeres sobre el páramo, no asomaba ese alarde varonil de que algunas hembras suelen revestirse al trabajar como los hombres: todo el ímpetu fuerte de estos brazos, cultivadores del erial, derivaba del materno amor, fuente inagotable de renunciaciones y heroísmos, divino poder que allí se manifestaba callado, fatal y oscuro en las almas femeninas.

A tales conclusiones fué conducido el forastero al través de sus íntimas charlas con el cura.

—¿Qué hay —preguntaba Rogelio cada vez más curioso— en estos corazones tan recatados y sufridos?

—Hay madres solamente —respondía, melancólico, don Miguel.

—¿Y el amor sexual, esa lozanísima planta de la juventud que florece en todos los países del mundo?

—Estas mujeres sólo conocen la obligación de la esposa que debe concebir.

—Pero el sentimiento, la exaltación del espíritu hacia el hombre que eligen, ¿tampoco lo conocen?

—No eligen: se les da un marido, y ellas le acatan mientras puede sostener a la familia.

—Habrá excepciones.

—Ninguna.

—¿En toda la región?

—En toda... si algún elemento extraño no se mezcla en la vida maragata...; que no suele mezclarse.

Bajo el tono apacible de la respuesta creyó Terán percibir una embozada reconvención. Hallábanse ambos amigos a solas en el despacho del sacerdote, estimulando su plática con el humo de los cigarros, mientras el tío Cristóbal agonizaba en la mies.

Parecía que de intento el cura no quisiera aludir directamente a los discutidos amores del poeta y *Mariflor*.

Y en esta actitud sentía el mozo latir una sorda hostilidad.

—¿Yo «sería» en Valdecruces ese «elemento extraño» que tú dices? —preguntó de repente.

—¡Quién sabe! —respondióle con tristeza don Miguel.

—¿Estorbo?

—¡En mi casa nunca! Pero... —dijo el párroco suavemente— contra ti se vuelve la realidad; yo dudo que estés destinado a cumplir en Maragatería una misión redentora, como tú supones.

—¿Ni siquiera la de salvar a una sola mujer?... ¿no tendrá ella bastante con mi corazón y con mi vida?

—Tu vida no depende de ti... Tu corazón... ¡quizá tampoco!

—¡Hombre!

—Acuérdate...

—Si, ya me acuerdo —interrumpió desconcertado el poeta—; pero esa lúgubre memoria no ha de apartarme para siempre de la felicidad.

—La felicidad no es de este mundo...

—Si argumentas así, a lo asceta...

—¡A lo maragato! —sonrió acerbamente don Miguel.

—¿Y juzgas que Florinda ha nacido para sacrificarse?

—Florinda ha nacido para obrar el bien...

—Como todo fiel cristiano.

—Pero con especial misión de bienhechora... Oye, Rogelio —añadió el cura, mirando de frente a su amigo y hablando recio, como quien tomase de pronto una determinación—. Tus intenciones son muy hermosas. Viniste a Valdecruces generosamente equivocado detrás de una mujer: si la quieres «salvar», como tú dices, no interrumpas sus pasos hacia la más segura y definitiva de las salvaciones.

—Estorbo: es indudable.

—Para que ella siga su trazado camino, sí.

—¿Por qué no me hablaste con esta franqueza desde el primer día?

—Porque vuestro idilio me perturbó un poco... porque no juzgué tan firme la perseverancia de *Mariflor*.

—¿Y ahora?

—Veo más claro: sacudo la romántica influencia de vuestras confesiones; miro la realidad de las cosas... No tenemos derecho, ni tú por egoísmo, ni yo por sensiblería, a impedir la obra de compasión que ella se propone realizar... Creo, en fin, que debes retirarte en tanto *Mariflor* pacta con su primo.

—Pero, ¿ha sonado la hora?

—Está al caer. A instancias mías, Antonio adelanta su viaje: llegará esta semana, cuando menos se piense.

—Y mi marcha en este caso, ¿no parecerá una cobardía?... Te equivocas si piensas que me retiene aquí el egoísmo, cuando me asalta la más viva piedad.

—¿De una sola y linda mujer?

—¡Ojalá pudiera yo redimir a otras!

—¿Y si pudiera Antonio?

El pretendiente, amoscado, casi ofendido, respondió con ironía:

—Consintiendo el esposo que la esposa le hable de usted, le sirva y le acate como a un dios, y reviente en el páramo mientras él se regodea en la ciudad, ¿así quieres que yo suponga grandes hazañas de un maragato para su familia?... Aquí tiene «tu protegido» a su gente pudriéndose de miseria, y no la socorre...

—El móvil del amor puede inducirle...

—¡Qué amor ni qué ocho cuartos, hombre! Vosotros hacéis las bodas con un poco de rutina y otro poco de interés...—Detúvose temiendo ofender a su huésped, templando la vehemencia de la voz para añadir:—Eso me has dicho tú...

—Y es la verdad—repuso don Miguel sin alterarse—. Pero quizá en otros pueblos más adelantados y felices no se hacen las bodas de más digna manera: ingredientes distintos, colores más brillantes, disimulo y finura para dorar la píldora... Al fin y al cabo, matrimonios sin amor.

—No siempre.

—Muy a menudo.

—Siquiera esos matrimonios no llevarán consigo la injusticia irritante de causar una víctima sola.

—Muchas veces, sí: ¡la mujer!

Alzóse Terán de la silla, nervioso, confundido con el recuerdo de su madre, que de pronto le pesaba como una losa. También el sacerdote dejó su escabel; tiró la punta del cigarro y comenzó a decir con la voz persuasiva y amable:

—Mira, Rogelio, amigo mío: el amor, ese sentimiento exaltado, ambicioso, inmortal que nos sacude y nos enciende, esa divina escala que nos conduce a Dios desde la tierra, sólo por singular prodigio tiene un peldaño donde puedan abrazarse para ascender unidas dos criaturas...

—Bien; y ese peldaño...

—No se consigue por la curiosidad romántica ni por la compasión que sientes hacia Florinda Salvadores. De no poder subir con ella en triunfo por la divina escala, déjala en Valdecruces, que labre aquí consuelos...

—¿Y martirios?

—El hacer bien mitiga el propio dolor, le cura, le recompensa. Quien más ama, con más brío se inmola...

—Es decir: ¿que me desahucias definitivamente?

—No; te aconsejo. Escucha. Ni de este amor que yo digo, ni de ese otro que tú decías antes—impulsos, deseos y simpatías más o menos sutiles—, suelen darse aquí las flores; ya te lo he confesado. Pero de la llama sagrada, del divino soplo, tenemos un trasunto inconsciente en el amor fortísimo de las madres. Florinda no quedaría huérfana de todo goce; de este amor puede

ella disfrutar con más cordura que otras mujeres, con más sazón y gracia.

—¡También con más tristeza!

—Si se resigna y se conforma, no. Toda la felicidad del mundo consiste, a mi parecer, en eso: en conformarse.

Una pausa y un suspiro detuvieron el discurso de don Miguel mientras el artista murmuraba:

—¡No has dicho poco!

Blanda y persuasivamente siguió explicando el cura:

—En estos matrimonios que, como tú dices bien, ayuntan la costumbre y la conveniencia, hay, sin embargo, un fondo de respeto y de fidelidad muy ejemplares. Es cierto que la mujer come en la cocina, sirve al marido a la mesa, le dice de vos, le teme y le desconoce; que trabaja en la mies como una sierva y le ve partir sin despecho ni disgusto. Pero en esto que ella hace y él consiente, no hay deliberada humillación por una parte ni despotismo por la otra: hay en ambas actitudes una llaneza antigua, una ruda conformidad. Aquí el alma es primitiva y simple; las costumbres se han estancado con la vida; ello es fruto del aislamiento, de la necesidad, de la pobreza: estamos aún en los tiempos medioevales.

—Pero los maragatos emigran todos; ¿cómo no toman ejemplo de los países más cultos?

—No les impulsa fuera de aquí la ambición tanto como la miseria. Los que en sus luchas lograron vencer a la ignorancia, han sabido entrar de lleno en la civilización y honrar a su país. Tenemos en América letrados, industriales, fundadores de pueblos que han hecho prevalecer su traje regional y sus familiares virtudes al través de influencias muy extrañas... Tú sabes que los afortunados son muy pocos. Y la mayoría de nuestros emigrantes sigue padeciendo la estrechez de la inteligencia en precaria vida, trabajando en vulgarísimos trajines. Ellos se consideran una casta aparte en el mundo, y tan apegados están a sus leyes morales, que no adoptan de las ajenas cosa alguna, ni buena ni mala. Son padres excelentes, ciudadanos trabajadores, económicos, fieles y pacíficos. Si no saben sonreir a su esposa ni compadecerla, tampoco saben engañarla ni pervertirla: no la tratan ni bien ni mal, porque apenas la tratan. La toman para crear una familia, la sostienen con arreglo a su posición; y la reciedumbre de estas naturalezas inalterables descarga ciegamente todo el peso de su brusquedad sobre la pasiva condición de la mujer; pero sin ensañamiento ni perfidia, con el fatal poderío del más fuerte.

—¿Lo encuentras justo?

—Lo encuentro humano.

—¿Y lo disculpas?

—No: lo compadezco. Toda fuente de ternura cegada me produce sed y tristeza.

Brillaron húmedos los ojos del sacerdote, al evocar tal vez una doliente memoria, y Rogelio preguntó, mirándole con suma curiosidad:

—¿Tu discurso me quiere convencer de que *Mariflor* necesite uno de esos maridos... de la Edad Media? Porque todavía no me lo has probado.

—Nada pretendo probarte; quiero que conozcas toda la posible situación de Florinda casada con ese hombre que, en el peor de los casos para ella, no la impediría vivir con desahogo y socorrer a la familia; quiero que pienses cómo puede ocurrir que la muchacha gane el corazón de su primo para remediar las desventuras de la abuela.

—¿Mediante la boda?

—O sin la boda: lo que ha de suceder no lo sabemos. Y necesito también decirte que para mí, procurador y abogado de esta pobre gente, no se trata sólo de Florinda, sino de dos madres infortunadas, de dos hijos

emigrantes y tristes, de cinco criaturas más, cuyo porvenir parece cifrado en el destino de esa joven...

—Pero yo sería un cobarde si desmintiera sus esperanzas de felicidad.

—¡Y dale con la felicidad! Si *Mariflor* no te hubiera
conocido, se consideraría feliz al hallar un esposo acaudalado y fiel.

—No sólo de pan se vive,.. Sería muy desgraciada
en la vulgaridad y el abandono de una existencia semejante...

Parecía el sacerdote otra vez distraído en lejanas memorias, cuando murmuró con solemne acento:

—No es vulgar si solitaria una vida donde el bien se
reproduce; el sacrificio es obra de alto linaje que recibe
muy ocultas recompensas.

—Pero, ¿tú eres un maragato positivista o un místico
delirante?

—Soy un pobre cura de almas que desea cumplir con
su deber. La misión mía es de paz y de amor, y en la
dura tierra que labro no puedo soñar con frutos sino a
costa de dolores: me esfuerzo en adulcirlos cuando es
imposible evitarlos.

—No así con Florinda.

—Si ella acepta una cruz y yo la enseño a llevarla, ¿no
habré dulcificado su camino?

—Todos tenemos derecho a buscar un camino sin
cruces.

—No hay quien lo encuentre.

—Mientras se busca y se confía...

—Se pierde el tiempo.

—Se vive con ilusiones.

—Antes que verlas perecer, es mejor encumbrarlas.

—Ya ya; siempre el mismo asunto: la otra vida. Dios
nos manda también lograr ésta.

Abismado nuevamenre en remotas membranzas, exclamó el cura:

—¡La mujer es un ser misterioso nacido para amar y para sufrir!

—Eso, ¿lo discurres tú?—preguntó impaciente el artista.

—Son palabras de un filósofo cristiano. Yo las he visto cumplidas en muchas ocasiones.

Posó una amarga tristeza en la rotunda afirmación. Terán, absorto, sombrío, interrogó casi huraño:

—En fin, ¿qué me pides?

—Poca cosa: que no reveles a Florinda esta confidencia; que procures no turbar sus planes; que esperes con prudente actitud, sin desanimar a la muchacha ni comprometerla.

—Y ¿crees que debo partir?

Vaciló don Miguel.

—Mi casa es siempre tuya—pronunció cordialmente—, pero sería de mal efecto que Antonio se creyera suplantado antes de negociar con su prima.

—Nadie más que tú y Olalla sabe de nuestras relaciones.

—Y todo Valdecruces. Ya te dije por qué el tío Cristóbal quería hacer patente el inevitable rumor de este amorío; hoy supe, por mi sobrina, que, valiéndose de *Rosicler*, otros rapaces y algunas mozas, el viejo trata de que esta misma noche os echen «el rastro».

—¿Y eso qué es?

—Una costumbre del país: cuando las zagalas sospechan de una negociación matrimonial, van de noche, callandito, a poner un reguero de paja, visible y ufano, desde la vivienda del novio a la de la novia, con ramificaciones a otras casas, indicando convites al casamiento. A la puerta de la presunta desposada tejen una especie de colchón con ramaje y rastrojos.

—El lecho nupcial—sonrió el artista encantado.

—Sí; un remedo a la vez insolente y candoroso, increíble en el enorme pudor de estas mujeres.

—Pues yo no sé si aquí la castidad sin luchas ni peligros, eternamente dormida, tendrá mucho mérito a los ojos de Dios...

—No negarás que es una virtud.

—O un signo acaso de bárbara esquivez.

—¿Quién sabe si la civilización al sensibilizarnos y pulirnos, nos hace más o menos asequibles al mal?

—Nos hace conscientes, hombre, que es tanto como hacernos responsables: qué, ¿tiras a retrógrado?

—Tiro a párroco de Valdecruces, por ahora.

—Bueno. ¿Y el rastro ése?

—Es un compromiso oficial de casorio si la moza no protesta. Si rechaza al pretendiente, o los rumores del noviazgo son inciertos, ella conduce el surco hasta una laguna, charco o regajal, durante la siguiente noche.

—Es curioso.

—Da margen a una salida nocturna, llena de sigilo y moderación, por supuesto. He tomado mis precauciones para evitar que os comprometan con la broma, aunque si persiste el propósito...

—Marcharé en seguida—dijo Terán reflexionando—, Anunciaré a *Mariflor* la posibilidad de que una carta urgente me obligue a partir... pero mi viaje no será una retirada, sino una tregua: sólo con esa condición te daré gusto.

—Ni yo te pido más. Una tregua precisamente, que te dará también espacio para posar tus impresiones y resolver con toda cordura en negocio tan importante.

—Entonces, pasado mañana, si te parece...

—Muy bien. Dios te ayude.

Y mucho más satisfechos de lo que hubieran podido suponer durante el curso de la conversación, bajaron los dos amigos a pedir el yantar.

Una hora después, sin cuidarse del sol, rondaba Rogelio la calle de Florinda, avisado por ella de que estaría sola y podrían hablar un rato.

No tardó en aparecer sobre la sebe mazorral, entre rubos y agavanzas, la gentil cabeza de la moza. Presentóse con una de esas dulces sonrisas que nacen en los ojos y crecen en los labios, y acogió con apasionada ternura el credo fervoroso del amante. Él, con mucha suavidad, deslizó en la plática el temor de una repentina ausencia: sus asuntos amenazaban llamarle a Madrid de un momento a otro.

La súbita emoción que encendió el semblante de la joven, mostróla tan triste, tan pesarosa y estrujada por la vida, allí muda y trémula entre las zarzas del vallado, que el mozo, vivamente conmovido, le prestó mil espontáneos juramentos de constancia y fidelidad.

—Volveré pronto—decía—, cuando tú me asegures que estás dispuesta a venirte conmigo.

La miraba, gozoso de saberse profundamente amado, y sufriendo al verla tan atormentada y dolorosa, visibles ya en su cara los esfuerzos de la lucha que sostenía con el duro trabajo, apenas caído sobre los débiles hombros. ¿Qué iba a ser de ella prolongando la amarga situación? De la cruel servidumbre, ¿la había de redimir el oro del primo o el amor del poeta?

Como si la joven adivinase que aquella duda cabía en el pensamiento del amado, murmuró con furtiva esperanza:

—¡Sí; volverás pronto!

Y pudo sonreir: aún dijo alegres frases y devolvió promesas de ardorosa pasión, cauta y firme contra el primer asalto de una sorda inquietud que le empañó el terciopelo oscuro de las pupilas, igual que si la pálida sonrisa de los labios ya no pudiese volver nunca hasta los ojos donde había nacido.

Quedaron los novios en verse por la tarde en la mies. Pensaba Florinda salir a la caída del sol, cuando el agua corriera por los liños en la hanegada de la Urz, ya vencido el trabajo del riego que traía a la moza desvelada.

Despidióse Terán rendidamente, y se alejó despreocupado, con una ligereza de espíritu indefinible y extraña en aquel momento: sentíase optimista, lleno de dulces seguridades que apenas tenían raiz en su conciencia, mecido en vagas ilusiones no menos gratas por imprecisas y locas. Iba envuelto quizá, en cendales de amor, en el divino manto que cubre con infinita dulzura a quien lo recibe, y destroza las manos que lo tejen.

Así encontró a Marinela, que huía de él y que cayó en sus brazos derretida en lágrimas. Cuando la dejó partir transido de compasión, perdió de repente la serena beatitud que le envolvía y hallóse despierto a sus íntimos cuidados, pesaroso de tocar tantas tristezas, perdido en confusiones y recelos, como si la zagala enfermiza le hubiese contagiado con los zollozos todas sus inquietudes y ansiedades.

Horas enteras vagó irresoluto y febril al través de Valdecruces, acosado por la opresora sensación de hallarse prisionero. Una angustia de cárcel le martirizó en cada rúa triste y ardiente. Y el cansancio y la sed le llevaron a la entrada silenciosa de la taberna, sobre la cual un lienzo inmóvil y de dudoso color denotaba a estilo del país el tráfico de vinos.

Pidió el forastero un vaso y una silla, no sin dar grandes voces, a las que acudió un anciano. Servido con mucha parsimonia, contemplado con asombro por una vieja que llegó tras el viejo, supo allí que el tío Cristóbal Paz había fallecido de un sofoco en la mies.

—¿Trabajando?—preguntó con lástima.

—¡Quiá!; no, señor; mirando cómo andaban al riego unas mujeres.

—¿Las de Salvadores?

—Esas; ya fué allá don Miguel con el Santolio pero no le alcanzó arma ninguna; ahora están esperando a la Justicia para levantarle.

Descansó el poeta unos minutos, pagó con esplendidez el vaso de agua con vino, y buscó una salida al campo, orientándose hacia naciente. Era casi la hora de su cita con *Mariflor*, y el trágico acontecimiento de la tarde parecía propicio a que la presencia del galán en la mies no inspirase desconfianzas.

Ya en el libre camino aparece un poco nublado el cielo: tenues vellones grises circundan el ocaso donde el sol se inclina malherido por la noche, implacable y rojo sobre la sedienta planicie.

Cuando Rogelio rinde la finísima senda de la mies y se asoma al campo baldío donde el cauce se tiende hacia el arroyo, un espectáculo de tremenda emoción le pasma y le sacude.

Allí, donde la rotura brava del erial toca en suave cima con el borde del regatuelo, se yerguen Olalla y Ramona sobre los cárdenos fulgores de la luz poniente. El ronco retumbar de sus azadas repercute áspero y terrible, lo mismo que una cava de sepultura; avanzan y tunden las dos mujeres, solemnes y misteriosas frente al ocaso como si le estuvieran abriendo una sagrada fosa al astro moribundo; con mucha prisa, antes de que le envuelva la noche en el sudario gris de la llanura.

El cadáver del tío Cristóbal duerme en la rastrojera, a medio cubrir por un piadoso abrazo de retamas; junto a él la tía Dolores reza o llora, y vigila en una expectación delirante; y en el otro confín del horizonte una orla de nubes pálidas tiende su pesadumbre a la orilla del cielo.

La respetada hora de la siesta había pasado magnánima aquel día sobre las cavadoras de la mies de Urdiales.

Aprovechó Olalla el reglamentario reposo para satisfacer un repentino impulso de su corazón. Y destacándose valiente en el abrasado rebujal, cortó en la mustia ribera del arroyo un haz tan grande de retamas como pudo ceñirle entre sus brazos, bien abiertos, robustos y acogedores. Aún supo esmerarse con paciente solicitud, escogiendo en el retamal las flores menos tristes; quería cubrir al muerto contra las moscas y el sol, y hacerle los honores de la mies con un poco de dulzura.

Mientras hacinó la pálida genesta sobre el cadáver, las otras dos mujeres rezaban el rosario, acurrucadas en la linde del plantío. Contaba Ramona las avemarías por los dedos, murmurando al final de cada decena, a guisa de responso:—*Requiescanquinpace.* Dijo después la letanía de la Virgen, en el mismo bárbaro latín, y comenzó a hilvanar una serie formidable de padrenuestros por las obligaciones del difunto.

Tranquila, hierática, agotó la mujer el repertorio de las oportunas preces, con la calmosa ayuda de la vieja, cuando fué Olalla a sentarse entre las dos, murmurando:

—¿Qué hará Tirso, el heredero, con nosotras?

—Quedarse con todo; quitarnos la casa; ese hereda las codicias con los intereses—respondió la madre—. Su cara morena parecía más oscura, y su acento, siempre brusco, sonaba más enrudecido.

Callaron las tres un instante, sobrecogidas bajo la dureza de aquella afirmación.

Tirso Paz tenía fama de avaricioso; recibía el caudal paterno después de una larga vida de privaciones, despechado contra la injusta suerte del hijo pobre que tiene un padre rico; de seguro heredaba ansioso, violento, impaciente de poseer, sin lástimas que para su miseria nadie tuvo, sin treguas piadosas que su mismo padre le enseñó a negar.

Esta certidumbre tembló, fatídica, al borde de la mies, en el ardiente silencio lleno de luz, y ahogó sus ansiedades al imperioso aviso de Ramona que, consultando al sol, pronunció gravemente:

—Acabóse la sosiega.

Avanzó hacia el cauce con la azada al hombro; la anciana y la niña la imitaron y, al pasar junto al muerto, las tres hicieron reverentes la señal de la cruz. Inició Ramona otra vez la cava con un brío salvaje, como si la tierra le fuese violentamente aborrecida, como si en cada golpe de los tundentes brazos pusiera un ímpetu de odio.

Así avanzó la rotura al correr de las horas, entre una nube de polvo estéril, pálida sangre de las sequizas entrañas abiertas a la sed del centeno en furiosa persecución del regajal.

A menudo la tremenda mujer volvíase hacia la muchacha para decir sordamente:

—¡Aguanta, niña!

Y la pobre bisoña, sin aliento, empapada en sudor, seguía los pasos de su madre, ya lejos de la abuela, que se quedaba atrás alisando maquinalmente los terrones movidos, sin saber lo que hacía, como un instrumento inútil y abandonado.

Una súbita parálisis de todas sus fuerzas aplastaba a la tía Dolores en la hendedura, triste y absorta, escarbando el polvo. Sentíase impotente en el campo por primera vez en su vida. Sobre la infeliz, esclavizada a la tierra por un amor recio y sombrío, caía el dolor de la incapacidad con angustiosa certidumbre. Y cuanto más irremediable era su desventura, más sensible se alzaba en su pecho un oscuro rencor hacia aquella otra mujer, fuerte y joven que, arrebatándose en el trabajo como una furia, ordenaba soberbia:

—¡Aguanta, niña!

La esposa, inflexible para recibir al esposo pobre y enfermo, podía enorgullecerse como madre, capaz de acoger a un hijo desgraciado. Pero la mujer vieja, la inútil labradora, ya no tenía derecho ni a ser madre.

Así pensaba turbiamente la tía Dolores, recordando, para mayor pesadumbre, el peligroso albur de sus hipotecas en poder de Tirso Paz, más temible que el propio tío Cristóbal. Sin mies, sin casa y sin arrestos para el trabajo, ya no lograría recibir a Isidoro, ni valerle ni ampararle; ¡ya se había acabado todo para ella en el mundo!

Probó la triste anciana a reanimar sus bríos, aún recientes, sobre la bien amada tierra. Quiso sentirla con la fuerte pasión de otras horas, y dominarla como en días mejores. Se inclinó audaz en el fondo del cauce, con la azada entre las dos manos, como disponiéndose a desenterrar con loca angustia sus fuerzas sepultadas y, al impulso del imposible deseo, cayó de rodillas hasta dar con la frente en el polvo.

El chasquido agrio de los huesos no resonó tan fuerte como los golpes de la cava, y la vieja se alzó sin escándalo, vencida y pesarosa como nunca, a tiempo que una voz apremiaba, cada vez más distante:

—¡Aguanta, niña!

Se iba quedando la tía Dolores sola con el muerto; le miró pávida y entontecida. Sobre él languidecía la genesta, formando un bulto largo y amarillo a ras de los rastrojos, en el borde de la rota.

Sentóse cerca la mujer, con los recuerdos medio borrados y la seguridad de su impotencia convertida en lágrimas y oraciones.

Algunas veces Olalla, viendo a la abuelita en tan singular actitud, llegóse a preguntarle si le hacía daño el sol. Ella negaba con un gesto del mortecino semblante, y la moza corría miseranda al arroyo para humedecer aquellos labios mudos, preguntando:

—¿Por qué no busca la solombra? ¿Por qué no quiere descansar dello?

La abuela balbucía en vago deliquio:

—¡Aguanta, aguanta!

Y volvía a quedarse con el difunto, lejos de las cavadoras.

Comenzó a llegar gente por los senderos de la mies; algunos rapaces, prófugos de la escuela, algunas ancianas compasivas, el cura, el sacristán y el enterrador.

Don Miguel reconoció ligeramente el cadáver, habló con las testigos de la imprevista muerte, y se volvió a marchar.

Las mujerucas, sin interrumpir el trabajo de sus vecinas, repitieron con unción: —¡Biendichoso!

Fuése el sepulturero a preparar la fosa, con serena delectación, y tío Rosendín, el sacristán, devolvió respetuosamente a la parroquia los sagrados óleos que habían acompañado a don Miguel.

También los chiquillos desfilaron curiosos de ver llegar a la Justicia: impacientes por escoltarla, y por correr en las callejas del pueblo la trágica novedad.

—Hasta la noche no pueden venir los de Piedralbina —había dicho el sacerdote—. Al paso lento de Facunda es imposible que les llegue el mensaje antes de las seis.

Y toda la expectación quedó suspendida para el anunciado desfile.

Mientras tanto el cauce tocaba ya la ribera del arroyo, y Ramona mandó a su hija hacer algunos sabios cortes en el terreno de la mies, para cuando el agua corriese.

Arrantrándose entre los liños, la moza abrió con un destral leves surcos en la cabecera de la «hanegada». Y alzóse pronto, ardiendo en el calor reconcentrado de los panes, congestionada por la postura y el esfuerzo, para correr a la cumbre de la rota, obediente a la sugestión del terrible grito:

—¡Aguanta, niña!

Unos zarpazos más; un anhelo bravío de respiraciones; la suprema tensión de los músculos, el último temblor desesperado de los nervios, y las dos mujeres ven cómo el agua corre, humilde y fácil, convirtiendo la dura zanja en blando atanor de promesas bienhechoras.

Tiembla y canta el arroyo, el sol se pone, los panes beben y las heroínas de la cava, febriles y deshechas, reposan junto al muerto...

Cuando avanza Terán en el grave escenario, otra sombra le sigue. Florinda registra también la rastrojera desde el borde de un sendero. Llegan los dos al grupo singular, le miran silenciosos y escuchan cómo la abuela dice con furtiva emoción, que parece escapada de un delirio:

—¡Ya no podré recibir a Isidoro!

Se vuelve Ramona hacia aquel acento profundo, y sorprendiendo toda la amargura de la incapacitada madre, piensa de pronto en la propia vejez, ve de ella un ejemplo en la sombría inutilidad de la anciana, y llora con violentos sollozos, lívido el semblante reluciente de sudores, temblando el cuerpo, que despide un áspero olor montuno.

Florinda y su novio retroceden espantados, sin adivinar el origen de tan repentino desconsuelo: quizá piensan huir de aquel brusco drama incomprensible cuando una atracción fuerte les inclina sobre el cadáver del tío Cristóbal.

A la dormida luz del anochecer, bajo las retamas que ha movido la curiosidad, sólo enseña el viejo sus garrosas manos, con las uñas henchidas de la tierra arrebatada a los rastrojos en el arañazo supremo.

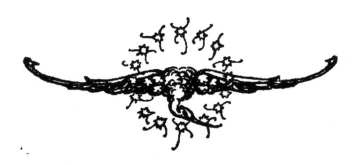

XV

EL MENSAJE DE LAS PALOMAS

OY parte el poeta: después de medio día vendrá junto a los tapiales del huerto para despedirse de su amada.

«Volverá pronto». Esta frase se ha repetido muchas veces en pocas horas, entre enamoradas ponderaciones. Meditándola con invencible angustia, *Mariflor*, convertida en lavandera, encrespa ropa junto a Olalla en el caz vecino de su calle.

Muéstrase el cielo un poco aborrascado, y la temperatura, apacible, tiene el sutil frescor de la humedad.

Silenciosas trabajan las dos jóvenes, mucho más hábil *Mariflor* de lo que su impericia pudiese prometer. La tristeza le aploma el pensamiento; mueve las delicadas manos entre espumas como una dócil máquina insensible.

Mira Olalla las nubes pensando en la inutilidad del

riego, y suspira al acordarse de la próxima siega: tampoco habrá un jornal para los segadores, ni un respiro para el descanso, ni una tregua en el bárbaro trajín, superior al esfuerzo de las pobres mujeres.

Un vendedor ambulante pasa con su mulo cargado de baratijas y pregona cansado:

—¡Tienda.... tienda!

—Vende hilo, agujas, adornos y otras cosas —dice Olalla a su prima con cierto orgullo.

—Pero, ¿vende, de veras?

—¡Natural!

—Como aquí no hay quien compre...

—¿No ha de haber? Se le cambian por las mercancías, huevos, lardo, palomas, simientes... gana mucho.

En un silencio inalterable y sordo, repercute el eco del pregón:

—¡Tienda... tienda!

Al final de la calle, por la plazoleta de la fuente, cruza un maragato en alta cabalgadura, con equipaje y espolique.

—¿Tirso Paz? —interroga Olalla con zozobra.

—Parece joven. Tirso, ¿no es viejo?

—Dicen que sí: yo no le conozco.

Se quedan mudas y violentas, procurando ocultarse mutuamente las íntimas preocupaciones. Y al mediar la mañana terminan su labor.

No hay nadie en el *estradín* por donde las dos mozas buscan los pasillos, tornando a la casa por el corral.

Marinela, doliente, calla en su dormitorio; y cuando Florinda quiere abrir el suyo, tropieza un fardo en el suelo y ve sobre la cama ropas de hombre, unas bragas y una almilla, llenas de polvo.

—Ha venido tu primo, de repente, sin avisar —dice Ramona detrás de la muchacha—, y como ésta es la habitación de los forasteros...

Florinda parece de piedra ante aquel masculino traje

maragato. Y Olalla, que también se asoma al camarín, prorrumpe azorada:

—¡Ha venido Antonio!... Era aquel viajero que vimos pasar.

Y palidece como una muerta.

—Sí; entró por la otra rúa —corrobora la madre con la voz menos agria que de costumbre.

—¿Y dónde está? pregunta al cabo Florinda, con aire estúpido.

—En cuanto se mudó de traje marchó a casa del señor cura: dice que le ha llamado él y que viene sobre lo de la boda.

—Pues voy allá, ahora mismo.

—¿Tú?

—¡Claro!

—Nunca vi cosa semejante: ¡una rapaza tratando con el novio del casamiento!

—Mi primo no es mi novio; pero si lo fuera, con mucha más razón necesitaría hablar con él inmediatamente.

Tan firme era el acento de la niña y tan rotunda su determinación, que Ramona, obligada a transigir, quiso imponer su autoridad exigiendo:

—Olalla irá contigo.

—Que venga.

Y al volverse hacia su prima, asombróse *Mariflor* de hallarla sin colores, desconcertada y absorta.

—¿No vamos? —le dice.

—Pero así, sin componernos un poco...

—Si no tardas...

—De un volido acabo.

La maragata rubia desaparece seguida de su madre, mientras Florinda, sin entrar en la habitación, aguarda impaciente, sufriendo el brusco asalto de contradictorias emociones. ¿Qué va a conseguir de Antonio? ¿Cómo es él, y cómo la juzgará a ella? Su suerte se decide sin duda en este día nublado y grave que pasa por Valdecruces tan sigiloso, tan descolorido...

Le parece a *Mariflor* que su prima tarda; se sorprende al considerar que se está componiendo como para una fiesta, sólo porque ha llegado Antonio. Y con un inevitable gesto de coquetería, ella se alisa también con las manos los cabellos, se sacude el vestido y repara los pliegues del jubón: quizá entrase al gabinete para corregir con más detalles el tocado, si una instintiva repulsión no la dejara otra vez tan meditabunda que no se fija en el atavío lujoso con que Olalla vuelve, ni en su semblante, ya compuesto y servicial.

Hasta la vivienda del párroco no cruzan las dos primas una sola frase; pero ya en la puerta de don Miguel, Olalla detiene ansiosa a Florinda, y murmura difícilmente:

—¿Qué le vas a decir?

—Que nos salve.

—Y... ¿no le quieres?

—Para marido, no.

—¡Piénsalo bien!; si le venenas las intenciones, nos dejará en la misma tribulanza.

—¡No puedo hacer más!

Ahora es *Mariflor* la que palidece y tiembla con un gusto amargo en la boca y un velo de turbaciones en las pupilas.

—¿Está arriba Antonio? —pregunta a Ascensión, que la recibe.

—Está.

—¿Y... Rogelio?

—No le he visto salir.

—Pero, ¿estaba con don Miguel?

—Estaba.

—Entonces...

—No oigo hablar más que a dos personas... Don Rogelio entra y sale a menudo.

Cuando la valiente muchacha preguntó a la puerta del despacho: —¿Se puede?...—un silencio de expectación dió margen al permiso, y la visita nueva fué acogida con el mayor asombro.

Hacía poco más de un cuarto de hora que la misma Ascensión pidió allí audiencia para Antonio Salvadores.

—Está abajo, preguntando por usted—había anunciado la muchacha a su tío.

El sacerdote, sin titubear, contestó:

—Que suba.

En tanto que Rogelio decía apresuradamente:

—Yo me voy.

Pero con una repentina inspiración le aconsejó su amigo:

—Entra en mi alcoba.

—¿A qué?... ¿a escuchar?

—A enterarte.

—¿Como en las comedias?

—Y como en la vida.

—No; no me gusta...

—Si te asaltan escrúpulos, hay un falsete; pero quizá te interese lo que oigas.

Y como ya resonaban en el pasillo los zapatones del forastero, don Miguel cerró la puerta acristalada, delante del artista, y le dejó allí, azorado, a media luz, detenido a pesar suyo por la curiosidad.

Primero oyó cómo se cruzaron los saludos de rúbrica: una voz recia y joven alternaba con la de don Miguel. Según aquella voz, el viajero no había encontrado en casa de la abuela más que a la tía Ramona, y sin tomar descanso alguno acudía impaciente a la cita con el párroco. El cual, atacado también de la impaciencia, no anduvo con rodeos para llegar al fondo de la conversación; y la primera novedad que el maragato supo, fué que su prima ya no tenía dote.

—Entonces retiro mi palabra de casamiento—dijo la voz firme, no sin barruntos de contrariedad.

Volvióse el poeta con indignación hacia los cristales: los visillos de tul dejaban entrever la salita mucho más alumbrada que la alcoba, y el enamorado pudo distinguir al hombre que fué hasta aquel instante su rival.

—Tu abuela está en ruina como sus hijos—decía don Miguel, disimulando con palabras corteses la cólera de su acento—; tiene toda la hacienda empeñada y padece una vida miserable; tus primas andan al campo como las más infelices del país, y tú eres rico, y es menester que no las abandones, por caridad y por obligación.

La temblorosa llamada de Florinda atajó en los labios de su primo un reproche violento.

—¿Obligación?—iba a clamar—. ¿Y para decirme esto me fuerzan a venir?

Entraron las jóvenes con silenciosa acogida. Olalla, en actitud muy recoleta, bajaba los ojos jugando con el floquecillo de su elegante pañuelo; *Mariflor* paseó por la sala un relámpago febril de sus pupilas oscuras, y viendo solos al maragato y al sacerdote, recobró un poco de serenidad.

—Esta será la hija de mi tío Martín—masculló Antonio después de saludar embarazosamente.

—Esta es— dijo el cura.

—Por muchos años...

Y se quedó el mozo sin saber cómo atormentar a su sombrero entre las manos gordinflonas.

Habíase parado *Mariflor* junto a su primo, espiándole en muda pesquisa, llena de esperanza y de inquietud.

Era ancho, fuerte, carilucio; tenía cortos los brazos, cándidos los ojos, tímido el porte. Vestía rumboso traje, compuesto de pespunteada camisa, chaleco rojo con flores y botonadura de plata, bragas de rosel, sayo de haldetas, atacado por sedoso cordón, botines de paño con ligas de «viva mi dueño», y churrigueresco cinto donde esplendía otro galante mote de amorosa finura; bajo las polainas, unos enormes zapatos de oreja tomaban firme posesión del suelo.

Para abreviar los enojosos preliminares de la conferencia, don Miguel, ceñudo, molesto, se apresuró a decir a la muchacha:

—Antonio ya conoce vuestra situación. Y la tuya, particularmente, le inclina, por lo visto, a no insistir en sus pretensiones de casamiento.

Al singular descanso que estas palabras ofrecieron a la moza, mezclóse, al punto, una viva impresión de repugnancia. ¿Qué iba a pedir al mezquino corazón de aquel hombre? ¿Cómo sería posible conmoverle, ni con qué dignidad intentarlo en aquel instante?

El estupor y la vergüenza no la hicieron bajar los ojos: se los clavó a su primo honda y calladamente, hasta hacerle sudar y retroceder: nadie le había mirado así.

Viéndole tan confuso y torpe, sacrificó ella un fácil desquite, diciendo, con toda la dulzura de su voz y toda la generosidad de su espíritu:

—No te hemos llamado para tratar de bodas, sino para pedirte que remedies a la abuela hasta que mi padre logre remediarla. Hace tres meses que vine aquí sin sospechar lo que ocurría, y trato con don Miguel, nuestro protector, de salvar la hacienda, que se está perdiendo por ignorancia y timidez... No se atrevió la pobre vieja a confiarse a ti, que eres rico y dadivoso...

Subrayó Florinda este prudente discurso con una leve sonrisa irónica, dulce mohín con el cual perdonaba desde luego el áspero desdén de su pariente.

—¿No respondes?—añadió con asombro ante el silencio del maragato.

Y como aún callase, sudoroso, deshilando las borlas del sombrero, avanzó la niña y le puso las dos manos en los hombros suavemente, con familiar llaneza.

—¡Vamos, primo! Tú eres un hombre educado, un

caballero, y no puedes consentir que la abuela, por faltarle un apoyo, se quede en mitad de la calle, tan viejecilla, tan triste... ¿No la has visto? Se ha vuelto un poco chocha con los años y las lágrimas y los dolores... Si tú no la proteges, se quedará sin tierras y sin yuntas, sin huerto y sin casa. Todo se lo debe a Tirso Paz, por un puñado del dinero que a ti te sobra.

—¡Diablo de chiquilla!—musitó el cura.

Olalla rompió a llorar con grandes hipos, y en la alcoba parecía que alguien se revolviese.

Pero Antonio, inmóvil, petrificado bajo los finos dedos de *Mariflor*, no resollaba. Nunca tuvo cerca de la suya una cara tan hermosa; jamás una voz parecida sonó tan suave y angelical en aquel oído de comerciante; ni el mozo suponía que en el mundo existiesen criaturas con tanta labia, tanto atractivo y tamaño corazón.

—¿No respondes?—insistió ella, intentando zarandearle con blando movimiento.

No consiguió moverle; creyó inútil su generosa hazaña, y los lindos brazos, afanosos, cayeron sobre el delantal en desfallecida actitud.

Como si sólo entonces fuese el muchacho dueño de su albedrío, levantó sus claras pupilas con arrobamiento hacia los ojos que le acechaban.

Los halló impenetrables, sumergidos en solemnes tinieblas, y volvió a bajar los suyos con invencible respeto. En tanto, *Mariflor* leyó en la repentina mirada tal propósito, que retrocedió convulsa hasta apoyarse en un escabel.

—Pues, hablaremos del asunto aquí el párroco y yo—dijo de repente Antonio con cierto brío.

Olalla cesó de llorar y Florinda no supo qué decir; sentía congelada su elocuencia, y no se hubiese atrevido a tender de nuevo los brazos, persuasiva y deprecante.

Nadie se había sentado. Don Miguel, perplejo, irresoluto, liaba un cigarrillo para Antonio, paseando entre la mesa y el balcón, sin atreverse a hablar por miedo a arrepentirse. Iba cayendo en la cuenta de que lo hubiera echado todo a perder si Florinda no le acude con el dominio de su voluntad y el «ángel» de su persona. Mas ¿no iban ya demasiado lejos las influencias de la muchacha?

El cura lo temía, viéndola tan ansiosa y escuchando las amigables razones del primo.

Se desgarraron doce campanadas en un viejo reloj mural y casi al mismo tiempo vibró en el aire el agudo tañido de la esquila, volteada en la parroquia.

Don Miguel comenzó a rezar «las oraciones»; un murmullo piadoso zumbó en el aposento; parecía que unas alas invisibles agitasen brisas de paz sobre las inclinadas frentes. Cuando se alzaron ungidas por la señal de la cruz, los ojos benignos del sacerdote se posaron en *Mariflor* con misericordia. Ella inició una desconcertada sonrisa que pudo ser de aliento o de quebranto, y don Miguel se resolvió a decir:

—Bueno, pues Antonio y yo trataremos con calma de vuestros intereses.

—¡Eso!—aseveró con energía el aludido.

—Vosotras—añadió el cura—avisaréis en casa que el viajero come hoy aquí.

Unas fugaces excusas del invitado, una leve porfía de Olalla para que les acompañase, y las mozas partieron con la promesa de que Antonio iría más tarde a visitar a la abuelita.

Por el camino, la maragata rubia dice muy alegre:

—De ese lado abesedo sopla mucho el aire; va a llover.

Y la fresca brisa del Norte que les azota el rostro, le parece a *Mariflor* que corre triste, con amargura de lágrimas. Se detiene la moza a escuchar aquel sordo gemido, inquietante para ella como un augurio, y Olalla se admira.

—¿Qué oyes?...—pregunta—. Es el pregón del quinca-
llero.

Entre los silbos del aire tormentoso, una voz repite
con errabunda melancolía:

—¡Tienda..., tienda!...

Supo Antonio Salvadores que don Miguel tenía en
casa un amigo forastero, el cual aquella misma tarde re-
gresaba a Madrid. Y, de acuerdo con el cura, consintió
el maragato en aplazar toda gestión para después de la
anunciada partida.

El huésped hizo las presentaciones entre sus comensales con mucha delicadeza; pero la hora de comer trans-
currió silenciosa, bajo la respectiva preocupación de
cada uno, acentuada en Antonio por su gran cortedad y
su recelo al trato con gente de pluma, novelistas a caza
de tipos y de observaciones que, a lo mejor, sacan en los
papeles a los pacíficos ciudadanos.

Miraba el comerciante de reojo al poeta, sin perder el
apetito ni acertar a decir una palabra. Y el poeta sor-
prendía con poco disimulo la ordinariez de aquellos dedos glotones y de aquella boca bezuda, reluciente de
grasa, con tendencia a sonreir y a tragar en golosa pre-
meditación.

—¡Un hombre semejante despreciaba a Florinda!

Esta idea, produciendo sublevaciones bizarras en el
ánimo de Terán, ponía, sin embargo, a sus ojos una sombra de humillación sobre las excelencias de su novia.

Mansamente, contra todos los impulsos de la voluntad, un cierto desencanto se adentraba, furtivo, en el pecho del vate, y galopaba, rebelde, por tierras de la fantasía, a la vanguardia de los sentimientos más nobles. Al
desaparecer las dificultades en torno de aquel cariño, en
las ambiciones de Terán enfriábase el astro del deseo:
¡humano tributo a la vasta inquietud de la imaginación,
que en los poetas suele tener un dominio incurable!

Como si una racha de viento borrase de repente en las nubes la colosal figura de un águila, dejándola convertida en mariposa, así la imagen de *Mariflor* venía a quedar en la mente de Rogelio al nivel de otra zagala, sin ventura y sin novio; el brutal desdén del maragato desvanecía las fantásticas nubes.

Acababa el poeta de despedirse de la niña, asaltado por la turbia impresión de todas aquellas novedades.

Mostróse cautivo y devoto como siempre, y renovó sus promesas y afirmaciones con las mismas palabras de otros días; pero en la alta emoción de aquel instante, solamente los labios de la moza guardaron a los profundos sentimientos una santa fidelidad.

—Ahora sí que volverás pronto— dijo la muchacha, tratando de sonreir—. Ya soy libre como el aire. Mi primo no me quiere porque no tengo dote, y ya no depende de mi boda el bienestar de la familia; ¿te lo ha contado don Miguel?

Ocultaba, modesta, la intención de aquella singular mirada sorprendida en Antonio. Y sintió el caballero enrojecer su frente al acordarse de la grosería con que fué rechazada su novia.

—Algo me ha dicho—balbució, añadiendo en la acerbidad de su encono—. Tú no debías dirigir la palabra a ese hombre; eres demasiado humilde.

—¡Si él ayuda a la abuela! ..

—Aunque la ayude.

Dulcificó al punto sus frases y su acento mientras callaba la niña con todo el dolor reconcentrado en los ojos.

Rogelio tenía prisa; le aguardaban para comer y debía salir muy temprano de Valdecruces a tomar en Astorga el tren de las cinco. Buscaría el camino más corto por la carretera, huyendo del erial.

También a *Mariflor* la esperaban en la cocina delante de la olla, entre coloquios y comentarios.

—Te escribiré muchas cartas—prometió el poeta, cada vez más compasivo.

—¿Y versos?...

—¡Muchos!

Sonrió él con deleite, alucinado por la repentina ambición de entonar canciones pastoriles a la bella musa de los zarzales, allí amorosa en medio del escaramujo y de las urces.

Los últimos adioses se cruzaron fervientes; una emoción de arte prevalecía sobre todos los peligros de la inconstancia. Florinda acompañó a su novio a lo largo de la rúa con una mirada de ingenua adoración.

En la explanada de la fuente el recuerdo de Marinela Salvadores detuvo al caminante. El candor del agua y los matices verdes y azulinos del suave manantial, le trajeron con ternura a la memoria la imagen de la niña, sus ojos zarcos y volubles y aquel saludo lírico que tanto la asustó a la llegada del forastero; ¿qué había sido de ella? Lo preguntaría antes de marchar, arrepentido de haber olvidado en absoluto a la triste zagala que una tarde le dejó sobre el pecho la limosna de su llanto misterioso.

Todas las impresiones de aquellos quince días extraños, remansaban de pronto seductoras en la conciencia del artista, como recordación de un sueño peregrino que le obligase a sonreir.

Junto a la parroquia levantó los ojos a la torre, y el lecho vetusto de la cigüeña le dejó extático una vez más. Ya crotoraban audazmente los hijuelos bajo las alas regias de la madre, mientras el macho, solícito como nunca, limpiaba de reptiles la mies y nutría la prole en incesantes revuelos alrededor del nido.

El silencio de la calzada, la cobardía de la luz y el semblante rústico del cuadro, sumergieron a Terán en artísticas divagaciones. Y se abandonó a gustarlas con el íntimo gozo de saber que las iba a sustituir por otras nuevas. Puso en sus pensamientos, como romántica aureola, un incitante sabor de despedida, la dulce lástima de un abandono que no punza, la perfidia sutil de quien siente por cada placer desflorado vivas ansias de placeres en flor...

De toda aquella despiadada dulzura, sólo queda ahora enfrente de Antonio Salvadores un movimiento de disgusto hacia el zafio mercader que despertó al prócer caminante embelesado en el más lindo sueño de su vida. Quiere el soñador compadecerse a sí mismo, como si Antonio le hubiese causado un grave mal obligándole a partir; y no analiza la miseria de aquel secreto goce con que parte, ni la llama oscura de egoísmos que arde en su corazón desde que Florinda se le aparece libre. Ni siquiera se le ocurre pensar que su viaje ya no es urgente, ni quizá oportuno; el corazón y la lógica no dicen al novio y al caballero que la felicidad y el amor le debían detener...

Se habla en la mesa de que llegó por la mañana, procedente de León, el heredero del tío Cristóbal Paz. Rogelio calla y apenas come, nervioso y susceptible, mientras el maragato devora. Don Miguel observa a su amigo con alguna confusión, y el *Chosco* avisa que ya está preparado el mulo con el equipaje.

Las despedidas son breves, porque el viajero no sabe disimular su impaciencia; y el enterrador, que oficia de espolique, toma el camino con la cabalgadura, delante de Terán, a quien acompaña un rato el sacerdote.

Ya en mitad de la calle, se vuelve el mozo como si algo se le olvidara. Ascensión, que aún le despide desde la puerta, averigua complaciente:

—Qué, ¿dejó alguna cosa?

—A Marinela Salvadores, ¿qué le ocurre?... No la he visto...

—Dicen que adolece de medrosía.

—¡Pobre!

—Ya le contaré que preguntó por ella.

—Gracias.

—Condiós; buen viaje.

—¡Adiós!...

Una tirantez extraña enmudece a los dos amigos en los primeros pasos, camino de la libertadora carretera.

No habían tenido tiempo de cambiar impresiones desde la llegada del maragato, y don Miguel mostrábase receloso de la singular actitud del vate. Éste rompe el silencio con alguna vacilación:

—¿Has visto qué rufián?—alude, sacudiendo la tierra con un mimbre espoleador que agita entre los dedos.

—Ya tienes libre a la paloma—responde el cura, sin declarar que le inspiran desconfianza las apariencias de Antonio.

Rogelio, evasivo, empeñándose en tener que estar muy enojado, adopta un aire de víctima:

—Sí, sí; pero es insufrible someterse a regateos y tapujos con un tipo semejante.

—Tú ahora nada arriesgas con la caridad de Florinda, independiente ya de vuestro amor y de vuestros propósitos.

—Pues, sin embargo, me duelen estas luchas tan mezquinas y pueriles en que se apasionan corazones grandes, cuando hay fuera de aquí una vida fuerte y ancha donde luchar y vencer.

—¿Vencer?—murmuró el cura incrédulo—. ¡Ay, amigo!, a cualquier cosa le llamáis en el mundo éxito y logro... La pobre humanidad es en todas partes la misma; nació propensa a la ambición y al delirio. Mas para soñar es menester vivir, y para vivir... ¡es preciso comer! Todas las redenciones espirituales tienen, por culpa de nuestra humana condición, sus raíces en lo material. Yo me afano porque mis feligreses coman, a fin de que puedan soñar con algo firme y duradero; si *Mariflor* me ayuda esta vez, ¡bendita sea!

Bajó el poeta la frente un poco avergonzado y taciturno, sobrecogido por el recuerdo de aquella impetuosa caridad escondida de pronto, y que dos semanas antes le inflamó con su divina lumbre al través de la llanura.

—¡Bravo luchador, que puedes vivir escarbando la tierra y soñando con el cielo!—exclamó en un arranque de involuntaria admiración.

—Cumplo mi destino — repondió sencillamente el cura.

Y ambos permanecieron mudos contemplando el paisaje, siempre raso y pobre, extendido entre besasanas y calveros, surcado por imperceptibles rutas hacia la pálida cinta de una carretera que iba a perderse en el horizonte: era el mismo que Florinda entrevió una tarde de abril, llegando a Valdecruces enamorada y triste.

—Hay que aguantar, señor, si no quiere que se le escape el tren - advirtió el *Chosco*.

—Sí; nos despediremos—dijo Terán—. A ti también te esperan.

Y el sacerdote preguntó con un leve acento de ironía:

—¿Volverás pronto?

Aquella frase, tan acariciada en las últimas horas, sacudió la conciencia del viajero.

—¿Qué duda cabe?... En cuanto me aviséis—aseguró cordial.

Un fuerte abrazo; promesa de noticias; votos de cariño y gratitud, y el poeta montó en el mulo, que se alejó con paso rutinero y firme.

Varias veces volvió el joven la cabeza hacia su amigo y le halló siempre inmóvil, con los brazos cruzados sobre el pecho en pensativa y extática actitud. La negrura del hábito sacerdotal emergía fuerte y rara sobre la yerta amarillez de los añojales.

—¿Pérfido? —se preguntaba el apóstol con infinita pesadumbre—. No; un iluso, un equivocado —respondióse, poniendo el dedo en la llaga—. Los poetas suelen ser como los niños: volubles y crueles... Juegan con las emociones sin miedo a destrozar un corazón, sea el propio, sea el ajeno, por pura curiosidad, y, a veces, con el mejor propósito del mundo... Acaso los poetas, entre todos los hombres, merecen más, por su condición infantil, las compasivas palabras: «¡Perdónalos, Señor, que no saben lo que hacen!»...

Bajo la sugestión de esta noble figura sacerdotal, majestuosa y triste sobre el adusto llano, caminaba Rogelio, distraído en meditaciones de todo punto ajenas a su amor.

—¿Y el secreto de este hombre —se decía—, ese remoto y «blanco» secreto que yo adivino y que se me escapa tal vez para siempre?... Y este pueblo extraño, insondable, ¿de dónde procede al fin? ¿Es de origen oriental? ¿bereber? ¿libio-ibérico? *¿nórdico?*... Sufre los oscuros ensueños de los celtas; tiene la bravura torva de los moriscos y la fría seriedad de los bretones... Quizá le fundaron los primeros mudéjares; quizá...

El cobijo blanco del pastor dió una cándida nota al paisaje, y el mental discurso quedó roto en la linde de la carretera, donde el viajero dió el último vistazo a Valdecruces.

Todavía la silueta del sacerdote, negra y perenne, ponía un punto en la llanura gris. El caserío se columbraba apenas, confundiendo su pálido color con los difusos tonos de caminos y celajes.

Poco después, a los ojos perseguidores del artista, el punto negro y la línea pálida fueron aplastándose contra la tierra hasta quedar borrados, confundidos, hechos cenizas del erial y rastrojo miserable del «aramio».

Un bando de palomas voló apacible encima del poeta. El cual tuvo un instante de súbita emoción. Una corazonada le inclinó ferviente en su cabalgadura, con el *jipi* en la mano y en los labios un beso, que en mensaje confió a las avecillas; algo se rompía dulce y noble en aquel pecho varonil picado de morbosas inquietudes; algo que circulaba por las venas del mozo como un derrame de ternura y de lástima.

La sensación fué tan vehemente, que tomó al punto proporciones de remordimiento. Por primera vez aquel día tumultuoso para la conciencia de Terán, preguntóse, con repugnancia de su misma pregunta, si le sería posible haber pensado en abandonar a Florinda.

—¿Pensarlo?... ¿«Consertir» en pensarlo? —musitó sonriente— ¡Jamás! Volveré a buscarla rendido y fiel.

Y por debajo de este gentil propósito, el débil sentimiento urdía una irremediable traición.

Durante la silenciosa comida de aquella mañana, tuvo *Mariflor* singular empeño en ir y venir al dormitorio de Marinela para llevarle pan tostado y leche, agua con ázúcar, palabras y caricias llenas de solicitud.

A cada instante la enamorada triste fingía escuchar su nombre para levantarse y preguntar:

—¿Me llamabas?... ¿Qué quieres?

Con esta maniobra, a la cual se prestaba la preocupación de los demás, pudo dejar entera en el plato su ración y al fin sentarse junto al lecho de su prima que, a medio vestir, con el busto levantado sobre las almohadas y el semblante doloroso, se consumía en extraña enfermedad.

Hasta el oscuro rincón de la paciente habían volado poco antes rumores de extraordinaria magnitud; la llegada del primo Antonio y la partida del forastero —como en Valdecruces llamaban al poeta— resonaron profundamente en la alcoba.

Allí encontraba *Mariflor* hondos y vibrantes los ecos de su angustia, como si un secreto instinto la dijese que su pesar hallaba en aquel aposento otro corazón donde repercutir, resignado y humilde.

Denso vaho de fiebre trascendía de la cama, y la oscuridad, aposentándose en los rincones, sólo permitía un tenue dibujo a los perfiles de las cosas. *Mariflor* buscó las manos de la enferma, que trasudaba con el aliento hediondo y el pecho agitado.

—¿Estás peor? —le dijo.

—Mucho peor.

—¿De veras?

—¿No lo ves?

La interrogación desconsoladora le sonó a Florinda como un reproche.

—No; no lo veo —repuso, inclinándose ansiosa sobre aquel gemido; sólo descubrió la amarilla figura de una cara y la inquietante sombra de unos ojos. Transida de piedad, exploró el recuerdo de los últimos días, desde que Marinela llegó a casa, llorosa y medio delirante, contando la muerte del tío Cristóbal. Como entonces entrecortaba su relación balbuciendo convulsa: —No puedo, no puedo —así, a las instancias que le hacían para comer y dormir, respondió muchas veces con igual pesaroso deliquio:

—No puedo; no puedo...

La costumbre de verla padecer y dejarla soñar, abandonó a la zagala enfebrecida y sola en el escondite de su cuarto.

Desfilaron las mujeres por allí, cada una con la prisa de sus faenas y el agobio de sus preocupaciones, y la dijeron:

—¿Quieres algo?

—Agua —costestó siempre.

Olalla, por la noche, al acostarse con la enferma, padecía un instante de inquietud.

—Tiés tafo nel respiro —observaba— y estás calenturosa.

Pero la rendía el sueño, y a la mañana, el trabajo, envolviéndola en su rudo vasallaje, la empujaba fuera del hogar para suplir a la *Chosca* en el acarreo de la leña y en el cuidado de la cuadra.

La tía Dolores descendía a la decrepitud vertiginosamente, como si alguien la empujase desde la cumbre de la voluntad y del esfuerzo.

Y Ramona bregaba enfurecida en la mies, sachando entre las pujantes umbelas, solicitada allí por la blandura que el riego puso en el sembrado. Si posaba un minuto en la alcoba de su hija, era para fruncir más el ceño y vaticinar cosas terribles a propósito del maleficio de la tía Gertrudis.

No era milagro que desde el hoyo de su cama la enferma recibiese a *Mariflor* como un rayo de luz. Durante aquellos tres días de exacerbado padecer, varias veces una voz suplicante dijo en la alcoba:

—¡Ven acá!... ¡Quédate un poco junto a mí!...

—Y otra voz, apresurada, inquieta, respondía:

—Ya voy... Más tarde... Luego iré...

Florinda, en la congoja de sus pesadumbres y temores, no había tenido tiempo de acudir al llamado quejumbroso.

Y Marinela aguardaba consumiéndose de recónditos afanes, con la obsesión de que en su prima moraba, en espíritu enamorado, el caballero de los ojos azules.

Cuando los de ambas muchachas se buscaron en el espejo de las pupilas, la oscuridad no dijo más que zozobras, temblores y preguntas.

—¿Qué te duele?—quería *Mariflor* saber.

—Nada; me atormentan el miedo y el secaño.

—¿Y a qué tienes miedo?

—A morirme... y a otras cosas.

—Pues vas a vivir, a ponerte buena y a profesar clarisa.

—No no.

—¿Ya no quieres?

—Querer... sí—pronunció la zagala con alguna indecisión—; pero no tengo dote.

—¡Le buscamos!

—¿Tú?

—Entre todas.

—¡Si te casaras con el primo, que es tan pudiente!

—Eso es imposible.

—Entonces... con el otro—indagó la niña arrebatada de impaciencia.

—¡Dios sabe!... O con ninguno. Pero de todas suertes, buscaremos el dote, si eso te hace feliz.

Grande confusión produjo el pensamiento de la felicidad, impreciso y extraño, cual una sombra nueva, bajo la penumbra que las emociones condensaban en aquel espíritu infantil, alma fina y dócil llena de miedo y de sed como la carne febril que la envolvía.

Entre las muchas perplejidades de su imaginación, sólo un deseo definido apreciaba la enferma: el de tener a Florinda al lado suyo y sentir el contacto de aquella juventud delicada y hermosa, en la cual parecían posibles todos los prodigios de las ilusiones. Escuchando la voz de su prima, viendo su cara, sentía Marinela aclararse sus nebulosos ensueños, como si un rayo de sol les diese forma y rumbo: para la inocente ambiciosa, Florinda era la humana realidad de todos los presentimientos inefables; algo así como un trasunto glorioso de cuantas quimeras y rebeliones se fraguaban en aquel corazón de niña, desbocado y herido.

—¡No te vayas!—suplicó ella mimosa.

—¡Si me voy a estar contigo toda la tarde!—prometía *Mariflor* clemente.

—¿Ya «te despediste?»—insinuó entonces Marinela, vibrante de curiosidad.

—Sí.

—¿Volverá pronto?

—Eso dijo.

—¿Te escribirá mucho?

—Versos y cartas—confesó la novia.

Sentía que sólo el corazón de la zagala era allí adicto a sus amores, y por primera vez hablaba con ella en cómplice secreto.

—¡Romances!—murmuró la niña con la voz repentinamente ilusionada.

Y cerrando los ojos, en un espasmo de sentimental deleite, añadió:

—Dime aquellos de la farandulera, que los aprendimos de memoria.

Comenzó Florinda a repetir los versos con argentino son, como si el cristal de su alma resonase al través del recitado. Y escuchaba la paciente niña empapando su espíritu en las olas del afanoso cantar, con tan fuerte embriaguez, que le pareció sentir en la carne el escalofrío de violentas espumas.

—Basta, basta—gimió—¡me duele!

—¿Cuál?

—El romance... el pensamiento...

—Duerme un poco; no te conviene hablar tanto—aconsejó *Mariflor*, alarmada por la apariencia del delirio.

Pero la niña preguntó de pronto con mucha serenidad:

—Y tú, ¿dónde vas a dormir esta noche?

—¡Ah, no sé!

—¿Con la abuela?

Turbóse la moza: una repugnancia invencible la hizo exclamar:

—¡No!

—Entonces, ¿con quién?... No hay más camas.

—Aunque sea en el escaño de la *Chosca*.

—¡Mujer! ¡Si aquel rincón hiede! Da tastín a una cosa picante, así como cuando el queso rancea.

Alcanzada por un asco irresistible, *Mariflor* se puso
de pie con instinto de fuga. ¿Dónde iba a dormir aquella
noche?

—Al raso: en el huerto, en el corral—pensó heroica y
rebelde.

Y Marinela, sin enterarse del tremendo sobresalto,
murmuraba conmovida:

—¡Oye!

—¿Qué?

—¿Ya «se marchó»?

La alusión, tácita y dulce, vibró con estremecimiento
de saeta.

—Sí; ya irá por el camino—dijo Florinda amargamente.

Sus palabras rodaron con un eco profundo, como si
dilatasen los horizontes del viajero en infinita peregri-
nación.

—¡Quién fuese paloma!—exclamó la enferma con ardiente arrebato.

Una imagen de alas libres, de lontananzas azules, de
espacios alegres, de amor y de luz, robó a la novia el
pensamiento, en sacudida brusca de la imaginación.
Sentía de pronto la pesadez implacable de la atmósfera,
con tales náuseas y repulsiones, que un indómito impulso de todo su ser le obligó a decir:

—Me voy... vuelvo en seguida.

Y salió escapada del dormitorio, sin tino y sin aliento.

Buscando aire y claridad, llegó al *estradín* y se quedó
suspensa delante de las tres mujeres de la casa, que parecían esperar una visita, sentadas muy ceremoniosa-
mente alrededor del aposento, sin acordarse, al parecer,
de sus cotidianos trajines.

La abuela había resucitado un poco, listos los ojuelos
y solícita la postura, mientras Ramona doblaba el cuerpo
en la silla, vencido por la costumbre de escarbar los
azarbes y los surcos, y lucía Olalla su pañolito de Toledo, frisado y reluciente, margen de un rostro impasible.

No sabía *Mariflor* cómo esquivarse a la censura de aquel extraño grupo, silencioso como un tribunal, y azorada murmuró:

—Marinela necesita que la visite el médico.

—Aún se le debe el centeno de la iguala—dijo Ramona, acentuando la sombría dureza de su rostro.

—No importa; hay que llamarle—se atrevió a replicar Florinda.

Y Olalla, encendida por el carmín del remordimiento, se puso de pie, balbuciendo:

—¿Recayó?

-- Tiene calentura.

—Habrá que darle agua serenada.

—Y un fervido esta noche —añadió la madre.

—Voy a verla —decidió Olalla saliendo del *estradín*, con su paso corto y solemne, para volver el punto más de prisa, exclamando: —¡No está en la cama!

—¿Cómo que no?

—Ven, ven; no está.

Las dos mozas corrieron juntas, y detrás gritaron las dos madres.

—¡Sortilegio, sortilegio! —rugía Ramona, en tanto que la abuela, sin comprender el motivo de tales alarmas, iba lamentándose:

—¡Ay... ay!...

Todas palparon en la oscuridad el vacío lecho, y Ramona se hundió en él de bruces, relatando conjuros y exorcismos con demente superstición. A su lado, la tía Dolores seguía gimiendo:

—¡Ay... ay! ..

Las muchachas buscaban a Marinela por diferentes escondites: no podía haber corrido mucho en poco tiempo, débil y medio desnuda.

Tadavía, en el asombro de la nueva inquietud, le sonaba a Florinda con encanto la suspirada frase: ¡quién fuese paloma!, y los pasos de la joven siguieron maquinalmente el invisible hilo de aquella fascinación. Desde la penumbra de la escalera ganó la novia, con gesto iluminado, la cumbre alegre del palomar, y entre el rebullir de los pichones y el plumaje esponjoso de los nidos, halló a la pobre Marinela, tiritando y encogida, de hinojos en el suelo.

—¿Qué haces, criatura? —gritó, corriendo a levantarla.

Pero ella puso un dedo en los labios con sigiloso ademán.

—¡Chist!... ¿No oyes muchas alas que baten?... ¡Escucha!...

—Sí; es que llega el bando —respondió Florinda, asomándose a recibir a las viajeras, enajenada también por indecibles anhelos.

—¿De dónde viene?

—Pues de la llanura, del camino...

Alado azoramiento de temblores y arrullos invadió el palomar.

Quizá tocó a las aves un leve espanto en las alas cuando el viento revolcó los húmedos sollozos en la estepa, aquella tarde triste; quizá en los picos y en las plumas traían las palomas un mensaje embustero y perjuro. Si el tempestuoso retornar de las mensajeras encerraba un fatal designio, Florinda le recibió encima de los labios, sorbiéndole hasta el corazón en el aire frío de las alas revoladoras, mirando al nublado cielo con los ojos llenos de lágrimas, y Marinela le esperó de rodillas, aterrada la frente, sumisa la cerviz, como una humilde criatura sentenciada al último suplicio.

XVI

LA TRAGEDIA

OFOCADO y **mohíno** salió Antonio Salvadores de la segunda conferencia con don Miguel, luego de afirmar que sólo casándose con Florinda remediaría los apuros de su gente.

Había soltado la contradictoria declaración de sus intenciones con la prisa de quien se descarga de un grave peso. Aceleradamente, lleno de timidez y de bochorno, se adelantó a decir:

—Me casaré con «ella» y arreglaremos esas trampas sin demasiados perjuicios...

No esperaba el cura tan a quemarropa la presentida capitulación. Sonrió, avisado, y quiso paliar con diplomacia su respuesta para no herir de frente el masculino orgullo, muy empinado y hosco en Maragatería.

—¡Hombre! —dijo— vamos por partes: la moza oyó

que tú la rechazabas; ¿cómo vas a exigir ahora que te quiera?... estará quejosa, ofendida ..

—¿Ella? —dudó Antonio, como extrañando que una mujer pudiese tomar la seria determinación de ofenderse. Luego, en aquella duda presuntuosa, abrió su camino oscuro otra sospecha. ¿Y si *Mariflor* no fuese una mujer como las demás?... Porque parecía distinta...

—Usted le dirá que me equivoqué —propuso el mozo—; que no supe expresarme; que usted me entendió mal y yo no me atreví a desmentirle; cualquiera disculpa que a mí no se me ocurre.

Tanta cortesía y previsión eran indicios de firme voluntad conquistadora. Y don Miguel, perplejo, confiando a la Providencia el desenlace de aquel conflicto, se limitó a insistir, como medida de precaución contra un brusco desengaño, en que Florinda era muy sensible, delicada de pensamientos, dueña y señora de su voluntad por expreso designio de su padre.

—Pues usted se entenderá con ella: le dice...

—No; eso tú.

—¿Yo?

—Naturalmente.

—Usted no me conoce; yo no sirvo para hablar de estas cosas con rapazas; además, aquí no se usa.

—Pero tu prima es mujer de ciudad, inteligente y razonable, y tú ya eres un hombre educado a la moderna.

—Yo soy el mismo de antaño, don Miguel; y me pongo zarabeto y torpe en tratándose de finuras: quiero casarme con *Mariflor;* ayúdeme usted y me daré a buenas en lo de la abuelica.

Clavado con tenacidad en su deseo, encendido el rostro y la actitud inquieta, el pretendiente no dió un paso más por el camino adonde se le quería conducir.

Y ya mediaba la tarde cuando el cura llevó a su convidado a casa de la tía Dolores, prometiendo explorar el ánimo de *Mariflor* y evitarle al mozo en lo posible, las negociaciones directas con la prima.

Entraron, pues, los visitantes por la puertona principal, se asomaron al *estradín* desde el pasillo, y, no hallando quien los recibiera, deslizáronse hasta la cocina. Quizá sus mismos pasos, recios sobre las baldosas, y un repique sonoro del bastón de don Miguel, les impidiese oir hacia la alcoba de Marinela voces apagadas y sollozos furtivos.

La moza, sorprendida en el palomar, acababa de aparecer, dócil como un corderuelo, de la mano de *Mariflor*, y era recibida con espanto como un ánima del otro mundo. Revolvíase la madre en el dormitorio, asegurando «que la renovera le había traspuesto de suso a la rapaza con intención luciferal». A estos aberrados plañidos hacían coro, augurales, las otras dos mujeres; y en vano Florinda procuraba explicar que, sin duda, la enferma, necesitando aire en los ardores de la calentura, había escalado inconsciente el abierto refugio de las palomas.

Sin negar ni asentir, acaso contagiada por la superstición de los hechizos, Marinela gemía, hundiéndose en la cama otra vez y dejando que su madre la cubriese con un rojo alhamar.

—Es preciso que sudes—ordenaba Ramona—para que desarrimes la friura del pecho.

Y el terrible cobertor fué rodeado con saña al cuerpecillo febril.

—¡Tengo sede!—lamentaba la niña sollozando.

—¡Ni una gota de agua, ni una sola!—sentenció la madre severa.

Y la voz de don Miguel resonó entonces impaciente:

—¡Ah, de casa!... ¿Dónde estáis?

Pero ya estaban en la cocina, aceleradas y serviciales, las de Salvadores, dejando sola con la enferma a *Mariflor*, aplastada bajo el aire estantío del dormitorio. No permaneció allí mucho tiempo. La llamaron al compás de unas voces solapadas, y acudió medrosa, con la incertidumbre en el corazón.

Iban cayendo en la cocina las precoces tinieblas de aquella tarde gris, y Antonio había buscado el rincón más oscuro para aposentar su lozana persona; junto a él quedaron medio escondidas las tres mujeres; de modo que al entrar la joven, sólo vió al cura, de pie bajo la escasa claridad del ahumado ventanuco.

A una indicación del sacerdote le siguió Florinda, pasmada, hacia el *estradín*, y, traspuesto apenas el umbral, los dos hablaron quedamente un instante, mientras en el fondo de la cocina se delataban algunos acentos confabulados y cautelosos.

Por el sombrío rastro de tales rumores fuese *Mariflor* derecha hasta su primo, le puso como por la mañana las suaves manos en los hombros, y le dijo enérgica y triste:

—Yo no te pedía nada para mí, y aunque me dieras todo el oro del mundo, no te puedo querer ni ahora ni nunca.

Tronaron sordamente unas frases violentas, en voz opaca de mujer, y un brusco regate hurtó bajo los dedos de la niña el coleto de Antonio. Libre ella de su grave secreto, volvió a guarecerse junto al sacerdote que, habiéndola seguido desde el *estradín*, recibía otra vez el fugitivo resplandor de los cristales, en el centro de la cocina.

—¿Entonces?...—interrogó Olalla con increíble desparpajo.

—Antonio dirá—pronunció cohibido el cura.

Y cuando parecía imposible que el mozo respondiera, atarugado por timideces y rencores, subrayó con bastantes ánimos:

—Digo «que nada»; ya lo sabe usted.

Hipos y quejas estallaron encima de tan ruda afirmación, y allí, en la cómplice oscuridad, fué pronunciado con odio y amenazas el nombre «del forastero». Cuanto maldecía Ramona, áspera y cruel, repetíalo maquinalmente la tía Dolores, mientras Olalla, más prudente y justa, se atenía a ponderar el común infortunio con ayes quejumbrosos:

—¡Ay los mis hermanos!... ¡Ay mi abuelica!...

Desde lejos, Marinela, ardiendo en fiebres del cuerpo y del alma, estremecida por aquellos extraños gritos, se atrevía también a plañir:

—¡Tengo sede!

—¡Qué escándalo!... ¡Esto es una vergüenza!—clamó atónito don Miguel—. ¡Silencio!—ordenó al punto con una voz estentórea, y el cuento de su bastón repicó furiosamente en el solado.

Establecida en apariencia la tranquilidad, dejóse oir el resoplido de una respiración muy agitada, un trajín de carne ansiosa, como si jadeando en las tinieblas Antonio se hubiese puesto de pie.

De pie estaba; había entendido que aquel señor «de pluma», displicente y finuco, invitado por don Miguel, con mucho golpe de espejuelos y de romances y poca guita en el bolsillo, le birlaba la novia. ¡Y vive Dios que no sería así, tan fácilmente!

Por los fueros de Maragatería, por la honra de su casta, lo juró Antonio Salvadores.

Con el estallido de un beso sobre la carnosa cruz del índice y el pulgar, dió el maragato fe de su altivo juramento, y, arrogante, audaz como nunca, preguntó:

—¿Cuánto hace falta para que no lloréis?

El estupor que estas palabras produjeron, enmudeció al auditorio, hasta que Florinda, incrédula, quizá un poco mortificadora, dijo sordamente:

—Para que no lloren, hace falta mucho dinero.

—¿Cuánto?

Desde el fondo de la oscuridad, la insistencia de

aquella pregunta parecía algo fantástica. Y la joven, vacilando, como si en sueños hablase con un duende o respondiera a un conjuro, enumeró:

—A don Miguel hay que darle cuatro mil pesetas en seguida.

—¿Qué más?

—Tres mil se le debían al tío Cristóbal...

—Al médico le debemos la iguala.

—Y al boticario treinta riales—apuntaron desde la sombra.

—¿Qué más?—aguijaba Antonio con tales bríos, que *Mariflor*, corriendo un loco albur, añadió retadora:

—Mil duros para reponer los ganados y las fincas... Otros mil para que Marinela profese en Santa Clara...

Crujió un escaño bajo el desplome del cuerpo, cuya voz pronunciaba desoladamente:

—¡Pues lo doy!

—¿Todo?—acució Ramona delirante de codicia.

—Todo... si me caso con «ella»; sois testigos.

—Eso es imposible... ¡imposible!...

La indómita repulsa quedó ahogada entre insurgentes voces.

—¡Podré recibir a Isidoro!—balbució la abuela con extraordinaria lucidez.

Y Ramona, en súbito arranque de ternura, dulcificó sus labios al proferir:

—¡Mis fiyuelos!...

Pero el maragato oyó rodar la palabra «imposible» hacia donde la luz resplandecía, y hazañoso al abrigo de las tinieblas, advirtió con rotundo acento que apagó el de las mujeres:

—Yo no mendigo novia: pongo condiciones a la protección que se me pide; si no convienen, ¡salud!, y que no se me diga una palabra más del tributo de esta casa.

—¡Dios mío, Dios mío! —plañía *Mariflor* con espanto en aquella negrura, cada vez más espesa, donde las enemigas voces del Destino ponían cerco a una felicidad inocente.

De pronto, aquel muro de sombras que disparaba frases como dardos al corazón de la joven, se removió siniestro, y pedazos vivos de la implacable fortaleza avanzaron hacia Florinda en forma de tres mujeres suplicantes y desesperadas.

Quiso entonces la infeliz asirse al noble apoyo de don Miguel; pero los hábitos sacerdotales recogían la creciente oscuridad con tan severa traza, que también tuvo miedo de esta inmóvil persona muda y negra.

Y en semejante asedio y abandono, huyó la moza, perseguida por su propio grito atormentado. Ganó el corral, cruzando el *estradín*, y en plena rúa, corrió ciegamente, bajo la indecisa luz del prematuro anochecer.

Al ocurrir la desalada fuga, quedó en suspenso el vocerío de las mujeres, y en la prisa por buscar una solución al urgente problema de la boda, se le ocurrió a Olalla encender el candil. Aunque no alumbró mucho espacio la crepitante mecha, a su amarilla claridad surgió abocetada, impaciente en un rincón, la figura de Antonio.

Se limpiaba el maragato con un pañuelo de colores el sudor copioso de la frente, y aparecía fatigadísimo, como si allí rindiera en aquel instante la más dura jornada de su vida.

—«Ese» no se la lleva a ufo —rezongaba—; cuando yo me planto, no le hay más terne en todo el reino de León.

Y bravatero, jactancioso, revolvíase entre el escaño y el llar, y hacía con el pobre moquero raudos molinetes, en la actitud belicosa del antiguo fidalgo que empuñase una espada leonesa de dos filos.

Pero aquella caricatura de perdonavidas, singular en el carácter apacible de Antonio Salvadores, no mereció

la atención de las mujeres tanto como la quietud del párroco, silencioso y como entumecido en medio de la estancia.

—¡Padre!... ¡Don Miguel!... ¡Señor cura...! —clamaron
tres voces, a la rebatiña de palabras insinuantes y cari-
ñosas para sacudir al ensimismado protector.

—¡Es verdad! —murmuró él, recordando, como si su
espíritu volviese de un viaje—. Yo tenía que deciros alguna cosa en esta ocasión... Pues, ya lo estáis viendo: la
muchacha «no puede querer» a su primo; el primo «no
quiere» favoreceros a vosotros, y yo, ni puedo ni quiero
sobornar los sentimientos de una doncella para hacer caridades a costa de perfidias.

Hablaba despacio, tranquilo; su indignación se abatía
sin duda en el propósito de no intervenir más en aquel
triste asunto. Y sus palabras, escapándose en parte a la
penetración de los oyentes, parecían el resumen de un
breve examen de conciencia.

Don Miguel Fidalgo, místico y piadoso, alma encendida en lumbres de terrenales sacrificios, se había encari-
ñado con la esperanza de que *Mariflor* realizase el acto
sublime de tomar, por amor a su familia, una cruz en los
hombros. Sabía el cura muchos secretos de divinas com-
pensaciones; confiaba poco en la constancia de Rogelio
Terán, y temiendo por la frágil dicha que manejaba el
poeta, imaginó poder asegurarla haciéndola fecunda
aprovechando, por decirlo así, el seguro dolor de una
existencia en beneficio de otras pobres vidas y en simientes de goces inmortales.

A la luz de tan altos fines, los espejismos de don Miguel pudieron ser hermosos; pero ahora, de cerca, tocando las salvajes pasiones y hondas repugnancias que la
heroína debiera resistir, un vértigo de materiales angustias celaron al soñador los excelsos fulgores del imaginado sacrificio: teorías consoladoras, confianzas secretas y
afanes recónditos, eran torres de viento para el bárbaro

empuje de la miserable escena presenciada. La brusca realidad de aquel contacto produjo en el apóstol una sensación de pavorosa caída desde las nubes a la tierra. Convencido de haber soñado a demasiada altura de las fuerzas humanas, despertábase pesaroso, lleno de compasiones y de remordimientos, como si el oculto albergue que dió a las esperanzas de la boda fuese una culpa en la tragedia que sobrevenía. Y compungido por el tumulto de tales pesadumbres, oyó como decía Olalla:

—El mal caso de no querer «a éste», es por «el otro».

—¡Por el amigo de usté! —renegó la madre, hostil.

Le dolía al cura este recuerdo como el mayor delito de su influencia sobre la vida de *Mariflor* en Valdecruces; parecíale imposible haberse dejado llevar por un sentimiento romántico hasta el punto de compartir un día con la inexperta moza ilusiones confiadas a un caballero errante, mariposa de todos los vergeles, giróvago enamorado, de tan noble intención como firmeza insegura. Despierta la desconfianza que lejos del amigo pudo adormecerse, crecía en el ánimo del sacerdote recordando la singular precipitación con que Terán partía, después de resistirse para conceder una tregua a su enamorada solicitud. En el preciso momento de quedar la novia libre de morales ligaduras, con que ella misma por compasión se ataba a una promesa, alejábase el novio impaciente, reservado, incomprensible... ¡Acaso ya corría en el tren seducido por todas las atracciones de la vida, sin que en la ambiciosa cumbre de sus pensamientos la idea del deber tuviese nada más que unos lejanos resplandores!

Esta consideración penosa indujo al cura a conmiserar dolorosamente las humanas flaquezas y a dejar correr una benigna lástima sobre aquellos toscos espíritus asfixiados por el brutal peso de todas las ignorancias y de todas las necesidades. Procuró mover los corazones bajo la espesura de las inteligencias, solicitando mucho cariño y compasión para Florinda, y quiso de nuevo suponer que la rebelde actitud de la muchacha con Antonio obedecía a un justo desquite más que a las rivalidades aludidas por Olalla.

El maragato, muy en desacuerdo con sus recientes fachendas, apresuróse ahora, optimista y conciliador, a recoger la tranquilizadora especie; y sin abdicar de su nativo orgullo, pronunció benévolo:

—Sí, la rapaza me tiene malquerencia por «aquello» que usté le dijo de mí...

Olalla y su madre no se mostraron muy convencidas de semejantes suposiciones, y permanecieron inquietas, atribuladas por el fracaso definitivo de la boda; en tanto que la tía Dolores, sin alcanzar la magnitud de la desgracia, temía un contratiempo en el negocio matrimonial. Mirando de hito en hito a don Miguel desde el fondo gris de las pupilas, preguntó medrosa:

—¡Eh!... ¿qué dicen? ¿Por qué la rapaza fuge?

Pero su voz se apagó entre los pasos veloces de los niños que regresaban de Piedralbina con las trojas al hombro y las caras interrogantes.

—*Mariflor* corría llorando—dijeron al entrar.

—¿Por onde?

—Por la mies.

Adoraban los chiquillos a su prima, y la inquietud les daba atrevimiento para inquirir en el rostro del cura razones de la triste carrera que ellos no habían podido contener.

—Volverá—prometió el párroco, seguro—; volverá cariñosa para vosotros y buena como siempre.

—Sí, volverá; ¡no tiene hiel!—exclamó Antonio con disimulada impaciencia.

Y huyendo de la luz agonizante del candil, atajó en el pasillo al sacerdote, que ya se despedía.

—Marcho de madrugada; ¿qué razón llevo?—preguntó solícito.

—¿De cuál?

—De la boda.

—Pues ya lo ves ¡ninguna!

—Pero... ese escribano de Madrid, ¿ha de tornar?

—Creo que no.

—¿Y luego?

Don Miguel se encogió de hombros, desazonado y aburrido en aquella burda porfía, repitiendo mentalmente la grave palabra de *Mariflor:* «¡Imposible, imposible!»

No parecía entender el mozo la elocuencia de los silencios ni la expresión de los ademanes. Y aunque Olalla acudía con el candil, aparentó el primo estar a oscuras para declarar magnánimo:

—Yo sostengo mis condiciones.

Como nadie le respondiese, añadió sobrepujante:

—Y aguardaré el sí o el no... hasta Navidá.

—¿Todavía el no?—dijo don Miguel con involuntaria sonrisa.

Marinela, que escuchaba un murmullo de voces cerca de su alcoba, dolióse una vez más:

—¡Tengo sede!

—Dadle agua a esa criatura—recomendó el párroco al salir.

En los umbrales del portalón recordó alguna cosa, y se detuvo, advirtiendo:

—Tened en cuenta que a mí no me debéis nada.

—¿Y las cuatro mil?...—quiso Antonio averiguar.

—Nada, nada—interrumpió el sacerdote, resuelto y apresurado.

Pero aún se volvió hacia sus feligresas, y encarándose con Ramona, le dijo con especial tono:

—Florinda no tiene madre, ¡acuérdate!...

Para volver a su hogar aquella misma noche sólo puso la fugitiva por condición, en forma de sumiso ruego, que la esperase Olalla un poco tarde, cuando los demás se hubiesen acostado.

Y desde casa del cura, donde posó al final de su anhelante carrera, fué acompañada por Ascensión y su madre hasta la puerta del *estraaín*.

De la timidez y sobresalto con que pisó de nuevo la cocina oscura, solamente Olalla pudo sorprender la emoción. Pero, con los ojos turbios de sueño, la joven no vió más que una sombra de su prima avanzando pasito en la punta de los pies.

Entonces un lamento de fracaso quebró apenas la silenciosa quietud.

—Dios no quiere hacer el prodigio; ¡no quiere!—sollozó Florinda con tan penetrante desconsuelo, que Olalla sintió necesidad de abrir los brazos.

—¡No llores!—respondió generosa.

Y su pecho macizo, impasible a menudo, derritióse en blanduras maternales al echar sobre sí el gran dolor de otra mujer.

Manaba tan vivo aquel pesar desde la herida tierna de un corazón, que Olalla la sentía correr como un torrente donde se desbordasen todas las amarguras del mundo. El deseo imperioso de consolar subió de las entrañas de la moza, y derramó sus sentimientos más dulces y protectores en estas elocuentes palabras:

—¿Quieres un poco de tortilla, un poco de vino que sobró a Antonio?

Como no pudiese *Mariflor* responder, siguió diciendo:

—Lo había guardado para Marinela; pero te lo doy a ti.

—No, no; gracias—dijo al cabo la favorecida.

Porfió la maragata rubia con grande solicitud; pero *Mariflor* la hizo creer que había cenado ya. Juntas se hundieron en las oscuridades del pasillo; y Olalla puso el candil en el suelo entre las puertas de dos habitaciones contiguas.

—Yo no me desnudo, porque tengo que levantarme al amanecer—dijo, acompañando a su prima hasta la cama de la abuela.

Enterada de que Antonio partía muy temprano, advirtió Florinda, estremeciéndose:

—No me llamarás a esa hora...

—No, mujer; nos levantaremos dambas, mi madre y yo.

Hablaban callandito, y un momento contemplaron mudas a la anciana, dormida con la boca abierta.

Estirándose en la semioscuridad con macabra rigidez, la figura yacente parecía de tal modo un cadáver, que *Mariflor* llegóse a tocarla presurosa.

—¡Está fría!—dijo trémula.

Pero Olalla, imperturbable, repuso:

—Los viejos siempre están congelados: y diz que es dañino acuchar con ellos los rapaces, porque les sacan la calor. Por eso la abuela duerme sola.

Un silbido leve, fatigoso, daba noticia de la respiración de la anciana, y, fuera, otros audaces silbos anunciaron los rigores del temporal.

La lluvia estalló sonora sobre el «cuelmo» sedoso de la techumbre, y toda la casa quedó mecida por el llanto y los suspiros de la noche.

—¡Dios mío, qué tristeza!—murmuró Florinda desnudándose.

Había colocado un almohadón a los pies del lecho y desdoblando la ropa con sigilo, deslizóse en él sin tocar a la anciana. El irresistible escrúpulo que antes alvanizó a la infeliz, asqueada y vergonzosa, volvió a oseerla en la orilla de los colchones, empujándola a riesgo de caer. Resistióse casi adusta cuando Olalla la quiso arropar, y hurtó el cuello y los brazos desnudos al roce de la sábana.

—¡Si tienes tanto frío como la abuela!—protestó la prima.

—¡No importa, no importa!—balbució *Mariflor*, sin saber qué decir, escalofriada a pesar de la densa espesura del ambiente. Luego añadió amable:

—Y tú, ¿vas a quedarte en vela? ¿No tienes frío y sueño?

—¿Frío en el mes de julio?... ¡Válgame Dios!... Cansada sí que estoy; agora apago la luz y voy, aspacín, a echarme junto a Marinela.

—¿Está mejor?

—No sé; dímosle agua y se durmió; pero arde y tiene temblores.

—Hay que llamar al médico.

—Madre no se atreve, por la paga.

—Pues hay que llamarle—insistió Florinda suspirando.

Revolvióse un poco la abuela, tembló la moza al borde del colchón, y Olalla dijo:

—Duerme; ya es tarde.

Salió en puntillas, de un soplo mató la luz, y ya entraba en su alcoba cuando la detuvo un leve reclamo de *Mariflor*.

—¡Oye!... Ese ruido, aquí cerca, que no es del viento ni de la lluvia, ¿de dónde viene?

Olalla escuchó un instante, y ahogó su risa al replicar:

—Es «él»... es Antonio que ronca; ¿tienes miedo?

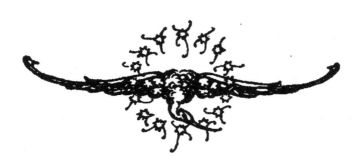

XVII

DOLOR DE AMOR

 OBRE el llanto profundo de aque-
llas horas tristes, ¡cuántas angus-
tias rodaron en el alma de *Mariflor!*

El novio no escribía; mudo
en la ausencia, oscurecido como
fuyente sombra, perdía su señuelo, de quijote en la llanura
de los «pueblos olvidados».

Todos los días procuraba la joven sorprender al tío
Fabián Alonso cuando, caballero en el rucio, repartía
al través de Valdecruces la escasa correspondencia. A
la hora del correo, deslizábase *Mariflor* al huertecillo
en prudente vigilancia. Aprendió a mover un destral, y,
con las sabias advertencias de la prima, fué puliendo los
caballones y limpiando los caminos, precisamente a las
seis de la tarde, cuando el tío Alonso pudiese aparecer
sobre la linde antes de dar la vuelta por la rúa donde la
casona abría su entrada principal. Al divisarle, una te-

rrible emoción perturbaba a la novia, y cuantas inquietudes ocultan sus resortes en las raíces del deseo, gira-
ban locamente alrededor de la valija mensajera.

En aquellos instantes de suprema ansiedad, no había
palpitación alguna en la tierra ni en los cielos que para
la joven no alcanzara signos milagrosos de un augurio;
el manso zurear de las palomas, el vuelo suave de una
mariposilla, el murmullo del regato, las señales apacibles
del horizonte, eran nuncios de sonriente promesa. Y,
en cambio, producía en la enamorada cruel zozobra que
las aves volasen mudas, que durmiese el arroyo o que
una vedijuela de nube rodara en la limpidez del cielo
azul; así los afanes pendientes del papel amoroso que
había de llegar, padecían indecibles martirios agravados
por mil puerilidades de la impaciencia.

Ráfagas bruscas del mismo fuerte sentimiento sacudían a *Mariflor*, supersticiosa o creyente en contradic-
torio impulso. Tan pronto se estremecían sus labios con
el temblor de una plegaria, confiando a Dios todas las
inquietudes del corazón amante, como bebían sus ojos
en la fuente de imaginarias significaciones, y la nunca
dormida fantasía fraguaba sus quimeras sobre una flor,
una zarza, un nublado, convertidos en talismán. Y cada
nuevo desengaño, al doler y pungir como traiciones,
prendía en la esperanza un nuevo estímulo, acendrando
el amor con el dolor.

Nada preguntaba la niña a don Miguel, y tampoco el
sacerdote necesitó preguntar a la niña. Al encontrarse,
ambos se miraban a los ojos con la costumbre de me-
dirse los claros pensamientos; ella leía reproches y ene-
mistad para el amado ausente, y aquél encontraba perdones y disculpas en respuesta a su tácita acusación.

Transcurrieron en estas ansiedades muchos más días
de los que *Mariflor* creyera posible resistir. Anduvo
como una sonámbula viviendo en apariencia, desprendi-
da con furioso egoísmo de cuanto no fuese anhelar no-

ticias de su novio. El pan y el sueño le sabían a lágrimas, a ofensa el aire y el sol, y a intolerable esclavitud los lazos que la unían al hogar. Huyó de Marinela, que la llamaba siempre desde el lecho con una pregunta ardiente entre los labios, y procuró evadirse a toda intimidad, trabajando sola, en el huerto y la «cortina», convirtiéndose en hortelana, con indiferencia absurda, sin que la doliese el esfuerzo ni la dañase el calor. Apenas supo de Olalla y de su madre, que, laborando en la mies, aparecíanse en la cocina por la noche, mudas y hambrientas, estoicas, impasibles.. La abuela, incapaz como nunca, gemía por los rincones con el corazón cansado de sufrir, y los niños tornaban de la escuela descalzos y maltrechos, sin que Florinda lo advirtiese.

Generosa con el ingrato, no pudiendo admitir la idea de su olvido, hasta llegó la joven a creer que hubiese muerto. Imaginó accidentes, percances y dolencias; se atormentó con las más trágicas suposiciones y sintió como un vértigo irresistible la atracción de la muerte; tornábase enfermizo el carmín de sus mejillas, vacilaba su paso y brillaban sus ojos con la tibia claridad de soles adormecidos.

Una de aquellas tardes en que acechaba desde el huerto la llegada del tío Fabián, al oir un chasquido de herraduras en las piedras, tuvo que arrodillarse para no caer. Quedó inmóvil de hinojos, transida de emoción, y el viejo, que solía mirarla con regalo y curiosidad, asomándose a la sebe lo mismo que otros días, hizo un guiño a manera de saludo, y murmuró, piadoso:

—Hasta que no ahuyentes a la bruja no recibes esquela.

Levantóse la niña zozobrante a perseguir el eco de aquel aviso y le pareció columbrar a la tía Gertrudis inclinada sobre el bastón, doblando la rúa a pasito menudo y cauteloso.

Sed de amor y hambre de felicidad dieron ímpetus a

Florinda para correr en pos de la vieja. Pero la calle donde creyó que había desaparecido, solitaria y misteriosa, no le mostró rastro ninguno.

Siguió la joven caminando al azar, enardecida por el deseo de pedir a los ojos nublados de aquella mujer y a su entorpecida voz razones del maleficio que desde el abuelo Juan alcanzaba a la nieta inocente.

Aún ardía la tarde, espléndida y dulce. Julio, al morir, agitaba el abanico dorado de los centenos con una brisa generosa que fingía murmullos de oleaje.

No había llovido desde aquella noche triste en que *Mariflor* Salvadores lloró acerbamente con las horas, y la tierra, colorada y sequiza, muerta de sed, emanaba agrestes perfumes en todo el paroxismo de su excitada vegetación.

Aromas y rumores brindaron su refrigerante caricia a la desolada moza, apenas traspuso los linderos del lugar.

Sabiendo que la tía Gertrudis habitaba en el barrio vecino de la mies, íbase *Mariflor* con ciego impulso por las rutas del campo, decidida y absorta como si caminase derecha hacia lo infinito.

De pronto, allí, a la orilla de un propicio sendero, encontró a *Rosicler*.

—¿Onde vas?—clama el pastor, atónito, delante de la moza.

Ella se aturde, olvidando a qué esperanza la lleva aquel camino, y en una repentina evocación de su desventura, dice con acento oscuro:

—A buscar a la tía Gertrudis.

—¿La renovera?

—No sabemos si lo será—reponde Florinda un poco avergonzada de sospechar lo mismo que el pastor.

—Diz que lo es; y que a tu gente le hace mal de ojo por rencillas que tuvo con tu abuelo.

Mientras coloquia el zagal, le seducen extrañamente

la cabellera sombría y la entenebrecida mirada de la joven.

—¿Gastas poca salud?—pregunta conmovido.

—Gasto mucha—balbució la enamorada maquinalmente.

—Píntame que has adelgazao —murmura él, pesaroso.—. Y añade, viendo que la muchacha se quiere despedir:

—¿Sabes a casa de la bruja?

—Nö.

—¿Entonces?...

Desconcertada *Mariflor* intenta continuar su camino, pero el rapaz la detiene:

—Yo te enseñaré—dice—. No necesitas dar vuelta a las aradas: según vamos al pueblo, un poquitín a la derechera, hay una rúa angosta, y alantre alantre, onde ves una cabaña con hartos boquetes y mucho cembo en la techumbre, acullá...

Pero Florinda está llorando.

No comprende ella por qué su sensibilidad, atrofiada y como inerte bajo la dureza del dolor, se derrite al contacto de la sólicitud de *Rosicler*. Saborea hieles de lágrimas hace ya muchos días, sin conseguir el alivio del llanto. Y apenas el zagal pone ingenuamente sus devociones al servicio de la secreta pesadumbre, estalla la lluvia del corazón en los ardientes ojos de la novia; un sentimiento fraternal suaviza la inclemencia del oculto padecer y afloja las bárbaras ligaduras del silencio y el disimulo en el pobre pecho atormentado.

Aquella racha de aromas y rumores que antes penetró el alma de la moza como apacible compañía, fué, sin duda, el anuncio de esta brisa sentimental que en el abandonado espíritu levantan las solícitas frases del pastor.

Sintiendo el apoyo de una fuerza consistente y viva, reacciona *Mariflor* y responde a su amigo:

—Ya no voy adonde dices: me vuelvo a casa.

—Y, ¿por qué lloras?

—Porque sí.

Esta irrebatible lógica desconcierta un poco al zagal, que luego se rehace y afirma:

—Ya lo sé: porque se marchó el forastero sin que os echáramos el rastro... No quiso el señor cura.

La moza no contesta, distraída en el consuelo de llorar, y, siguiéndola por los estrechos viales de la mies, el pastor se preocupa meditando en los motivos del lloro. Porque él oye decir que la niña está solicitada para Antonio Salvadores, y no es probable que con un pretendiente de tanta robustidad, hacienda y poderío, ella suspire por un extranjero «ceganitas y esgamiao».

—¡No puede ser!—corrobora en voz alta.

Y, súbito, un razonamiento luminoso le da la clave del enigma:

—Lloras—dice muy cierto—por las malas nuevas que tuvo de allende el señor cura.

—¿Las tuvo?

—Mi hermano escribió. En la esquela pone que el tío Isidoro adolece del arca y está «en los últimos»; que su padre quiere llevarse a Pedro, y que...

—Pero, ¿a quién se lo escribe?

—Eso a nosotros, con el sobre a don Miguel, y otra carta semejante recibió el mismo día, lo cual que dijo: Esta es de Martín. Las tenía en somo de la mesa cuando llegué a buscar la de mi hermano.

Sobresaltada y anhelosa, despierta *Mariflor* desde el infausto sueño de sus amores a las imponentes realidades de la vida. Sus lágrimas se borran al calor de los remordimientos y el rudo latigazo de la conciencia imprime velocidad al paso y al raciocinio de la joven.

—¡Mi padre!—murmura enajenada.

Y aquel nombre, dulce y solemne, le suena extraño y nuevo, muy remoto.

Asustado el zagal, teme haber sido inoportuno, y divaga en murmuraciones confusas:

—Yo conté que lo sabías... Quizabes no sea cierto... Podemos ir yo y tigo a preguntar...

—Gracias, *Rosicler:* será mejor que vaya sola.

Es tan visible y lastimoso el esfuerzo con que la niña se dispone a correr en busca de sus nuevas desgracias, que el pastorcillo siéntese inclinado a compartirle. Pero no sabe cómo sostener la media cruz de aquel dolor, y para demostrar siquiera que él también sufre, afligido murmura:

—Yo marcharé con Pedro, sabe Dios hasta cuándo.

—¡Pobre zagal! —lamenta Florinda, volviendo con dulzura la mirada a los cándidos ojos que la siguen.

A *Rosicler* se le enciende el semblante, lanza un fuerte suspiro al aire claro y esconde en el corazón unos cuantos secretos.

¡Tal suspiran las mieses, cargadas de misteriosas inquietudes!

Don Miguel estaba en Astorga y fué preciso aguardarle, ya que llegaría de un momento a otro.

—Anda muy ocupado con el casamiento —dijo Ascensión a su amiga, recibiéndola cariñosamente.

La idea de que el cura estuviese negociando un préstamo para la dote, colmó la pesadumbre de la muchacha. Era la primera vez que se ponía en contacto con la gente del pueblo desde la llegada del primo y la partida del novio, y una dolorosa cortedad hacía difíciles sus palabras y sus averiguaciones.

—¿Sabes tú lo que ha escrito mi padre? —atrevióse a decir.

—No sabemos nada.

Esta prontitud de la respuesta hizo a Florinda comprender que Ascensión tenía orden de no decirle lo que supiese acerca de aquel punto. Pero sin duda no le estaba prohibido exacerbar los pesares de la amiga con crueles alusiones; y, más curiosa que malévola, por saber muchas cosas que ignoraba, fué diciendo con femenil astucia:

—¿Tienes buenas noticias de la Corte?

Inmutada, la triste novia movió nagativamente la cabeza.

—¿Y de Valladolid?

—Tampoco.

—Facunda Paz ha dicho que te casas para las Navidades.

—No es cierto —pudo protestar Florinda con delgada voz.

—¡Ah! yo creí... ¡Como el primo os lo pone todo tan llano!... La verdad es — continúa la muchacha al cabo de un inútil silencio— que habéis tenido mala suerte: la tía Dolores pierde los caudales cuando ya no puede trabajar; Marinela adolece, para morir cuando caiga la hoja, y los chicos están abandonados, mientras Olalla y su madre andan de obreras, si a mano viene.

—¿De obreras... para los demás? —gime tembloroso, a punto de romperse, el hilo de la remisa voz.

—Sí; mañana van para nosotras.

—Y, ¿a qué trabajo?

—A la siega.

—Pero, ¿no vienen hombres de Galicia?

—Algunos vienen a segar otros centenales de más labor; aquí lo suelen hacer las segadoras: «éstas» se ofrecieron, y ¡como son buenas servicialas!...

Le parece a la novi del poeta que fluctúa un ligero desdén en las palabras de Ascensión, como si ya fuese irremediable el hundimiento de la familia Salvadores y esta ruina arrastrase consigo todas las deferencias que gozó en Valdecruces la niña ciudadana. La jerarquía del corazón y la superioridad de la inteligencia, pugnan por levantarse rebeldes sobre el desvalimiento fortuíto, mas un pálido sonrojo tiñe la frente de la orgullosa, y sus labios permanecen inmóviles: se siente abandonada, pobre como jamás lo estuvo, lejos como nunca de todas las cumbres que un día creyera poseer. El hondo fragor de sus arrogancias enmudece esclavo de la fatalidad, cunde silencioso y baldío, derramando los deseos en las tinieblas.

Y Ascensión, creciéndose con infantil empaque, según advierte el profundo descorazonamiento de la niña, adopta un tonillo desusado para enumerar «las donas» que recibe del novio, presume y alardea entre manteos, jubones y delantales, esparcidos con hartura por la estancia.

Cuando llega, a poco, don Miguel y hace que Florinda suba a su despacho, no puede la muchacha ocultar su aflicción a los ojos del sacerdote; llora a raudales, derribada en el primer escañuelo que tropieza, sorda a las preguntas con que el apóstol persigue la desaforada cuita.

—De ese modo no se puede vivir, *Mariflor* —prorrumpe don Miguel con blanda severidad.

Y la moza, difícilmente, responde:

—Es que necesito morirme.

Paseando en torno del parpadeante velón, aguarda el cura que se aquiete la tremenda crisis de aquel pesar. Y cuando ya parece que a Florinda se le agotan las lágrimas y sólo quedan en su pecho suspiros, indóciles como rezago de borrasca furiosa, el confesor acerca un escabel a la doliente, y ella misma procura abrir el alma a las investigaciones que la solicitan.

Fuertes son los quebrantos que la zagala llora, no lo niega don Miguel; pero no es de criaturas cristianas el abandonarse al infortunio en estéril desesperación, olvidando la suma bondad de *Aquel que tiene cuenta con los pajaricos y provee a las hormigas, y pinta las flores, y desciende hasta los más viles gusanos.*

Esta prometedora evocación remueve con empuje milagroso las moribundas fibras de una esperanza. ¡Pues
no había olvidado *Mariflor* aquellas frases tan dulces y
sabidas! Con su recuerdo acuden en tropel los de la
madre muerta y las lecciones aprendidas en su regazo;
y un soplo inmenso de ternura levanta los sombríos pensamientos de la moza.

Lumbres de la excelsa piedad que alcanza a las hormigas y a las flores y busca a los gusanos entre el polvo,
despiertan con su luz todas las piedades dormidas en el
triste pecho de la enamorada. Y ya en la torrentera de la
juvenil pasión, corren con las amarguras del férvido
caudal muchas compasiones para cuantos seres tiemblan
en las ramas del fracaso y del vencimiento, como aves
castigadas por la lluvia en adversa noche: enternecida
bajo la piadosa corriente de un dolor menos áspero, *Mariflor* escucha lo que va contando el sacerdote.

No es cierto que las noticias de América sean tan malas como ha entendido el simple de *Rosicler:* aunque el
tío Isidoro no mejora, los temores sobre su enfermedad
no son definitivos, y los médicos opinan que la vuelta al
terruño quizá operase en el enfermo una beneficiosa re-
acción.

Cuanto al viaje del rapaz, su tío le juzga conveniente,
porque, inútil Isidoro para el trabajo, le hace falta a
Martín en el tenducho una persona de su confianza.
¿Que Pedro es un niño? Más niños y sin protección alguna emigran otros infelices: es necesario avezarse a la lucha por la vida y resistirla desde la niñez.

Tampoco es una desgracia nueva que trabajen a jornal Ramona y su hija. ¿Qué más tiene el surco propio
que el ajeno, si exige el mismo trabajo, le riega una misma fuente y el beneficio que reporta sabe a pan moreno
de una sola mies?... ¡Un poco de orgullo sacrificado es
cosa tan pueril cuando se piensa que «nuestras propie-
dades» lindan con el cementerio!...

Quiere don Miguel consolar a *Mariflor* y se esfuerza en aducir consideraciones de ultrahumana filosofía; pero en el fondo de sus graves palabras, solloza con tal ímpetu la tragedia del páramo, que se descubre, arisca, la visión de los añojales, fecundos por el terrible esfuerzo de las mujeres, confundidos con la tierra común preñada de despojos, florecida de cruces y de nombres.

Y el pecho de la enamorada palpita con tan humanos afanes, tan seducido por las aficiones a la vida y los anhelos de la transitoria felicidad, que el pobre corazón se retuerce mártir y convulso, loco de pena entre las lindes pálidas del cementerio y de la mies.

Sin embargo, es preciso pensar continuamente en los grises caminos que deslindan «arrotos» y sepulturas. ¿Qué dice el heredero del tío Cristóbal? ¿Arrebata la hacienda de la familia Salvadores? ¿Se muestra piadoso?...

Sí; pues aunque Florinda lo dude, es cierto que Tirso se ha presentado espontáneamente a don Miguel para decirle que prorroga hasta Navidad los préstamos otorgados a la tía Dolores.

—¡Hasta Navidad!... ¡Qué raro es eso! ¿Hablaría Antonio con él?

No contesta el párroco a esta pregunta, pero de sus frases, vagas, colige Florinda que no ha sospechado mal. Entonces un atrevido pensamiento la conforta: ¡si el primo fuera remediando los apuros de la familia hasta las Navidades!

Siempre sería ésta una ventaja para todos; además, en cinco meses, ¡pueden ocurrir tantas cosas!...

En seguida salta la imaginación de la joven a la más urgente de las deudas familiares; ¿habrá pagado Antonio las cuatro mil pesetas al cura? Trata Florinda de averiguarlo con dolorosa timidez, y el sacerdote la interrumpe inquieto y persuasivo:

—No me debéis nada—murmura—; ni un céntimo; ya lo sabe Antonio.

—Pero la boda se aproxima...

—Tengo en el bolsillo las pesetas.

Como parece que la joven duda, don Miguel desdobla un fajo de billetes que lleva guardados encima del corazón, y cuenta muy despacio la interesante cantidad.

Aún no se aclara el entrecejo de la niña; la nube que le oscurece persiste inquietadora, porque la hazaña de recuperar aquel dinero le tiene que haber costado al cura un sacrificio, una humillación, quizá un bochorno. Pero el bienhechor niega, sonríe: ¿Y si se lo hubieran regalado?... ¡Vaya con la aprensiva!

—Usted dijo que a un pobre le era casi imposible lograr ese préstamo—aduce *Mariflor* acongojada.

—Yo suelo equivocarme algunas veces, y tú eres una visionaria que estás conspirando contra tu salud a fuerza de atormentarte; basta para afligirnos la situación de la pobre Marinela. Conque, hija mía, a vivir... y a esperar.

—¿En quién?—prorrumpe ávida la moza.

—¿Y me lo preguntas?

—Sí; ya lo sé: ¡en Dios únicamente!...

La incertidumbre que interrogó desde los ansiosos labios se condensa en un gesto de cansancio profundo. Atosigada por las vicisitudes del Destino, siente Florinda muy lejana la ayuda de Dios, muy alto el cielo, en inarbordable confín, y harto duros en la tierra los desiertos del olvido cruel. Nostalgias de una felicidad imposible crecen en el colmado corazón, con apremios tan vivos, que todas las piedades y las ternuras se encogen relajadas bajo la explosiva fuerza de un solo anhelo.

Y audazmente, sin escrúpulos ni rubores, con absoluta necesidad de asirse a un hilo de esperanza para poder vivir, pregunta la niña:

—¿No sabe usted nada, nada «de él», ni una palabra siquiera?

—¡Ni una palabra!—responde el cura con indefinible

tono, lleno a la vez de piedad y acusaciones. Advierte en seguida que su respuesta corta como un puñal, y ve a la sentenciada palidecer y levantarse al filo de la rotunda negativa.

Un violento espasmo sacude la fuerte juventud de *Mariflor*, crispa en sus labios el pesar una sonrisa helada, y tiembla en sus ojos un ramo de locura.

La convulsión de aquella pobre vida y el estrabismo del torturado entendimiento, piden un socorro eficaz: pero, buscándole con la más compasiva solicitud, sólo encuentra don Miguel revulsivos y cauterios que, fundentes, contribuyen a derretir los caudales de bondad constreñidos en el robusto corazón.

—Tu padre te escribe—anuncia, fingiendo que no siente ni descubre aquel martirio—. Aquí está la carta.

Como la moza no tiende su mano a la misiva y continúa vacilante en los trágicos límites de la demencia y el desaliento, añade el cura:

—Tu padre sufre y trabaja por ti; es menester que le confortes.

—¡Ah, mi padre!—exclama ella como un eco de lejanos cariños y palabras antiguas.

—Sí; él, que sólo vive para volver a verte... Y Marinela... ¡escucha!, Marinela se muere pronto si no la cuidas tú.

—¿Se muere?

—¡Claro; nadie la socorre!

—¡Virgen santa!...

El párroco ya sabe que el alma de Florinda se resistirá a sucumbir ante el dolor; la ve arrastrarse hacia la derrota, fascinada por el abismo de la pena, tornar luego sumisa a los requerimientos del deber; apagarse, encenderse al soplo de corrientes misteriosas, como una llama recia y combatida. Él la espera, la busca, y asiste conmovido al ardoroso combate sentimental.

Pero la infeliz combatiente descubre el acecho de otra

alma y se esconde, replegada en sí misma, con el supremo recato de los más íntimos pesares. Y el cura, al fin,
ignora qué propósitos triunfan en la conciencia de *Mariflor*, mientras ella se despide con el aire pasmado, llevándose la carta.

Desfallecen las luces del crepúsculo, y la noche se
levanta en el llano; le parece a Florinda que el silencio
cae como una gran oscuridad sobre la aldea.

Unos niños juegan al «columbón» en la explanada,
pero se columpian sin hablar ni hacer ruido, y con el
propio secreto cunde la cancioncilla de la fuente, gota
a gota.

El pobre hogar que la enamorada encuentra, está
sombrío y silencioso, lo mismo que Valdecruces. Ella
lo pisa con atroz angustia, mas a poco de acostumbrarse
al taciturno ambiente oye cómo también una lágrima
horada este silencio, manando, a hilo, como la fuente
de la calle: es la voz humilde con que Marinela suspira.
Al segundo reclamo de esta gota de pena, siente *Mariflor* un formidable sacudimiento en todas las fibras de
su alma, y corre hacia el plañido suave.

—¡Estás sola!—compadece, dando a sus palabras una
profunda entonación de caridad y desagravio.

—¡Ah, eres tú!—responde la enferma con todo el
brío de su acento débil.

Y en el abrazo con que se unen en la sombra las dos
primas, hay la dulce solemnidad de una reconciliación.

—¿Dónde está la abuela? ¿Y los niños?—dice la recién
llegada, como si volviese de un viaje, sin ánimos para
preguntar por las esclavas de la mies...

—La abuela... por ahí. Los rapaces contentos porque
mañana les darán vacaciones.

—Y tú, ¿no estás mejor?

—Al contrario... Pero agora dicen que la hechicera
hace igual de ensalmadora, y que puede curarme.

—¿La tía Gertrudis?

—¡Velaí! Si ella me hizo el daño, que me lo quite.

—Antes tú no creías esas patrañas—protesta Florinda.

Luego se estremece al recordar que ella también las ha creído: ¿cuándo?... Una vertiginosa sucesión de imágenes la conturba.

—¿Cuándo?—repite—. ¿En otra vida? ¿En sueños?...

No; aquella misma tarde, bajo la realidad siniestra de la desgracia.

Medrosa de hundirse en los suplicios del amoroso padecer, quiere Florinda esclavizarse a otras emociones que la subyugan el corazón. Enciende el candil y busca en el rostro de la enferma y en la estancia miserable el tangible drama familiar. Necesita poner las manos en el palpitante dolor, en la carne lacerada y febril; necesita escuchar llantos y gritos, sentir repugnancias y miedos, hasta ahogar las secretas desesperaciones en una borrachera de amarguras.

Y lo consigue en parte. Marinela, muy blanca, muy tenue, sin poder soportar la impresión de la luz, echa sobre las pupilas el lívido velo de los párpados y sonríe enseñando unos dientes iguales, un poco amarillentos; su cara infantil se transfigura bajo la corona violenta de los cabellos esparcidos y vedijosos, y un conjunto indefinible de alegría y de quebranto presta a las dulces facciones singular expresión. El lecho, desaseado y hundido, parece un roto bajel, donde la mozuela sentenciada boga con lentitud hacia la siniestra orilla. En los rincones del dormitorio emergen sombras y miasmas, y cuando Florinda alza el candil para juntar en una sola visión todas las tristezas presentes, alumbra una imagen de Cristo, moribundo en la cruz.

—Si no es la bruja, ¿quién nos persigue?—balbuce Marinela, recogiendo el reproche de su prima. Y ésta, sugestionada por el pálido Crucifijo que se le aparece

como emblema del más sublime dolor, pregunta a
su vez.

—¿Siempre estuvo aquí esta efigie?

—Siempre.

—Ahora la veo...

Bajo el corpiño de la muchacha cruje un papel, quizá
empujado por el tumbo fuerte del corazón que aviva sus
emociones. Ella posa la luz en el suelo y despliega impaciente la carta de su padre. De hinojos, para mejor
alumbrar su lectura, confirma en los renglones amados
cuanto dijera don Miguel; pero añade a lo ya sabido algunos descubrimientos que la envuelven en su fatal pesadilla de la boda con Antonio.

El ausente, lleno de cariño y de inquietudes, trata a
Mariflor como a una niña; quiere dejarla en libertad
para elegir esposo, y oculta mal sus temores de que no
acierte a lograrlo con serena disposición. En los consejos que la envía rebosan inconscientes las antiguas esperanzas de los desposorios con el primo. «Es honrado y
bueno, muy traficante; la ayuda que su capital pudiera
prestarnos, sería en estas circunstancias definitiva para
todos». Esto escribe el señor Martín sin conocer aún la
crítica situación de su madre.

Luego, contestando a las confidencias de la joven,
desliza entre palabras recelosas el sentimiento de una
contrariedad:

«Esa gente de pluma—repite como un eco de todos los pareceres maragatos—no me inspira confianza;
suelen ser hombres andariegos, imaginantes y lucidos,
muy artificiosos y escasos de intereses; en fin, hija mía,
aconséjate mucho del señor cura y que Dios nos au-
xilie».

Al través de todo el pliego, un hálito de alarma y de
tristeza confunde a la lectora: el padre se duele de no
mandar «posibles», de no tener con qué realizar el viaje
de Pedro ni la repatriación de Isidoro. Y la nublada

frente de la niña se dobla con desmayo sobre la carta, como si la venciese el agobio de otra nueva responsabilidad.

Mientras Florinda leyó, fué Marinela haciéndose a la luz amortiguada desde el suelo, y levantó los párpados poco a poco: el perfil de su prima, trazado por la sombra con gigante dibujo, llenaba la pared y tocaba en la techumbre.

Sonrió la enferma, alegre de encontrar la figura gentil de sus ensueños, difundida como por milagro en todo el mezquino gabinete, y deslizóse a orilla de la cama para verla en realidad. Pero un sobresalto la trastorna cuando descubre la carta entre los dedos temblones de *Mariflor*. ¿Será del forastero? ¡No parece que está en romance!... ¡Y si fuera de «él»?...

Todas las perturbaciones y las incoherencias con que la zagala sa consume en inaudita pasión, se agolpan a los descoloridos labios para balbucir aquella pregunta. Va a derramarse el ávido acento lo mismo que un roto caudal de incertidumbres, y al borde sonoro de la palabra se asustan de repente las emociones silenciosas de la niña. Tanto aprendió a esconderlas, en el tiempo que vive encerrada con sus incógnitos pesares, que le han crecido las sombras y los temores alrededor de los pensamientos y ya el instintivo recato de su alma se cierra, oscuro para siempre, en la propia timidez y confusión. Al levantar Florinda los ojos, dócil a la penetrante consulta de otra mirada, ve Marinela como en un espejo el desastre interior de aquella vida tan hermosa, y le tiende los brazos en caritativo impulso de socorro. Menguada y triste es la esperanza que ofrecen desde la navecilla del dolor unos remos tan frágiles, mas en ellos se apoya con gratitud Florinda, y levantándose firme, con ellos se abraza, sostenida en el naufragio de la felicidad.

—¿Quién nos persigue? —clama otra vez Marinela entre sollozos—. Y como su prima no responde, añade:

—-La bruja es también sortílega, adivinadora, ¿entiendes?... ¡Vamos a pedirle que nos ayude!

Mariflor desciñe sus brazos en torno de la enferma, y señalando en la pared al Cristo, murmura inspirada:

—No: ¡a Este!...

XVIII

LA HEROICA HUMILDAD

RROJADAS como dos náufragos a los rigores de la suerte, Olalla y Ramona siegan sus panes y los ajenos, hacen gavillas y manojos, *acerandan* y criban, mueven el trillo, el bieldo y el *calomón*.

Ningún fiero trabajo se resiste a la necesidad y al brío de estas mujeres silenciosas y duras, imperturbables. Si Olalla desfallece un minuto, ebria de calor y de esfuerzo, su madre la sostiene y aguza con unas sílabas certeras, rápidas como un latigazo:

—¡Aguanta! —balbuce roncamente.

Y la moza, bajo el violento acicate de este sordo grito de guerra, endurece sus músculos y esclaviza su voluntad como una veterana obrera de la mies. Con tan buenas disposiciones, abundan los jornales para entrambas, cuando la propia labor les permite aceptarlos, y el desvalido hogar navega a remolque de las bravas remadoras.

Mariflor secunda estos afanes con la más ardiente solicitud; su dolor, reconcentrado y prisionero, yace sin rebeldías, cargado de cadenas en el fondo del alma juvenil.

Pero en la valentía con que la muchacha se yergue sobre su desventura, de frente a la existencia, late el humano propósito de vencer al Destino a fuerza de abnegación. Encauzado el tumulto de sus desolaciones, manso ya el torbellino de sus pensamientos, Florinda ha fijado los ojos en Dios con suprema esperanza; pretende conseguir del Cristo moribundo, en memoria de su excelso martirio, una revocación de la sentencia que la confina en Valdecruces, sin amor y sin pan, bajo el cruel dilema de una boda repugnante o de una miseria definitiva y horrible.

Aún confía en el hombre amado, aún le defiende contra las acusaciones de la realidad. El frío silencio que la persigue con presunciones de abandono se lo explica como un castigo de la tardanza y resistencia con que acude a los brazos abiertos de la Cruz.

Exigente consigo misma, ansiosa de purificarse en el tamiz de todas las virtudes para merecer la divina compasión, se acusa de no haber compadecido bastante, de no haber rechazado aversiones y repugnancias con diligente voluntad; quiere ahora poner sus sacrificios a la altura de sus anhelos, y se debate en tremendas luchas, porque todos los dolores le parecen poco finos y apurados para subir por ellos a la soñada cumbre, y con tales sutilezas se desarrolla su nativa sensibilidad; que ya teme asomarse al huerto por no interrumpir el canto de los pájaros y levanta las zarzas del camino para no herirlas con el pie.

Al influjo de tan extremada compasión, un poco enfermiza y delirante, adquiere la casona de la abuela un cariz de blandura, humano y dulce. La enamorada realiza prodigios de orden y habilidad en torno suyo; están

los niños más aseados y alegres; el menaje más endere-
zado y compuesto, y hasta la abuelita menos torpe y
abrumada. Sobre todo, Marinela es quien más plenamen-
te recibe los favores de esta ternura que invade el hogar
como suave regolfo de una marejada asoladora.

Para traer al médico, luego de saldar la antigua cuenta, Florinda registró su baúl de ciudadana, y, al cabo de
muy tristes y secretas negociaciones, obtuvo de la sobrina del cura el dinero preciso en cambio de algunas
chucherías que sedujeron a la muchacha.

La propia *Mariflor* fué a Piedralbina con las siete pesetas, y a la tarde siguiente el médico llamó con mucha
solemnidad en casa de la tía Dolores, después de atar a
la vilorta del huertecillo las bridas de un jaco semejante
al de Fabián Alonso.

Joven, endeble y taciturno, el facultativo parecía tan
necesitado de asistencia como poco amigo de prestarla.
Comenzó por renegar de la lobreguez de la alcoba adonde le condujo *Mariflor*, y acabó por decir que examina-
ría a la paciente cuando para ello dispusiera de aire y de
luz.

—La casa es grande—vociferó enojado—; ¿no encuentran ustedes más que un escondrijo oscuro para
esta criatura?

La abuela se santiguó llena de asombro. ¡Andanda
con el mediquín nuevo; oscura la alcoba, después de
haber comprado una vela de las finas para cuando él
llegase!

Sintió *Mariflor* mucha vergüenza por lo mismo que
le pareció evidente la justicia con que se censuraban las
condiciones del aposento, y prometió sustituirle al punto
por el mejor del edificio.

Un poco amansado el médico, pulsó a la niña, le miró
los ojos y la lengua, preguntó antecedentes de los pro-
genitores, y, después que la anciana, con el auxilio de
Mariflor, hizo un dificultoso relato de muertes prema-

turas, recomendó a la enferma sanos alimentos, un tónico de la botica y baños progresivos de sol.

Despidióse maravillado de la inteligencia y el interés conque Florinda le escuchaba, dando señales de comprenderle, y cuando volvió, al cabo de dos días, halló en mitad de la sala el lecho de Marinela, aireado y a plena luz.

No costó poco trabajo subirle allí; tuvieron por loca a quien lo proponía, y sólo a fuerza de obstinadas solicitudes logróse al cabo la piadosa intención.

—¿Un catre en la sala?... ¡Válgame Dios; ya no me queda más que ver!—había respondido la abuela a las primeras indicaciones de Florinda, las cuales produjeron igual asombro en las otras mujeres.

Después de agotar la valerosa enfermera todos sus convincentes argumentos, comenzó Olalla a mostrarse indecisa.

—¡Si es necesario!...—insinuó.

Ramona, siempre con su aire de bestia parda, alzó los hombros en indefinible actitud. Y Marinela confortó su cuerpo con el sol y las brisas, mientras la tía Dolores se hacía cruces.

Para conseguir los sanos alimentos y traer el tónico de Astorga, volvieron la necesidad por un lado y por otro la codicia, a establecer secretas relaciones entre el baúl de *Mariflor* y los armarios de la maestruca.

De rodillas, inclinada con desconsuelo sobre los despojos de sus tiempos felices, buscó la pobre muchas veces algo que cambiar por dinero. Y poco a poco, la ropa blanca, el rosario de coral, el bolsillo de piel, las cintas y los adornos señoriles, fueron con mucha cautela a pulir el equipo de la novia. Como todo ello eran frivolidades de valor escaso, Florinda dejaba tímidamente que la generosidad de Ascensión pusiera el precio. Y Ascensión, poco escrupulosa, influída por el espíritu mercantil de la raza, fué abusando cada vez más de aquellos apuros y llegó a poseer casi entero el humilde tesoro de su amiga. Ya no le quedaba a ésta más recurso que el reloj de su madre; era de oro, de una sola tapa, lindo y pequeño.

Postrada ante el cofre exhausto, contemplaba la niña su joya con terrible perplejidad. Hubiera querido no sentir hacia ella un apego entrañable, no estremecerse con profunda emoción mirando la saetilla, parada en las tres, como recuerdo de una trágica hora.

Varias veces, aquel mismo día, salió el estuche rojo de su escondite, llevado y traído por una mano trémula: *Mariflor* quería ofrecérselo a la novia y sonreir valiente al realizar el nuevo sacrificio. Pero ante sus ojos, turbios de llanto, la vira del reloj temblaba como dedo convulso que señalase con infinita pena una dulce memoria próxima a extinguirse.

En vano la joven apelaba a sus firmes propósitos de someterse bajo el purgativo dolor con ánimo eficaz; en la sedosa red de sus pestañas tejía el humano sentimiento una niebla entre el alma y la Cruz...

Marinela ha mejorado un poco. Tempranito, antes que abrase el día, baña su débil pecho en los rayos milagrosos del sol. La pócima confortante y las comidas, apetitosas algunas veces, la van fortaleciendo; se levanta, sale al colgadizo cuando la tarde se dulcifica, y percibe sin cesar el tónico de las brisas puras.

El médico ha ordenado que duerma sola, con el balcón abierto; pero ella, lo mismo que su hermana, temen a la noche libre como a emboscado enemigo, y Florinda tiende su colchón al lado de la enferma para infundirle ánimos; ambas reposan a pleno aire, al amparo de la luna, con estupefacción de cuantos vecinos conocen este nuevo sistema de curar.

De él se duele Ramona cada vez con más ostensible disgusto; ha querido oponerle resistencia, pero las súplicas de Florinda obran milagros hace algún tiempo en aquella singular mujer. Cuando se le acerca la joven a solicitar su permiso para alguna cosa, reprime un movimiento duro, esconde la torva decisión de su mirada, y suele decir: —Bueno—alzando los hombros con su acostumbrada indiferencia—. Sin duda, evoca el aviso de don Miguel: «Florinda no tiene madre; ¡acuérdate!

Desde que la muchacha se ocupa con humilde abnegación del hogar y de los niños, y especialmente de Marinela, diríase que acentúa Ramona aquella pasiva tolerancia con que recibe cuanto de Florinda procede. No pregunta de dónde saca ella dineros y entusiasmos para mimar a su prima; supone vagamente que el párroco la ayuda por compasión, y finge, como Olalla, no comprenderlo, algo confundidas ambas entre flojos estímulos de vanidad y gratitud...

Hoy *Mariflor* arrostra muy azorada el pálido mirar de la madre; es menester adquirir un nuevo frasco de medicina, que vale cinco pesetas. Lo dice así de pronto, seguido, para no amedrentarse demasiado.

—¡Cinco!—balbuce Ramona.

Su ronca voz, sin inflexiones, rueda sombría.

—Malas artes dañaron a la rapaza—murmura—. Y muy peor será acudir a fabulaciones de ciudades para ponerla buena. Con darle boticas y cuchifritus, acostarla a la santimperie y tenerla a todas horas a las clemencias del cielo, no se consigue desfacer el hechizo de la bruja.

—¡No crea usted en hechicerías!—ruega *Mariflor* tímidamente.

Pero Ramona, exaltándose, arguye:

—¿Voy a creer que es Dios el que me comalece los rapaces y el esposo, me rebata la hacienda y me tosiga en la sumidad de todos los trabajos?... ¡No lo tengo merecido! Dios es justo y no puede consentir qun unos gocen de mogollón y otros pujen todas las pestilencias de la vida.

Palidece la doncella, creyéndose alcanzada como otras veces por el despecho de las alusiones, pero la mujerona, mirándola de frente como no acostumbra, adulce todo lo posible el desabrimiento de su voz, y añade:

—Tú eres una párvula sin hiel y no conoces al diablo.

Suspensa *Mariflor* ante la benigna frase; atrévese a profundizar con la mirada en los ojos propicios de Ramona, y le parece sentir cómo se rompe el hielo del explorado corazón, y un arroyo de ternura rueda escondido en él...

Están de sobremesa las cuatro mujeres de la casa, después de cenar. Alcanzaron permiso los rapaces para correr un rato al fresco de la noche, y ellas parecen detenidas por una involuntaria laxitud.

El cansancio y la tristeza ponen su languidez amarga sobre aquellas actitudes de indecisión y cortedad; el humo las envuelve y el silencio las colma de profunda melancolía.

Abre la abuela en prolongando bostezo su desdentada boca, y la voz suave de Florinda insiste:

—Marinela sanará si seguimos cuidándola...

Ramona interrumpe sordamente:

—No sana, como la bruja no la ensalme.

—¡Pero si está mucho mejor!... ¿Verdad, Olalla?

La aludida se estremece lo mismo que si volviera de un desmayo o despertara de un sueño. Hay que repetirle la pregunta y explicarle el asunto de la conversación; sólo entonces dice con vaga certidumbre:

—La meiga puede sanarla.

—¡Por Dios!... La tía Gertrudis no es meiga. ¿Tú también vas a dudarlo?

Se encoge de hombros la maragata rubia, igual que suele hacerlo su madre. Parece que las sensaciones delicadas son ya desconocidas para la moza, como si con los músculos y la voluntad se le hubiese endurecido el corazón, palpitando sobre la mies.

Ramona espabila el candil, junta impaciente los regojos de pan en un pico de la mesa, y no pudiendo contener el ímpetu de las indignaciones que la obligan a moverse, prorrumpe:

—¿Conque no es meiga la tía Gertrudis?... ¿Cómo padeces tú el aojo de la su visita, si no en la salud en tantas de cosas?... ¿Quién trujo al forastero trufaldín y te aquerenció con él?... ¿Quién te ofusca para no reamar a un pretendiente de la garrideza de Antonio?... ¡Ay, rapaza; afánate por tu prima y verás lo que consigues, si no logras trincar la intención que nos ofende!...

No solía Ramona componer tan largos discursos; su voz, escandecida, tiñóse de emocionante desconsuelo, cuando añadió:

—Yo bien conozco el daño que Marinela padece; por eso fuyo de oyirla balitar como un corderín, con la secura en la boca y en los ojos la medrosía... Pedido hube su curación al Santísimo por los alzamientos del cálice; pero Dios, con ser tan compasionado, permite que Lucifer conjure contra el pobre manojuelo de mis entrañas...

Extinguióse la burda queja en un sollozo, y el busto de la madre se inclinó hacia la orilla de la mesa; algunas lágrimas cayeron sobre los mendrugos de pan.

—¡No llore!—murmuró Florinda traspasada de compasión—; ¡no llore! Dios no deja que el Diablo dañe a los suyos, estoy segura de ello; lo aprendí en sermones y libros: lo dice don Miguel.

Ramona movía la cabeza con incredulidad, reprimiendo el llanto.

—¿Y quién busca el dinero de las medicinas?—dijo al fin, como si se diese a partido—. Sus ojos enigmáticos se posaban en la moza con inquietud.

Ella se ruborizó, y muy emocionada, pensando en su relojito, repuso:

—Yo buscaré lo suficiente para algunos días; pero ya se me acaba el... la... el medio de encontrarlo.

Suspiró la mujer con alivio, sin mostrar desconfianza, admiración ni curiosidades; secóse los párpados con la punta del mandil, y comunicativa como jamás lo estuvo, dijo:

—Mañana van las de Fidalgo a Astorga, y como no tenemos cabalgaduras, yo había pensado que Olalla fuese con ellas a vender unos palombos; la prestarían compaña y montaje, y ocasión de mercar zapatos para que los críos no nos avergüencen el día de la fiesta; pero nos han ofrecido a las dos jornal.

—Yo iré—apresuróse a decir *Mariflor*, inspirada en un doble propósito.

Admitida inmediatamente la promesa, Ramona tuvo que gritársela a su hija:

—¿Te duermes o pasmaste?—voceó adusta.

—¡Estoy cansal—lamentó sin bríos la infeliz.

—¡Pobrel—dijo Florinda entrañando el acento.

Y un gato flacucho y pintojo lanzó a la mesa elocuentes maullidos...

La imagen desfallecida de Olalla persiguió a *Mariflor* toda la noche como un punzante remordimiento; ¡ella también debía salir al campo, jornalera y labradora sin condiciones, lo mismo que su primal...

Aun en las blandas horas en que el sueño ata las existencias y las somete a su apacible dominio, velaban los pesares de la joven ocultos en las sombras del reposo, para erguirse más crueles a la luz de la realidad, cuando la víctima despertase.

De tal modo iba ella robusteciendo sus ánimos contra el dolor, que después de sobreponerse al cobarde anhelo de morir, se lanzaba a padecer, delirante de heroísmo. Convertida en lavandera y hortelana, la señorita melindrosa comía el rancho del hogar sin aparente esfuerzo, mostraba un buen talante a todos los reveses de la pobreza, y se dolía de no haber pagado su tributo de sudor a la mies. Pero la seguridad de marchitarse aspada en el potro del trabajo, le causaba terror; ya le parecía sentir en su florido cuerpo el menoscabo de la belleza, la invisible garra del sacrificio hundiéndole en el rostro las facciones, borrando la tersura y la sonrisa de la juventud. Hasta en la raíz de los cabellos percibía la moza el temblor de tales amenazas: una crispatura y un frío que acaso la hiciera encanecer.

Como dormía sin que durmiese su dolor, despertábase algunas mañanas con el espanto de las pesadillas, creyéndose ya desjarretada y mustia, igual que tantas infelices de Valdecruces.

Así recela hoy mismo, y una invencible zozobra la empuja hacia el espejo. Entre las nubes del cristal resplandecen los veinte años con tales promesas, que la medrosa no puede menos de sonreir. Se aproxima al azogue donde irradia la imagen, busca bien en sus rasgos la hermosura y descubre la piel fina un poco tostada por el sol, las ojeras teñidas por la preciosa untura de las lágrimas, la boca grave y dulce, profundo y noble el duelo de los ojos, todo el semblante embellecido con gracias y tristezas.

En el nublado espejo de la tía Dolores tembló la luz de una mirada agradecida, que, al volverse luego, descubrió a Marinela con los ojos clavados en el Cristo moribundo, ya inseparable compañero de la niña doliente.

Avergonzada *Mariflor* por el contraste que ofrece su frívola consulta con aquella otra, acude hacia su prima, hunde la cara entre los brazos de ella para disimular el sonrojo, y pregunta:

—¿Rezabas?

—Eso mismo.

—¿Por quién?

—Por ti.

—¡Dios te lo pague!

La enferma alisa blandamente los cabellos de *Mariflor*, que de pronto balbuce:

—¿Tengo canas?

—¡Josús, mujer!... ¿Canas a tu edade?... Tienes un pelo tan largo y amoroso que da gusto cariciarlo.

—¿Sabes que voy a Astorga a vender los pichones? —dice Florinda, incorporándose para acabar de vestirse.

—¿Tú? ¿Pues cómo?

—Anoche ya estabas durmiendo cuando lo dispusimos: tu madre y Olalla tienen hoy jornal.

—¿Y quién me cuida?

—La abuela.

—¡Ay, no quiere que me bañe el pecho al sol; se duerme, riñe o llora!

—Yo vuelvo al anochecer. Te traeré la medicina y yemas escarchadas sólo para ti: son de mucho alimento.

—¿Pero sabes el camino?

—Voy con las de Fidalgo.

—Entonces verás a las clarisas..., ¡Dichosa tú!

—¿Sientes la vocación otra vez?

—¿Otra vez? —repite Marinela encendida como una rosa.

—Creí que ya no te acordabas del convento.

—Acordarme, sí... —murmura la enferma con tan balbuciente seguridad, que *Mariflor* la mira llena de asombro: ve que hace esfuerzos para contener el llanto, se acerca a consolarla, y el incógnito dolor de aquel pecho herido estalla en sollozante crisis.

—¿Qué tienes? ¿Por qué lloras? ¡Dime, dime tus penas!

La sin ventura no responde; gime anhelante, y Olalla sorprende a las dos primas juntas, en un abrazo tristísimo.

—¿La despedida os hace duelo? —prorrumpe atónita. Sin esperar la contestación, añade:

—Aquí están los palombos: diez parejas.

Y coloca sobre la cama un escriño pequeño, donde las aves cautivas se revuelven temblorosas.

Florinda acaricia a Marinela, que procura serenarse y que poco después se queda sola frente al balcón abierto, lanzando sus miradas, húmedas aún, desde la agonía de Cristo a la serenidad resplandeciente de las nubes.

XIX

EL CASTIGO DE LOS SUEÑOS

IEN acogida *Mariflor* por las viajeras, tuvo asiento propicio en las anchas jamugas de la novia, mientras la madre de ésta asilaba a los pichones en su mulo, prometiendo venderlos ella misma, más artera en estos negocios que la niña ciudadana.

—Tú, en cambio —le dijo—, acompañas a Ascensión, faceis compras y visitas, que ya la boda está adiada y no hay que descuidarse con los encargos y los aconvidos...

El cielo, muy tocado de arreboles, anunciaba un día bochornoso, y las amazonas se proponían llegar a la ciudad antes de que arreciase el calor, para volver a Valdecruces con la fresca.

Iba la novia hablando con mucho empaque de los obsequios que había recibido y de los que aún esperaba: mantellinas con recamos, medias de seda, lienzos y estofas, anillos, pendientes y collares; ¡le faltaba un reloj!

Sintió Florinda triste sobresalto allí donde llevaba oculta la alhaja de su madre, al lado del corazón. Había resuelto vender el relojito en Astorga para evitarse el pesar de verle en manos ajenas, y la humillación de seguir pidiendo mezquinos favores entre gente conocida. De pronto, considera que es preciso hacerle a la novia un regalo, un regalo que debe extremarse como prueba de gratitud a don Miguel: y el deseo expresado por Ascensión le parece un providente aviso contra el propósito de hurtar la preciada joya a las ilusiones de la maestruca. Teme que haya poca generosidad en el intento: recuerda con pesadumbre su baúl vaciado en los cofres de la amiga a cambio de una menguada limosna; pero aquella amiga fué antes dulce y noble con *Mariflor*, la recibió en triunfo en el pueblo, colmándola de atenciones, cediéndola homenajes que ella sola disfrutaba. Y ahora mismo la lleva al lado suyo cogida por el talle con blandura, la mira y la sonríe confiada y amable, aunque un poco embaída con su próspera suerte.

Segura de que en casa de la abuela no habrá un lindo regalo para Ascensión, va cediendo Florinda al bondadoso impulso de ofrecerle el relojito que oculta. Al instante se confunde, reflexionando: ¿cómo entonces comprará lo que Marinela necesita?

Mejor le parece vender la joya, sumar el dinero con lo que valgan los palomos, y después de adquirir los menesteres para la enferma y los zapatos de los niños, comprar también el obsequio para la desposada. Tendrá que separarse de sus amigas con disimulo antes de hacer la venta. Entrará en una relojería y... ¿cómo va a decir cuando le pregunten: ¿qué desea usted?

Un aturdimiento penosísimo le embarga: oye apenas el palique animado de Ascensión, procura sostenerle, y teme, al hablar, que el transido acento delate las interiores cuitas.

Compadeciendo el propio infortunio, en el alma opulenta de *Mariflor* se desborda una gran ternura que sube a los pelados serrijones, corre por llecas y cambronales, y unge de lástima los abietes ariscos, las mustias amapolas, los matojos humildes, todo el vago confín de las veredas blanquecinas.

¡Qué tristes son estos senderos solitarios! Arden y huyen al través de pasturajes descoloridos y de rediles temblorosos, sin escuchar la sonatina de una fuente ni percibir el aroma de una flor. Persíguelos Florinda con mirada soñadora: parece que van a derramarse en la infinitud de los horizontes para seguir corriendo a la insondable eternidad, sin rumbo ni destino. Pero advierte que algunos, deslizándose entre sebes y hormazos, se confunden a la par de una aldea en los firmes renglones de una mies y mueren en los surcos, rectos y hondos, como trazo de una ferviente plegaria dirigida hacia Dios.

Al descubrir en el erial estas conmovedoras señales de esperanza y trabajo, la niña triste lanza su imaginación por las llanuras de la fantasía, y alentada supone que ya está cerca el premio de su martirio. Quizá Antonio se decide a portarse bien con la abuela; quizá aquella misma tarde llegue a Valdecruces el esperado aviso de la felicidad: una carta detenida por azares que nada tengan que ver con la ingratitud y el desamor.

Harto encendido el día en resplandores, tocan en la ciudad las maragatas: intérnase la madre por el callado laberinto de las rúas, y no se detienen las mozas hasta la puerta del convento. Habían tomado un camino vecinal junto a la milagrosa ermita del Ecce Homo; dieron desde allí en el puente del Gerga, rozaron la Fuente Encalada, y por «el reguero de las monjas» posaron en el umbral de las clarisas.

Después de un patio silencioso, encuentran dos portalones bajo las alas del edificio, grande y pesado: se adelantan por uno de ellos, llaman al torno con suaves golpecitos, y al cabo de prolija explicación les hacen subir a la «Reja pequeña», un locutorio humilde con apretada celosía.

La novicia de Oviedo, amiga de Ascensión, recibe con otra monja a las maragatas. A poco llegan unos señores preguntando por la abadesa, y aparece la Madre Rosario, fina y dulce, sonriendo en el nimbo de su manto virginal.

De un lado y otro de la reja se forman dos grupos susurrantes, y *Mariflor*, un poco aislada, escucha, distraída primero, interesada al fin, el relato con que la abadesa satisface la curiosidad de la visita.

—Sí—murmura—, a mediados del siglo trece, una clarisa del convento de Salamanca, oriunda de Astorga, vino a fundar aquí. Poco después, el muy alto y respetable señor don Alvaro Núñez de Trastamara, donó a la Comunidad este edificio, que en aquella época lucía muy hermosas proporciones y elegante arquitectura, y que hubo pertenecido con su templo y aledaños a los ilustres caballeros de Alcántara.

Habla la Madre con sentida y reposada voz, su figura se yergue majestuosa entre los pliegues blancos del ropaje; eleva los ojos, suspira y prosigue:

—Reyes y próceres de otras centurias concedieron tantos favores a esta santa Comunidad, que nuestra casa pudo llamarse *Real Convento;* en testimonio de tal honor conservamos un escudo con castillos y leones sobre la vivienda del capellán, y en nuestro archivo, bulas y documentos de esclarecida memoria para la fundación.

Al otro lado del locutorio decae la charla bajo el dominio que ejerce el suave acento de la abadesa.

—¡Qué lista debe de ser!—alude la maestruca mirándola con arrobo.

Y la novicia responde llena de orgullo:

—Viene de alto linaje: una antepasada suya fué canóniga de la Catedral de León.

—¿De verdá? ¿Pueden ser canónigas las mujeres?

—En tierras de Castilla, sí.

La monja que presenciaba la visita quebrantó su grave silencio argumentando con mucha erudición:

—El noble señorío de Villalobos goza, como los reyes, privilegio de canonicato, que por falta de sucesión varonil recayó un tiempo en la condesa doña Inés, ascendiente de nuestra Madre.

Por mandato de la cual, sin duda, abrióse de pronto una puertecilla para que los visitantes pudiesen admirar un bello claustro de arcadas góticas, bañado en suavísima luz.

—Es lo único que del antiguo edificio conservamos—dijo la abadesa—; en el fondo está el jardín; todo ello pertenece a la clausura.

De la extraña claridad sin tonalidades, trascendía exquisito perfume de rosas y jazmines, cándido aliento del misterioso vergel; aromas y resplandores invadieron el locutorio con deleite; y penetrada Florinda por la singular impresión, dícese codiciosa:

—¡Qué bien estaría aquí la pobre Marinela!

Aún responde la Madre Rosario a preguntas de los caballeros:

—Trastamaras y Osorios—encarece—han sido nuestros más cabales protectores; al primero debe la Comunidad, entre inmensas mercedes, el reguero que desde hace siglos viene desde Fuente Encalada a calmar nuestra sed; todos los días pedimos a Dios por el ánima del insigne castellano.

Como si la blandura de la evocación hubiese tenido mágico poder, un hilo de agua rompió a cantar en el misterio del jardín. Le acordó la Madre con su cristalino acento para responder a los señores visitantes:

—Nuestra regla es de mucha pobreza y humildad; comemos de vigilia todo el año y usamos ropa interior de lana muy gorda, tejida en San Justo...

Cerróse lentamente el postigo recién abierto, y extinguidos la luz, el aroma y el rumor que desde el claustro seducían como ilusiones de otro mundo, vibraron las últimas palabras de la abadesa en la austeridad penitente del locutorio.

Un instante después las dos niñas maragatas recobraron su mulo en el umbral del convento y buscaron las calles céntricas de Astorga, que, amodorrada al sol, yacía soñolienta y muda.

Iba *Mariflor* leyendo los rótulos de las tiendas sin hallar aquel que temía y deseaba. Cuando hicieron alto en un almacén de tejidos de la rúa Antigua, Ascensión, sentada cómodamente, titubeando infinitas veces antes de elegir, parecía dispuesta a no levantarse nunca. Con el pretexto de ir a la botica, logró la de Salvadores dejarla allí, perpleja entre nubes de holandas. Y sola ya en la calle, tomó un rumbo al azar, encomendándose a Dios.

Antes de salir de Valdecruces había puesto Florinda en marcha el relojito para romper la inmovilidad de aquella manecilla implacable, siempre evocadora; le sentía latir junto a su corazón y le dolía en el pecho acerbamente aquel tenue latido.

Anduvo apresurada, dobló una esquina y luego otra, registrando carteles comerciales, hasta que en una vidriera vió algunos relojes de acero entre dijes y gargantillas. Al otro lado del cristal, en menguado tenducho, un hombre de triste catadura la recibió sorprendido:

—¿Qué desea usted, joven?

Un gato negro levantó perezoso la cabeza y un enjambre de moscas zumbó en torno a la pregunta.

—Deseo—balbució la muchacha turbadísima—vender este reloj.

Tras un prolijo examen de la joya, el comerciante dijo receloso:

—¿Cuánto pide por él?

—Sesenta pesetas.

—Si quiere quince...

—¡Ah, no!—protestó indignada la infeliz. Y casi arrebatando su tesoro de las manos extrañas, lanzóse de nuevo a la aventura por las calles.

Guardaba el relojito entre los dedos convulsamente apretados, y parecíale sentir en la sangre trasfundido el pulso de metal, como si otra vida se derramara en la suya. Todo el ímpetu de los recuerdos latía doloroso en las potentes venas de la moza, bajo aquel doble ritmo; ternuras maternales, goces de la niñez y florecidas esperanzas del amor, cegaron con visiones de imposible felicidad los dulces ojos de la viajera.

Como llevaba el paso indeciso y extasiado el semblante, los escasos transeuntes la miraban curiosos. Ella seguía vagando sin rumbo, repitiendo con mecánica obstinación los nombres de las calles: la *Redecilla*, la *Culebra*, *Santa Marta*, *Plaza del Seminario*, *Puerta Obispo*... allí se detuvo sin saber por qué, y quedóse mirando fijamente al escudo de una casa antigua y señorial. Era el blasón aparatoso; en campo de gules esplendía un castillo flanqueado por torres de sable; dos águilas de oro sujetaban una cartela, que decía:

Soy morena, pero hermosa.

Varias veces leyó la muchacha el mote, con aquella porfía maquinal interpuesta como una nube entre sus actos y sus pensamientos.

Bajo el dintel macizo de la portalada aparecieron unas damiselas con sombreros de moda, abanicos y quitasoles. Mirándolas Florinda recordó, como un tiempo muy distante, sus años de burguesa ciudadana con arreos pueriles y melindrosas costumbres.

Las señoritas, al perder la frescura del portal, comenzaron a darse aire con mucho ahinco. Entonces *Mariflor* cayó en la cuenta de que el bochorno la mortificaba, pero continuó detenida, releyendo con absurda tenacidad:

Soy morena, pero hermosa.

De pronto la llamaron:

—¡Eh, rapaza, *Mariflor!* ¿qué haces ahí?

La hermana de don Miguel esperaba atónita, contemplando a la niña.

Ella, al volverse, quedó un momento confusa, y al cabo acertó a decir:

—Pues buscaba una botica y me he perdido... Ascensión está en un almacén de la rúa Antigua comprando telas...

Conforme y calmosa, preguntó la maragata:

—¿Gustábate el escudo?

—Sí.

—Era de un corregidor perpetuo de toda la provincia, consejero del rey y mayorazgo tan haberoso, que al morirse dejó mil misas añales por su ánima.

—¡Ah!...

—Y escucha: ya que te encontré aquí, sube tú a llevar a doña Serafina estos dos pichones de parte de mi hermano.

—¿Cómo?...

Explicó la mujer que doña Serafina, una astorgana linajuda, era esposa del actual dueño de la casa, ambos excelentes amigos de don Miguel, quien les debía grandes favores.

—Solemos ofrecerles alguna fineza—dijo—y agora pensé guardar para ellos, a cuenta mía, tus más llocidos palombos .. dejé el mulo en la posada y aquí los traigo... pero me da mucha cortedad subir.

Ocultó Florinda su joya y, tomando del escriño las aves, entró en el portal diciéndose:

—Estos señores deben ser los que le han facilitado al cura la dote de Ascensión.

Quedó sorprendida al encontrarse en un claustro, an
tiguo y apacible como el del convento, alrededor de un
jardín. Siguiéndole, halló la escalera principal, y al cabo
de la misma una puerta franca donde llamó.

Poco después, por la ancha galería tendida sobre el
claustro, se adelantó una dama hermosa y morena, a
tono con el mote de su escudo. Bajo los negros rizos de
la frente resplandecían con singular fulgor los bellísimos
ojos de aquella señora.

—¿Preguntabas por mí?—dijo con acento afable y
triste.

Segura de que hablabla con doña Serafina, *Mariflor*
le entregó los pichones de parte de don Miguel Fidalgo.

Las azoradas avecillas lanzaron el columbino temblor
de sus ojuelos de una a otra mujer, y ambas sintieron,
con inefable ternura, palpitar entre sus manos aquellas
vidas cándidas y medrosas.

Bañado en suave luz cenital yacía el corredor en
muda calma, y una rosa que se asomaba en él desde el
jardín, parecía doblegarse al peso de una idea.

También Florinda se inclinó de repente para decir
con súbita inspiración:

—¿Quisiera usted, por casualidad, comprarme este
relojito?

Y mostróle, tan afanosa y conmovida, que la dama
dijo al punto:

—¡Será un recuerdo!

—De mi madre...

—¿Cómo te llamas?

—*Mariflor* Salvadores.

—¡Ah, eres túl—pronunció la señora, avizorando con
sabia dulzura el encendido rostro de la joven—. Aguarda—añadió, desapareciendo en la galería.

Volvió al instante, y sobre el reloj que alargaba la
moza, puso un billete de cincuenta pesetas, murmurando:

—Guarda tu recuerdo, y éste para ti, en nombre de una niña que se muere.

—¿Hija de usted?

Respondieron unos ojos llenos de lágrimas, y los labios mudos de la madre rozaron en silenciosa despedida la frente de *Mariflor*.

Duró la escena breves minutos, alucinantes y peregrinos.

Al verse en la escalera otra vez, el escudo, el mote y la dama hubiesen girado en la imaginación de Florinda igual que fantásticas visiones, si el generoso billete no la ofreciera una sensación de realidad. Quiso contemplar en él un augurio feliz y despertar a los presentimientos venturosos, mas se detuvo, escuchando unas voces crueles y tranquilas, fatales como el destino.

Bajaba un criado detrás de la joven y subía una doncella, que recatadamente le preguntó:

—¿Conoces a ésa?

—Es una pobre maragata de Valdecruces: la señorita le ha dado limosna.

Y Florinda, con el corazón derribado, abatió la frente una vez más, humilde al castigo de los sueños...

XX

DULCINEA LABRADORA

A crece agosto, rubio en los centenos, azul en las nubes, cándido en el aire: el sol abrasa, el viento perfuma; están dormidas las fuentes, despiertas las dalladoras y animado Valdecruces como nunca lo suele estar.

Es que han venido los hombres; cruzan reposadamente las anchurosas calzadas y las callejas hostiles, en paseos y visitas de anual conmemoración, y cuando el día languidece, se asoman un poco a los abrasados caminos de la mies.

En estas rondas pausadas, algo serias, suelen ir juntos los paisanos recién venidos; hablan a un mismo tono sereno y amigable, no discuten ni se alteran jamás, como si para ellos no tuviese problemas la vida ni dobleces el corazón.

Por encima de los carrillos colorados y de las bocas

sonrientes, al confortable calor de las sosegadas digestiones, los buenos maragatos miran a Valdecruces con seráfica beatitud. Olvidaron su dolorosa infancia de pastores o motiles, de escolares con la ruín troja al hombro, siempre camino de Piedralbina, entre soles o nieves, acosados por la miseria del hogar. Y aceptan hoy, como tributo merecido, que el pueblo se vista de gala para hospedarles, que las esposas y las hijas les respeten como siervas, y que los niños les huyan con saludable miedo, como a la suprema representación de la Autoridad y del Poder.

Durante la magnífica semana de la fiesta Sacramental, sólo en la fecha culminante del día 15, el clásico «día de Agosto», se suspenden en Valdecruces las labores del campo.

No importa que en cada corral las plumas de las aves anuncien holocaustos festivos; las mujeres se multiplican para servir regaladamente a los hombres en sus casas y para segar y recoger en las mieses los centenos maduros.

Como si el aguijón del servilismo se les hundiera en la carne más brioso que nunca, fuerzan las maragatas el impulso mecánico de sus energías, exaltan la pasiva corriente de sus humillaciones, y en un absoluto renunciamiento a toda beligerancia social, se quedan al margen de la vida, fuertes, ignorantes, insólitas, ofreciendo a «los amos», con el más primitivo de los gestos serviciales, la visión placentera de los hijos criados y felices, de la mesa servida y colmada, del campo fecundo y alegre: las apariencias de estas horas decorativas y relumbrantes llenan a los maridos de orgullo entre los forasteros invitados.

De Astorga, de León y de otras ciudades más lejanas acuden siempre algunos curiosos a las típicas fiestas de Maragatería, y son alojados con singular esplendidez en las casas más pudientes de cada población. Las comilonas se suceden entonces con frecuencia y abundancia increíbles; las cocinas pierden su medrosa oscuridad, iluminadas por «ramayos» crepitantes, y detonan y esplenden como volcanes; sacrifícanse allí vacas enteras, aves a montones, lechoncillos y corderos; los manteles no se levantan, no reposan los jarros de vino ni se disipa el humo de los cigarros.

Al través del continuo festín, atraviesa la maragata como una sombra providencial; a todo atiende: sirve, corre, huye asustadiza, recatando bajo las alas del pañuelo su invencible rubor. Aún suele quedarle tiempo aquella tarde para *amorenar* en la mies o echar a remojo las *garañuelas* en el regato campesino. Y no dejará de asistir a la verbena ataviada con su vestido más lujoso, grave, muda y bailadora, en actitud de ejercer una profesional obligación...

Este agosto en Valdecruces se suma a los festejos oficiales, los que se celebrarán en la boda de Ascensión Fidalgo, y la pobre aldea, acosada por el calor de la llanura y arrostrando con brazos femeninos los rudos trajines de la recolección, se aturde sorprendida por el sacudimiento del placer...

Las de Salvadores no esperan convidados ni preparan festines; callan y sufren, trabajando con furiosa actividad que arrebata a *Mariflor* y la empuja una tarde a la mies.

Ya Marinela se puede quedar sola: baja a la cocina, sale al corral y al huerto, cose y atiende un poco a los niños. El médico la supone curada: hace recomendaciones de higiene y alimentación, y al despedirse asegura que se debe a la enfermera aquel triunfo. Con la salud retornan los místicos anhelos de la niña, encaminados y crecientes hacia el convento de Santa Clara. Y la madre sigue encogiéndose de hombros: no fía mucho en la robustez ni en la vocación de la mozuela.

De América no escriben; el párroco evita, compasivo, los interrogadores ojos de *Mariflor*, a los cuales no sabe qué decir, y ella apura silenciosa las crueles desesperanzas, dejándose caer en la mansedumbre secular de aquella vida que la va absorbiendo.

Cuando sube al grado máximo la fiebre labradora de las mujeres, ya en torno de las fiestas, hasta la tía Dolores hace gavillas, anda Pedro muy afanoso, de motil, y *Mariflor* dice resueltamente a Olalla:

—Esta tarde voy a la era contigo.

—¿A trabajar?

—¡Claro!

No pareció sorprenderse mucho la maragata rubia.

—Bueno —responde saliendo del *estradín*, donde aguardan la hora del jornal.

—Esa tocha —indicó Marinela cuando vió salir a Olalla— no está en sus cinco desde el arribaje de Antonio.

La madre, que dormitaba en una silla, alzó el rostro para decir con acento desabrido:

—Y tú, ¿criarás verdete por non fablar?

—Es que *Mariflor* no debe ir a la trilla —responde la mozuela con pesadumbre.

—¡Ella lo quiso! —exclama Ramona de mal talante.

Y remanece Olalla, advirtiendo que ha pasado la tregua del medio día.

Camino de la mies se adelanta la madre con brusca precipitación. Olalla y su prima salen detrás cogidas del brazo.

—¿La abuela no viene? —pregunta *Mariflor* disimulando su angustia.

—No viene: acerbará en la troje.

—Y nosotras, ¿qué hacemos?

—Pues como ya todo está segado, juntaremos gavillas en manojos, ¿sabes?

—Nada sé; tú me enseñarás.

Se crece Olalla algo jactanciosa:

—Sí, mujer; aprendes en un volido. Mira: agora vamos

a la arada del *Gatiñal*, donde ayer estuvimos engavillan-
do madre y yo. Con las garañuelas, que son cañas de
centeno remojadicas y amorosas, atamos las gavillas en
manojos y las amorenamos en un montón.

—¿En una «morena»?

—¡Velaí! De allí se cogen para cargar los carros; y en
la era se hacen con la mies pilas muy grandes, hasta que
se trille: ¿nunca lo has visto?

—Nunca. Y aunque mi padre me lo explicaba, con-
fundo las memorias.

Una nube de pena oscurece la frase, haciéndola temblar. Olalla se anima y prosigue:

—Es que las majas llevan muchas labores: luego de
tender los manojos, desfacerlos y echar el trillo, se dan
bien de vueltas hasta que se pone la corona a la trilla.
Después hay que atroparla con el calomón, ponerla en
parva, hacerle la limpia con los bieldos y acerandarla
con los cribos.

—¿Así se recoge?

—Sí; medímoslo en cuartales de seis heminas, bien
limpio de granzas y de coscojo, y ya tenemos pan seguro. En l'intre van juntando otras obreras la paja que sirve
para cuelmo y la menuda que se llama bálago...

Recuerda *Mariflor* estas lecciones con profundo pesar: le sonaron un tiempo a dulcísima parábola llena de
símbolos felices, y ahora le punzan la carne y el espíritu
como anuncios de miseria y esclavitud.

En el campo anchuroso halla la moza borrados los fugaces senderos de otros días. Las hoces, al segar la mies,
tendieron por el llano una alfombra rubia y caliente que
reverbera al sol.

Blando soplo de viento besa la cara de las labradoras.
Olalla se recoge, oteando los confines del paisaje con inteligente curiosidad, y anuncia:

—Corre una bufina mansa que ayuda mucho a los
bieldos en la era.

—Luego sonríe y añade:

—-Hoy no acongoja tanto la calor; tienes suerte, rapaza.

Viendo que Florinda no contesta aún, dice alentadora:

—Y quizabes esta noche dormamos en la trilla toda la mocedad.

—¡Ah! ¿Sí?

—Es la costumbre.

—¿Pero no lo dejáis para la última jornada?

—Según: hay que facerlo cuando están aquí los hombres, y en pasando el día de agosto, ya marchan. Estamos a 13 y mañana es la boda; conque tiene que premitirse bien aina.

Tocan la arada del *Gatiñal*, y trémula *Mariflor*, pregunta de repente:

—Dime, Olalla, dime; oye: ¿tú quieres a Antonio?

—¿El primo?

—Sí: ¿le quieres... con amor?

—¡Mujer!

—¡Contesta!

—No te entiendo.

—¿Te gustaría ser su esposa?

—Con mis padres no pactaron los suyos: ¡la elegida eres tú!

—Pero, ¿serías feliz si te eligiese?

Una súbita emoción encendió a Olalla el semblante: quizá en el reino milagroso del entusiasmo brillaron para ella los únicos resplandores de su vida.

Pasó como una ráfaga el dominio de aquella claridad, sobre la placidez oscura de la moza, que se detuvo, miró a Florinda con los ojos vacíos de ilusiones, y respondió solemne:

—Todos seríamos felices si tú le quisieras elegir.

Se deslizó clemente la tarde, según Olalla había previsto. La mansa «bufina» de los llanos de León pasó

amable por las mieses y aligeró los bieldos en la era, con
regocijo de las trilladoras.

Ligeras nubes tremolaron en el firmamento como nuncios de una pálida noche, y antes de sonar la hora del
reposo ya se dió por seguro que la mocedad cenaría en
el campo y dormiría «a la rasa», en cumplimiento de su
fiesta bucólica, celebrada siempre con las solemnidades
de un rito.

Fueron llegando algunos hombres solteros y casados
que, muy benévolos, ayudaron con galante solicitud a
las últimas faenas de la tarde. Quién se entretuvo en re-
matar una parva, quién manejó las tornaderas o las ma-
romas del *calomón*, y hasta hubo arrestados varones que
se atrevieron a conducir desde la mies a la era descomu-
nales carros de «seis en pico»: reinó allí la fraternidad
más apacible y acarició el ventalle de los bieldos muchas
dulces sonrisas de mujer.

El descanso fué alegre: sobre el respeto y el rubor con
que las maragatas trataban a los hombres, puso la anchura de los campos un generoso perfume de libertad,
que desentumeció un poco las almas femeninas.

La cena, copiosa y rociada con abundante vino, acabó
de infundir cordiales sentimientos entre el concurso, sin
quebrantar el humilde *vos* con que las mujeres hablaban
a sus esposos.

Pareció a los maragatos forastera la niña ciudadana de
Salvadores, miráronla con escondida curiosidad, que fué
creciendo al advertir el mutismo de la moza, triste y pasiva, precisamente cuando el raro placer de la confianza
quería dar en Valdecruces su transitoria flor.

Murmuróse que la tristeza de Florinda había nacido
con la ausencia de un señor «escribiente», prendado de
la rapaza en extraño suelo. Se atribuyó también aquella
visible pesadumbre a la situación económica de la familia, presa en apuros que nunca se pudieron suponer.

Enlazados con las de Salvadores por vínculos de sangre y lazos de antigua vecindad, todos en aquel día de expansión hubieran sentido impulsos compasivos hacia los arruinados parientes, cuyas adversidades tenían que ser más duras para la forastera, crecida en regalada juventud.

Pero mediaba Tirso Paz, asegurando que la tía Dolores levantaría su quebrantada hacienda cuando en el próximo diciembre se celebrase la boda de sus nietos Antonio y *Mariflor*, ya que el novio estaba conforme con servir de sostén al derrumbado hogar; su reciente viaje parecía confirmarlo así. Decíase que había pactado con el señor cura las bases de un arreglo definitivo en los asuntos de la abuela, y que Tirso entraba como acreedor en aquel previo ajuste, aplazado para realizarse a la par de la boda. Y estos rumores, tan propicios al bienestar de la niña, se estrellaban contra su actitud visionaria y doliente; no cabía en la espesura de aquellos espíritus la sutil posibilidad de que *Mariflor* rechazase un matrimonio que tales beneficios reportaría a ella y a los suyos. —¿Estará picada de la bruja como la otra rapaza?—se había dicho en Valdecruces más de una vez.

Ahora, en la fiesta, los hombres miran con respeto aquel rostro mudo y ardiente, como ninguno esquivo; el soberano dolor que irradia, infunde admiración por su penetrante claridad, desconocida en este país de sombríos dolores.

Cuando la flauta y el tamboril acuden a completar el holgorio, nadie insiste cerca de *Mariflor* para que baile, y a la orilla se queda sola y meditabunda, sin que la danza respete a ninguna otra mujer.

Allá van todas, lentas y obedientes, muchas sin ganas de bailar, destrozados los cuerpos en la brega del campo, escondidas las almas sabe Dios en qué recónditos pesares. Se han reunido en la era desde las mieses, y el tamborilero recluta a las más rezagadas, como atrajo a los hombres, mozos y viejos: danzan en caprichosos giros llenos de gravedad y de pudor, cada maragato con dos o más mujeres, quizá porque la emigración y la ausencia han convertido en uso una necesidad.

Cae la noche: alta y cumplida la luna, cela entre nubes el disco rutilante y difunde su luz con recatados matices.

En una pausa del tamboril, rasga los aires el bárbaro cantar que un mozo entona, sin gracia ni malicia:

> «Si quieres tener femias
> en tus rebaños,
> un marón sólo dejes
> de pocos años...
> Si quieres que la casa
> non se te queme,
> limpia el sarro a la priula
> todos los meses...»

Vibra alguna zapateta, acompañada del *ru-jú-jú* potente, el céltico grito, perpetuado al través de las generaciones españolas, y languidecen cada vez más las cadencias del «corro» y la «entradilla», hasta que el baile se extingue y la gente se dispone a dormir.

Pocos bailadores desfilan camino de sus casas, y la mayoría del concurso busca reposo en la era, ancha y mullida como enorme lecho nupcial.

Si en él duermen las hijas con las madres es porque la costumbre lo establece, no porque lo necesite el buen decoro de aquella casta juventud. A ningún marido se le ocurre vigilar a su mujer, y cada cual se tumba por su lado, con el más impasible humor.

Ramona, que bailó tiesa y huraña hasta el último instante, es de las primeras en hallar cómoda postura y permanecer inmóvil, quizá rendida al sueño. Ella y Olalla no temen a la noche libre, hoy que la tradición les mulle un dorado mantillo en el terruño.

Allí cerca reposa Florinda con los miembros lacerados y el alma zozobrante: apenas consigue sonreir a *Ro-*

sicler, que solícito la ofrece una almohada de oloroso bálago. Hizo esfuerzos heroicos para disimular su torpeza de labradora novicia, y la tortura de sus músculos rebeldes al sufrimiento. Y ahora se aturde bajo los golpes de su corazón, henchido de lágrimas, constreñido y apremiante, como si fuere a romperse.

No sabe cuánto tiempo trasueña, enervada por el cansancio. Oye cerca de sí un ronquido, y a poco dice tímida una mujer:

—¿Estades bien, señor?

Es la hija del tío Fabián, que habla a su esposo, recién llegado de la Coruña. El no responde, y Florinda vuelve a sumirse en su angustiosa laxitud.

Despierta y delirante se figura reposar en el tren, enfrente de unos ojos profundos que la penetran y sacuden hasta las entrañas.

Es tan brusca la turbación con que la joven se estremece, que bajo su cabeza se desmorona el menudo acervo de la trilla. Perdido el blando apoyo, álzase lastimada, y sin moverse contempla el singular espectáculo de aquel pueblo fuerte y joven, áspero hasta en el sueño: duerme un hijo de Tirso Paz de espaldas a su novia Maricruz; la de Alonso, a los pies de su marido; lejos del suyo, la del tío Rosendín, y divorciadas de igual suerte todas las parejas unidas por compromisos y bendiciones.

No hay en el silencioso campamento, delante de Florinda, un corazón que sufra, un afán que despierte ni una esperanza que se agite.

Las parvas enhiestan en alto como hacia las nubes, entre cuyos girones aparece la luna desconsolada; de lejano pesebre llega el mugido de una res en celo, y la desvelada moza bebe insaciable el dolor de la soledad, más triste que nunca entre el sordo latido de aquellas vidas y el aroma de aquellos frutos. Entonces siente crecer el peso de las trenzas en los hombros; en los párpados, la lumbre de la pasión, y en las mejillas el carmín de la salud: una fragancia de besos le sube hasta los labios desde el corazón, ebrio de ternuras, y toda su mocedad, exaltada por el sentimiento, vibra y arde bajo la encubridora noche.

XXI

SIERVA TE DOY...

OTO ya el pálido celaje, apenas brillaron las estrellas de la mañana salió el tamborilero a tocar el *Mambrú* al través de las dormidas rúas, anunciando alegremente el día de la boda.

Por deferencias y respetos a don Miguel, se convino, aunque el novio era viudo, en prescindir de la clásica cencerrada y celebrar los desposorios con el solemne ceremonial que la costumbre ha convertido en ley. Y desde muy temprano, algunos vecinos madrugadores atravesaban el pueblo, en traje de fiesta, para formar la comitiva, bien armados los hombres de escopetas y trabucos.

Máximo, el novio, había llegado la víspera, procedente de Gijón; traía orondo equipaje, con las últimas «donas» para la desposada, dulces y licores para los próximos banquetes.

Luego de confesar y examinarse de doctrina, separáronse los prometidos; ella se encerró en su casa y él fuése a la de su allegado Fermín Crespo, trajinante en Pontevedra, jefe de familia en Valdecruces.

Un hijo de este mercader y un nieto del tío Cristóbal—ambos solteros, por ser la condición indispensable—fueron designados en calidad de íntimos del contrayente, para «mozos del caldo», especie de gentiles escuderos al servicio del novio. Facunda Paz y Olalla Salvadores eran damas de la novia, también «mozas del caldo», de cuyo pomposo remoquete pudo *Mariflor* evadirse, no sin algunas porfías.

Cuando los nuevos redobles del tamboril anunciaron la hora del almuerzo, llegó a casa de don Miguel un bizarro gentío, la flor y nata de Valdecruces y no pocos vecinos comarcanos. Para todos había lonchas de jamón, pavo, perdices, truchas y vino añejo, amén de otros manjares y escogidos postres.

Duró hasta las once de la mañana este primer festín, a cuya terminación, la madrina—una maragata de rumbo—prendió en la cabeza de la novia fuerte manto de severo color, caído hasta los pies sobre el lujoso vestido del país.

Comenzaron a tocar las campanas, y los hombres siguieron a Máximo, que siempre envuelto en una capa enorme, aparentó ir en busca de la bendición paternal. Simulada esta ceremonia, ya que el mozo no tenía padre, volvieron sobre sus pasos entre salvas nutridas, y a la puerta de don Miguel anunciaron con acento muy grave:

—Venimos a cumplir una palabra empeñada.

—Cúmplase norabuena—repuso la madre de Ascensión.

Y en el umbral, puesta la moza de hinojos, recibió las maternales bendiciones.

El séquito varonil partió delante; detrás avanzaron

las mujeres, silenciosas, con intachable compostura; los «mozos del caldo», dispuestos a correr hasta nueve arrobas de pólvora, dirigían las recias descargas de los trabucos.

Para lucirse mejor en el paseo, anduvieron todos a lo largo de la calle y dieron vuelta por una donde tenía la parroquia otro portal. Allí esperaba revestido el sacerdote, que permanecía en el templo desde que muy temprano administró a los novios la comunión. Estaba don Miguel pálido y triste; no quiso asistir al almuerzo, y suplicó le dispensaran también de la comida, pretextando no hallarse muy bien de salud.

Comenzó el acto religioso en la cancela, apretados los contrayentes por la curiosidad del público no invitado, que tomaba posiciones horas hacía. Como el atrio era pequeño, muchos testigos se quedaron fuera, y la calle, resplandeciente de colores y de sol, ofrecía en toda su esplendidez una gallarda nota regional; finos paños, sedosos terciopelos, brocateles y tisús, habían salido del fondo de los cofres y esponjaban al aire su belleza, mucho tiempo cautiva.

Entre la mocedad estaba *Mariflor*, trasojada y nerviosa, deshaciéndose en amargura bajo el rumboso atavío. Iba apoyando a Marinela, poco firme en su primera salida de convaleciente.

Mientras sudaban los novios con el despiadado abrigo de la capa y el manto, las mozas, al son de castañuelas y panderos, rompieron a cantar:

«Ya te sacaron la Cruz
de plata, para casarte;
delante del sacerdote
ya tu palabra entregaste.
    Las arras y los anillos
que llevas, niña, en la mano,
son las cadenitas de oro
que te están aprisionando...»

A cada movimiento de las cantadoras, un vaivén de arrequives y flocaduras, un relumbrón de filigranas y corales se ufanaron en la luz.

Encima de la torre, sin temor al bullicioso concurso, las cigüeñas adiestraban a los hijuelos en sus primeras aventuras por el aire; giraba el macho en torno de las crías, con una presa en el pico, instigándolas a seguirle, y la madre volaba también alrededor de ellas, más abajo, para sostenerlas en sus alas si cayesen.

Penetró la boda en el templo. Y cuando en él buscaban Marinela y Florinda un banco donde sentarse, les hizo lugar una vieja con mucha solicitud. Era la tía Gertrudis, encogida y humilde. Su voz, al rezar, parecía un gemido; su pobre catadura inspiraba compasión.

Sobre el grupo que formaban las niñas y la vieja cayeron como un rayo los ojos de Ramona, pero no se atrevían las muchachas a moverse; celebrábase ya el Santo Sacrificio, y ellas fijaron su atención en el altar, reverentes y devotas.

El «Resucitado» le pareció a Florinda más muerto que nunca, con su lívido rostro lleno de sangre y la punzadora diadema sobre las sienes: tenía en una mano la Cruz, y en la otra, que señalaba triunfante al cielo, le habían colocado un ramuco de flores contrahechas. Quiso la joven rezarle con calor y confianza, como otras veces; pero un pesimismo envolvía sus pensamientos en espesas nubes, y las mustias rosas de trapo, alzadas por el Señor con gesto desfallecido, le causaron infinitas ganas de llorar...

La flauta y el tamboril acompañaron el canto de la misa, y la elevación fué señalada con formidables estampidos de pólvora. Iniciadas las últimas oraciones, deslizáronse al portal las «mozas del caldo»—señaladas con mandiles verdes—seguidas por las demás solteras para ofrecer nuevos cantares a los novios:

«Sal, casada, de la Iglesia,
que te estamos aguardando
pa darte la norabuena,
que sea por muchos años.
　Estímala, caballero,
bien la puedes estimar:
otro la pidió primero,
no se la quisieron dar.
　Estímala, caballero,
como una tacita de oro,
que ya tienes mujer buena
para que te sirva en todo...»

Los cónyuges aparecieron en la lonja parroquial, sudorosos, acongojados, y allí mismo se apartó Máximo de su esposa para irse con los hombres a *correr el bollo*.

A pesar de lo cual, las muchachas, siguiendo al femenino cortejo de Ascensión, cantaron optimistas, con mucho repique de castañuelas:

«Por esta calle a la larga
lleva el galán a su dama;
por esta calle arenosa,
lleva el galán a su esposa.
　Voló la paloma
por cima la oliva;
vivan muchos años
padrino y madrina.
　Voló la paloma
por cima la fuente;
vivan muchos años
todos los presentes.
　Ponei, madre, mesa,
manteles de hilo,
que viene tu hija
con el so marido...»

Encontró la joven en el umbral de su puerta dos sitiales enguirnaldados, y, por si nadie supiese el destino de ellos, advirtió muy oportuna la copla:

Sentaivos, madrina,
en silla florida;
sentaivos, casada,
en silla enramada.

Sentáronse, en efecto, las dos mujeres, siempre cargada Ascensión con el duro manto, que después de aquel día sólo en caso de enviudar debiera ceñirse para los funerales del consorte. Las mozas, colocadas en dos filas, cantaron *el ramo*, un armadijo de muchos corolines con ajaracas y dulces. Fué largo y triste el homenaje, salpicado de consejos y alusiones, y le recibió la moza muy recoleta y compungida, sin levantar los ojos del suelo ni sonreir al final de la canción:

Guapa es la nov'a cual naide,
guapo el novio cual denguno;
tengan hijos a docenas
y a centenares los mulos.»

Mientras tanto, los jóvenes corrían en la era «el bollo» del padrino, un pan de seis libras en forma de pelele, con monedas de plata dentro de la cabeza.

Defendíanle los de la boda, al frente los «mozos del caldo», contra todos los corredores que se presentaban: reglas de tradición daban derecho a conseguirle. Cuando el vencedor hubo recogido las monedas del premio, distribuyóse el descabellado monigote entre los concurrentes, como fórmula que convertía a Máximo en vecino de Valdecruces: el alcalde pedáneo lo hizo constar así en un acta.

Todavía cantaron las mozas al llegar los del «bollo» a casa de don Miguel:

«Bien vengades, bien vengades,
bien venidos, que seyades...»

Habían colocado delante de Ascensión un profundo cesto de pan cortado en pedacitos, que ella repartía a cuantas personas se acercaban a decirle:

—¡Dios te haga bien casada!

Llegóse también la tía Gertrudis, y la moza, vacilando

un momento, dióle su parte con mucha delicadeza, sin tocar la mano extendida en fino saludo.

Algunas voces protestaron:

—¡Fuera la bruja!

—No azomar a la pobre—dijo una compasiva mujer—; la infelice perecería de hambre si no fuera por las limosnas del señor cura.

—Tien mucho rejo; no muere tan aina—rezongó Ramona—. Y a su lado advirtió una zagala:

—Creer en agorerías es pecado mortal...

Cuando el pan de la boda estuvo repartido, sirvióse una gran comida: a la clásica bizcochada de vino rancio siguió la interminable lista de viandas fuertes que en un mismo plato compartieron los novios. Por fin, a media tarde viéronse éstos libres de su parda vestidura matrimonial, que les fué perdonada a los postres del banquete, para que bailasen juntos hasta rendirse.

Ya la madrina *había ofrecido*. Con su moneda de oro sobre una rica bandeja, pasó delante de los invitados diciendo:

—Para la rueca y el uso.

Todos daban: hasta las de Salvadores pusieron sus pesetillas en «la ofrenda» general.

Luego pidió el padrino:

—Para los primeros zapatos del infante.

Y también hubo dones.

Es incumbencia de los «mozos del caldo» llevarle a la novia su ajuar hasta el nuevo domicilio; pero como la recién casada iba a vivir lindando con su madre, fué para los muchachos cosa de un periquete el cumplir esta galante obligación.

Desplegóse luego la danza en toda su brillantez por la ancha rúa, extendida hasta la iglesia desde la casa parroquial. La fuerte luz del sol y la majeza de los trajes daban al espectáculo matices de alegría y de rumbo, que faltaban al baile de la era. Aunque el recogimiento de las mujeres tenía siempre un cariz de austeridad, parecían ahora menos cansadas y más felices. Los hombres, de punta en blanco, rozagantes y orondos, sin reir ni perder su grave actitud, rebosaban satisfacción: en la portezuela de sus chalecos las rosas tendían magníficos realces entre el plegado camisolín y la clásica almilla. Cenojiles, cintos y lazos, daban al viento la ferviente leyenda del amor, encerrada a veces en el cantarcillo popular:

«Ahí tienes mi corazón
cerrado con esa llave:
abréle y verás que en él
sólo tu persona cabe...»

Empezó la danza por el «baile corrido», girando las parejas con un lento vaivén, lánguido y señoril, que terminó en compases de jota. Siguió el llamado «dulzaina»: las mujeres, de dos en fondo, dieron una vuelta en círculo; delante las doncellas, detrás las casadas, siempre abstraídas y mudas; iban los hombres en la misma forma, por el lado exterior del corro femenino, hasta que, a una señal del tamboril, buscaron parejas, escogiéndolas por orden riguroso, dos para cada uno, desde las primeras danzantes. Vino después la «entradilla», en la cual salen bailando los hombres y luego acuden ellas a buscar mozo: es el baile de los rubores y las zapatetas; las muchachas procuran elegir a los parientes más próximos, hermanos si es posible. El corro característico de las bodas le componen las mujeres sin bailar, de una en una, tocando las castañuelas: abre marcha la madrina, sigue la novia y van las solteras en último término detrás de las «mozas del caldo». Esta rueda no se interrumpe cuando intervienen los bailadores desde la orilla para danzar con dos mujeres, bordando las figuras en jeroglíficos y detalles de clásico sabor y mucha honestidad.

En el fondo de la rúa castellana, bajo los resplandores crudos de aquel cielo de añil, adquiría la artística diversión caracteres de rito, fabuloso perfume de romance, al que prestaba marco insigne la torre parroquial con el sagrado nido de la cigüeña. Mas, de pronto, en un breve descanso del tamboril, iban los hombres *a echar un neto* sobre los manteles de la boda, siempre extendidos; y mientras esperaban jadeantes las mujeres, el encanto de la danza se deshacía y el aroma del culto viejo convertíase en vulgar olor a vino de Rueda, con agrio tufo a carne trasudada.

Así pasaron las horas. El escaso público que no tomaba parte activa en la fiesta iba cansándose, pero nadie osaba decirlo: seguía corriendo la pólvora, y los espectadores seguían fijando los ojos en el baile con atávica devoción.

Habíase apartado don Miguel en su aposento con la disculpa de un leve malestar, aunque no quiso perdonarse de tomar café con el padrino y dirigir desde los balcones alguna curiosa mirada hacia la fiesta. Vió a *Mariflor* y su prima del brazo, ambas con el semblante fatigado y mustio, recostadas en el atrio de la parroquia. Las hubiese invitado a subir, mas, huyendo la tristeza inconsolable de los garzos ojos, limitóse a mandar que las ofrecieran sillas.

Esta previsión colocó a las jóvenes en el punto más visible entre la concurrencia, bajo el dintel de la casa ornamentado con ramaje de chopos y negrillos, difícilmente logrado y ya moribundo.

La preferencia del lugar causó a las favorecidas alguna inquietud, porque, de soslayo, iban las curiosidades a perseguir con mayor ahinco el apartamiento de las dos zagalas bellas y tristes.

—¿No acabará esto pronto?—dijo molesta *Mariflor*.

—¡Quiá, mujer!; veráste tú: agora bailan hasta la noche, luego cenan mucho, y todavía cuando están acostados los novios, van los «mozos del caldo» a llevarles gallina en pepitoria.

—Ya, ya; ¡linda costumbre!...

—¡Y comen della!...

—Pero tú y yo nos marcharemos en cuanto caiga la tarde, porque te va a hacer daño el relente.

—No podremos dormir: la mocedad aturde a los vecinos con los trabucazos, y en cada puerta llama pidiendo aves para la tornaboda.

—Sí; ya sé que si no se las dan las cogen.

—Son derechos del novio... Mañana será la misa tempranico, y los parientes de los desposados llevan la ofrenda al señor cura.

—Eso no lo sabía.

—Un cuartillo de grano o poco más: después se repite la fiesta de hoy.

—¿Tan solemne?

—Con menos ceremonias: sólo que una moza del caldo baila, llevando consigo la *pica*, que luego se reparte, un pastel pintado de rojo...

Calló Marinela, negligente y cansada, suspiró Florinda y comenzó la tarde a palidecer. Ya iban ellas a retirarse: esperaban una ocasión para despedirse, cuando el tío Fabián se detuvo allí, extendiendo una carta:

—Es para el señor cura —dijo—. ¿Quién la recoge?

Mariflor, de un vistazo, conoció la letra: era de su padre. Y repuso:

—Yo la subiré; don Miguel debe de estar arriba.

El viejo, entregándosela, musitó:

—Mejor te daba una para ti, paloma.

Desapareció la joven sin responder, y había dominado apenas su emoción cuando llamó a la puerta del sacerdote, no poco sorprendido de la visita. Dentro de la carta venía, como de costumbre, otra para *Mariflor*; sin sentarse, leyeron impacientes cada uno la suya. Después se miraron, y fué la muchacha la primera en hablar:

—Dice que me case con Antonio...

Sonaron las palabras con una amargura indescriptible.

—Será un consejo.

—Es una súplica: mi padre se hunde y me pide auxilio.

Tendió la carta, señalando con un dedo temblón los suplicantes renglones «... hija mía; sálvanos a todos, y yo aseguro que en recompensa a tu sacrificio Dios te hará feliz».

Con profunda lástima levantó el cura los ojos hacia la moza.

—Lea usted lo que escribe antes —murmuró ella.

—Sí; me lo figuro: tu primo le propone reforzar aquel negocio con el capital necesario y bajo la condición de vuestra boda.

—¿Se lo cuenta a usted?

—Como a ti.

—¡Nada, que ese hombre me quiere comprar!

—No te agravie su procedimiento: con él te da una prueba inaudita de estimación.

—¡Pero yo no me puedo vender!

—Díselo a tu padre honradamente.

—¡Dios de mi alma!

—Piensa que no estás obligada al sacrificio.

—¿Sacrificio?... Mi condescendencia no sería virtud, ya que Rogelio me abandona.

Se inclinó sollozante: en sus lágrimas hervía una terrible desolación.

Don Miguel protesta conmovido:

—Sí, sí; el que voluntariamente rinde su libertad se sacrifica.

—Es que no soy libre: le juro, señor cura, que padezco una tremenda esclavitud... Ya ve usted cómo «se ha portado»; pues no importa: ¡le quiero, le quiero; no me puedo casar con otro... es imposible!

—Tranquilízate, niña: vete en paz. Yo escribiré a tu padre cuanto sucede.

—¡Dígale que no consiste en mí; que mil vidas diera

yo por él; que me muero de pena al negarle este favor!...

La ahogaba el llanto; procuró el sacerdote calmarla con exhortaciones de mucha piedad. Despidióse la muchacha en cuanto pudo, y salió diciendo:

—¡Harto le mortifico a usted: Dios le recompense!

Como la sombra había ganado ya las habitaciones, desde el rellano de la escalera alumbró don Miguel con cerillas para que *Mariflor* bajase.

Iba desalada; huyendo de las luces de la cocina y el «cuartico», deslizóse al través del portal, hasta asir el brazo de Marinela y hundirse juntas en el sosiego oscuro de las calles.

Era tan visible la congoja de la enamorada, que su prima le dijo con susto:

—Pero qué, ¿trajo malas razones la esquela?

—No, no.

—Vienes tribulante: bajabas a modín como escondida.

—Por no despedirme... ¡tengo tan poco humor! Mañana daremos una disculpa...

—Madre también fué para casa... Oye: ¡qué triste es una boda!... ¿noverdá? A mí me hace duelo sin saber por qué...

Mariflor sólo pudo contestar con un suspiro.

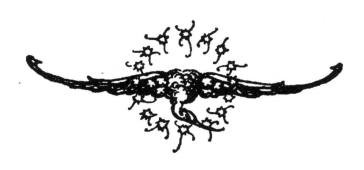

XXII

LOS MARTILLOS DE LAS HORAS

ORRÍA noviembre. Ya en los robles puntisecos y en las oscuras urces palidecían las hojas para morir enfermas de la fiebre otoñal; el sol se insinuaba amarillo y remoto, dorando apenas el matiz austero del paisaje, y en la hidalga llanura de León caían las horas con infinita pesadumbre...

Una tarde, muy triste, *Mariflor* Salvadores tuvo que ir al molino, distante dos kilómetros del pueblo.

—Por el vero de la regona—díjole Olalla—no tienes onde perderte.

Ella se disponía a lavar junto a su madre hasta la noche, y Marinela, otra vez lastimosa, encogíase cerca de la lumbre.

Salió *Mariflor* con su cestilla de centeno al brazo y sus profundas penas en el alma. Anduvo el camino de la mies, raso y frío, tan solo, que ni el vuelo de un ave le daba compañía: cigüeñas y golondrinas emigraron así que el viento comenzó a batir los eriales y la luz pareció vieja y pálida al través de las nubes.

Los cigoñinos, al volar valientes y seguros en pos de sus padres, despertaron en el pecho de Florinda nostalgias de aventuras, loca impaciencia de albures y horizontes. Las cosas fugitivas le hacían soñar y padecer: aguas, nublados y vendavales producíanle antojos inauditos, ansias de convertirse en átomos de aquellas peregrinas corrientes.

Hoy todo yace inmóvil alrededor de la moza: camina el silencio en torno suyo, y ella escucha en la «sonora soledad» caer los instantes bajo el martillo del tiempo y fluir la vida con sordas palpitaciones que repercuten en los pulsos y en el corazón de la infeliz.

¡La vida!... ¿Para qué la quiere? Ya su alma se ha despedido de la felicidad. Vive *Mariflor* con los ojos puestos en todo lo que huye, en todo lo que vuela y muere: cuenta a veces los minutos con furioso deseo de que pasen: los empuja con el pensamiento; quisiera precipitarlos a millones en el silo de la eternidad. No es la suya la prisa del que espera; es la sombría inquietud del que busca la muerte; y, sin embargo, un violento impulso de esperanza ruge en el tormentoso río de estas ansiedades.

No quiere la enamorada confesárselo así, y ahora mismo aprovecha la muda complicidad de este sendero para romper las cartas de su novio. Con brusco arrebato las arranca del jubón y las desdobla: son tres. Rasgadas juntas, va haciéndolas añicos, sin detenerse, apresurada y triste.

Las letras de los versos parecen rebelarse en los menudos jirones del papel, y Florinda huye del galope de su memoria, que repite:

> ... soy el amor que pasa,
> el niño amor que encontrarás un día
> tras de las tempestades de tu alma...

A pesar suyo escucha la moza los apasionados ecos de la querella. Se dulcifica entonces su rostro, y en un repente de inefable ternura siembra en el páramo los pedacitos de su felicidad, como granas de amor, algunos caen al agua, a cuya linde camina la joven.

Quédanse allí los despojos de un cariño, las simientes de una ilusión, temblando en la apacible linfa, diciendo a los duros terrones un enamorado «escucho»...

Cunde el regato fino y silente, corren las nubes amenazadoras, y en la descolorida lontananza se dibujan los perfiles de la aceña; allá lejos, una pastoría tiende la corona de su redil junto a la henchida cama del pastor.

Recuerda la caminante su primera salida por el campo de Valdecruces y su encuentro allí con *Rosicler*, el galán pastorcillo que ya emigró, como las aves. Muchos días anduvo radio y pesaroso alrededor de la moza, hasta despedirse de ella. ¿Qué la dijo?... ¡Nada! Parecía tener los ojos cargados de secretos, pero sólo acertó a murmurar: ¡Adiós, adiós!... Iba llorando.

—¡Pobre!—balbuce Florinda tras fuerte y hondo suspiro.

Y amargada después por el acre sabor de tantos infortunios, se enardece y rebela con el ímpetu de su gran corazón apasionado; ansía que al despertar el viento en los eriales pueble de frémitos la llanura, torne lívidas las aguas del arroyo y arrastre granizos y nieves... ¡Quisiera envolver las desolaciones de su alma en una grandiosa tempestad, en una formidable desolación del mundo entero!...

Asomados a las teleras balitan con desconsolada blandura los corderitos primales, y el rapazuelo guardián entretiene sus ocios evocando al invierno en lánguida canción:

«¡Ay noche de Navidad,
ay noche serena y clara!...»

—Buenas tardes.

—Bien venida.

Los ojos del niño siguen con extraño embeleso la gentil figura de *Mariflor*, que todavía parece forastera y trasciende a encantos desconocidos en el país.

—¡Usa la guedeja al aire!—dícese el pastor, absorto en la esplendidez de los cabellos que la muchacha luce.

Y ella va mirando cómo crece la regona, según se aproxima al ladrón abierto en el canal.

El viento ha despertado: gime y vocea sobre el tríbulo de la mies y amontona las nubes que al rodar escriben silenciosos renglones en el agua.

Hay poca gente en la aceña, que muele despacio, con el cauce débil, y las maragatas allí reunidas aguardan la lluvia como un beneficio. Pertenece a varios pueblos esta fábrica, que el Duerna rige y que sólo en invierno trabaja; las mujeres, que esperan en riguroso turno, platican con igual lentitud que el molino funciona. De vez en cuando una se levanta, llena la tolva de cibera, suspira y vuelve a sentarse. A poco avisa la citola que la rueda se ha parado; hay que esperar que represe el agua.

Cuando llega Florinda a pedir turno, algo confusa de su inexperiencia, la reciben afablemente, la hacen sitio en un escaño, y en voz baja mencionan la familia de la joven:

—¡Quien la vió y quien la ve! ¿Noverdá?

—Sí; ¡con la arrufadía que-gastaron!

—Era gente de mucha tramontana...

—¡Como tuvieron los haberes a rodo!...

—¡Y es bellida la moza!

La cual vió con gusto presentarse a Maricruz, que al regreso de Piedralbina entraba a pedir un poco de agua y a buscar compañía, si la hubiese, para volver a Valdecruces.

—Pues en la sotabasa —le dijeron— tienes colmado un cantarico; y aquí está la de Salvadores.

Bebió Maricruz, sonrió a su vecina y sentóse a esperarla.

—¿Qué hora será? —pregunta una mujer.

Otra responde:

—Sin la ruta del sol no es fácil conocerlo.

Y a la recién llegada le parece que habrán dado las tres.

—¡Corre mucho frío! —le dicen.

—Abondo, y cercea.

—Pos la nieve es segura.

·· Sí; hogaño la tenemos antes de Navidá.

—Ya de madrugada hubo pinganillos en los alares.

·· Pronto crece el Duerna y tenemos que abrir el fortacán para moler.

Una moza de Piedralbina anuncia sonriente que las fiestas de año nuevo van a estar muy preciosas. Y se discute la propiedad con que ese día los pastores se disfrazan de mujeres para hacer gala de resistencia y caracterizarse bien de valerosos. Así vestidos se denominan *xiepas;* bailan en zancos sobre la nieve, cantan y piden aguinaldos en extrañas procesiones nocturnas, que iluminan con «mechones» y adornan con tirsos, como los gentiles en las·orgías de Baco...

Poco después, logrado por *Mariflor* su cestillo de harina, salen de la aceña las zagalas de Valdecruces.

—Aguantai —les dijeron—, que no os alcance la nieve.

Y ya los primeros copos se cuajaban en el aire.

Quiso Maricruz entretener el camino en amistosa conversación y mostrarse gentil con la niña ciudadana. Dijo que venía de pagar la «avenencia» del médico, y preguntó si era verdad que las de Salvadores esperaban al tío Isidoro.

—Paez que trae un amago de cáncere —compadeció.

—No sé —dice vagamente Florinda, observando con

admiración a su compañera—. Es una moza rubia y dulce; siempre que habla sonríe; tiene seguro el paso, tranquilo el acento, apacibles los ojos, y la boda apalabrada con un hijo de Tirso Paz.

El agua de la presa ondula al viento, con profundos sones; el pastor se ha cobijado, y las nubes, cargadas de cellisca, borran las líneas del paisaje.

—¡Buena noche se nuncia para el vuestro filandón! —prorrumpe sonriendo Maricruz.

—No irá gente, si nieva.

—Más de gana, mujer, que habéis un establo bien mullido y anchuroso. ¿Dais entrada a la tía Gertrudis?

—Si va...

—Porque endecha unas historias de guerreros y marinos, que da gusto oirlas. Ella anduvo en su mocedad por las playas y conoció a maragatos de mucho enseño, aquistadores que allende fincaron ciudades y ganaron a pote.

—Pero, ¿los hubo?

—Ya lo creo, rapaza.

—Me lo dicen; lo he leído...

—¿Y lo dudas?

—A veces, sí.

—No conoces bien a estos paisanos; cuando te hagas estadiza entre nosotros, ¡ya verás!

—Veo mucha pobreza; las mujeres aquí abandonadas a sus fatigas, los hombres ausentes, duros.

—¿Duros?... No te entiendo... Valdecruces es una aldea ruín; pero Maragatería es muy grande y tiene pueblos ricos y casas a la moda. Por ahí fuera, los maragatos que hicieron fortuna y recibieron estudios, son agora señorones de mucha fama.

—Ya, ya...

Es tan incrédulo el mohín de Florinda, que Maricruz, despierto su estímulo regional, prosigue con algún calor:

—Hay libros que ponen muchas cosas valientes de los maragatos; la maestra de Piedralbina se los hace leyer a todas las rapazas.

—Yo no digo mal de estos hombres, que de aquí es mi padre.

—Y tus agüelos.

—¡Claro! Digo de las costumbres, de la rudeza del país.. ¡Es tan triste!... Y en los hombres parece que se nota más.

—Los que no aprenden finuras serán como dices tú; pero más cabales para el trabajo y la honradez no los encuentras; si dan una palabra la cumplen, sostienen su familia al tanto de lo que ganan, y el que engañe a la mujer se deshonra para inseculá... ¡Nunca acontece!

Mariflor lanza un débil suspiro, y su amiga, creyéndola conforme con el ardoroso discurso que acaba de pronunciar, se engríe y continúa:

—Tamién hay maragatos que trovan en la política y escriben en los papeles. Háilos militares de mucha ufaneza, clérigos de mucha santidá...

—Ya lo sé.

—En cuanto los acrianzan fuera de aquí sirven para todo como el primero: y aun los pastores más esfarrapaos tienen barrunta para medrar, si a mano viene.

Ahora Florinda sonríe a pesar suyo.

—Sí, mujer; acuérdate de aquel rapaz de Iruela que aballadaba ganados al pie del Teleno. Comiéronle los lobos una res y el pobretico, temiendo al amo, alejóse por la Sanabria alante. Conque llegó perdido a Extremadura y por causa de una revolución le echaron para Portugal; entodavía de allí le desterraron a Ingalaterra, y sin saber la fabla ni conocer a nadie, entró de sirviente en una relojería: aprendió el oficio y ya no hubo en todo el orbe otro relojero más famado.

—Sí, ese era Losada: conozco la historia. Cuando vino a su tierra después de mucho tiempo, dejó un reloj muy grande en Madrid, regalado para un edificio de la Puerta del Sol.

—¿Véslo?... Pues otros pastores de Santa Catalina, parientes de mi abuela, bajaban con las merinas a Badajoz todos los años, a invernar en los jarales de un duque al cual nombran del Alba. Ello fué que labrando la tierra baldía junto al chozo, halláronla fecunda, y cada invierno, cuando iban ende con los ganados trashumantes, labraban otro poquitín, hasta que el señor duque les dió permiso para fincar entre sus aradas dos pueblos, los Antrines, el de arriba y el de embajo... ¿Sabíaslo?

—Eso no.

Sonríe triunfante Maricruz y pisa con firme orgullo en el yerto camino. Florinda, para corresponder a la locuacidad de su compañera, murmura:

—Tú pareces muy feliz... ¿Cuándo te casas?

—Neste invierno: aún no está adiada la boda—responde con rubor—. Y tú para las Navidades ¿eh? Llevas un mozo de mucha hombría... ¡Pa que veas que hay gente de prez nestas planuras de León!

Achacando a modestia el silencio de Florinda, no insiste la moza en este punto, y da otro giro a la plática.

—¡Cómo sona la nube!

—¡Sí!

Ambas jóvenes se detienen un instante a escuchar la furente carrera de los vientos y a medir con tranquila expectación la preñada negrura del nublado. Una y otra, por distintas causas, permanecen serenas: ni a Maricruz le asusta el temporal, por conocerle mucho, ni le halla *Mariflor* bastante recio para aturdirse en él. Va pensando que su alma está más sombría que los cielos, y buscan sus ojos con ansiedad una huella de la semilla de amor arrojada en la llanura poco antes. Pero ya las ráfagas tempestuosas verberaron con ímpetu en el suelo, y al borde del estremecido arroyo no parece rastro ninguno de la siembra sentimental.

Y cuando, alucinada, se inclina *Mariflor* para coger, como una reliquia, algo blanco y menudo que rueda por allí, levanta un copo de nieve donde creyó recuperar el adorado fragmento de una carta: en la ardorosa mano se deshace al punto la vedija glacial...

—¿Qué te sucede?—pregunta Maricruz, viendo palidecer a su amiga—. ¿Tienes miedo?

—No.

El ronco arrullo y el trastornado semblante con que responde, preocupan a Maricruz. Una impresión extraña y dolorosa turba su silvestre espíritu. Se enlaza con blandura al brazo de su compañera y dice, conmovida, sin saber por qué:

—¿Sigue Marinela mejor?

—Está lo mismo.

—¿Aún dormís a la santimperie?

—Ya no; mi tía se opone desde que empezó.el mal tiempo.

—¡Pobre pitusa!... ¡Y agora, si viene su padre tamién comalido!

—¡No sé si vendrá!...

—Ansí dicen que la tía Gertrudis os malface: ¿oístelo?

Mariflor se había serenado un poco.

—Eso es mentira—protestó.

—Yo nunca lo creí: ni es bruja ni prodigiadora... Será, si acaso, conjurante.

—Es una triste vieja como las demás.

—Y mejor: sabe fervorines, cantares y medicinas, que te pasmas. Con tomillín de un cantero de la huerta y otro yerbato dulce, me curó a mí antaño la ronquez.

—Dicen que está muy sola y muy necesitada.

—Sí; la malfamaron y poco se la ayuda, aunque la juventud no cree, ya, en los hechizos: son cosas de rapaces y de viejas...

Apretó a nevar: las muchachas, muy juntas y diligentes, seguían la margen del arroyo, fiel rumbo hacia Valdecruces en la espesa cerrazón del horizonte. Ya estaba lejos el cauce del molino, y Maricruz, guiada por su experiencia campesina, anunció alegre:

—Pronto llegamos.

Mas al punto refrenó el paso, prestó oído y añadió pesarosa:

—¡Ay!... ¡Se ha muerto la tía Mariana!

—Sí; tocan a difunto—dice Florinda escuchando—, ¿pero cómo sabes que es por ella?

—Fíjate en las posas: una... dos... Si hubiera muerto un hombre serían tres.

—¡Ah!

—También el tío *Chosco* anda malico.

—¡Pues mira que si se muere el enterrador!

—Hereda el puesto el sacristán.

—Y esa tía Mariana, ¿era muy vieja?

—Sí, mujer: abuela de Facunda por parte de madre.

—¿Y abuela de tu novio?

—Velaí.

—Vamos a rezar por su alma.

Un devoto murmullo acarició los compungidos semblantes de las mozas, que llegaban a Valdecruces cuando ya, en precoz anochecer, moría la tarde, malherida de la nieve.

Iba *Mariflor* tan penetrada por el soplo de la tragedia, que no experimentó grande inquietud al oir en su casa llantos y quejidos. Supuso llegada la hora de que la Humanidad, lo mismo que la Naturaleza, estallase en lamentos. Y las razones de esta lógica explosiva quedaron atravesadas por una voz lamentable que decía en la sombra del *estradín*:

—¡Ay, cómo tardabas!... ¿No sabes que Pedro va a partir y que mi padre viene a morirse?

Florinda no supo qué responder, y Marinela, deteniéndola aún por el brazo, añadió con angustia:

—Madre dice que nosotras somos harto pobres para socorrer a un enfermo, y que la abuela ya no tiene casa ni haberes para aconchegar a su hijo; además, no quiere que mi hermano marche; llora por él clamando que se le rebatan, que se le quitan: la abuela gime y Olalla paez muda.

—Pero, ¿quién ha escrito?

—Tu padre.

—¿A mí?

—No: a la abuela.

—¡A mí ya no me escribe!

—¡Mujer, la carta pone para ti tantas de cosas!

Dentro se habían apaciguado un poco las lamentaciones, y *Mariflor* siguió escuchando a su prima.

—Verás: dice la esquela que unos maragatos ricos pagan estos viajes que te cuento. Mi padre llegará para la Pascua y el rapaz tiene que salir a primeros de mes con un paisano de Santa Coloma—. Suspiró con ansia la niña y lamentóse—: ¡Ay, Dios, ya estoy más sediente que nunca, con un jibro en el pecho y un acor en el alma!

—Pues hay que tener ánimos—murmuró Florinda máquinalmente.

—Yo no sirvo para este mundo... ¡Si pudiese entrar en el convento!

En aquel instante llegaban los niños de la escuela sacudiéndose la nieve y extendiendo las manos en la oscuridad, con rumbo a la cocina, donde antes resonaron los lloros. Detrás de los rapaces entraron las muchachas.

Ardía en el llar un fuego mortecino y temblaba sobre la mesa la luz del candil. En viendo Ramona a su hijo mayor, lanzóse a él con ademán salvaje y comenzó a gritar como si le prestaran sus aullidos todos los animales maltratados y moribundos:

—¡Ay fiyuelo, quédome sin tigo!... ¡Te parí de mis entrañas, te pujé en mis brazos y trabajé para ti como una sierva!... Agora que me conoces y me quieres, te me quitan... ¡Ay, pituso, non te veré más!... ¡Los mares y los hombres te rebatan!...

Parecían mordiscos, por lo hambrientos, los besos de la madre; lloraba toda la familia, y el zagal, asustado, apenas supo decir:

—¡Volveré pronto!

—Volverás muriente como tu padre, y yo estaré tocha y ceganitas como tu abuela, sin nido ni cubil pa tu resguardo; lo mesmo que esa pobre: ¡mira!

Y conteniendo la explosión de su piedad en el acento ronco y firme, Ramona empujó a su hijo hasta la anciana.

Acogióle ella entre sus brazos doblándose, en el sitial, para recibirle, con tan acongojada pesadumbre, como si del viejo corazón exprimido cayese en aquel instante la última gota de ternura.

También Carmen y Tomasín se refugiaron, ronceros y llorones, en aquella caricia. Estalló un sollozo en el pecho de Olalla, y el triste concierto de ayes y suspiros volvió a levantar sus desconsoladas notas en la escena. Ramona, con los ojos fijos en el grupo que formaban los rapaces y la tía Dolores, fué serenándose hasta sentir un repentino bienestar que sin saber cómo se le subió a los labios en una dulce palabra.

—¡Madre!—dijo.

Nadie respondía. Las muchachas creyeron que hablaba sola. Pero ella avanzó resueltamente desde el sitio donde había quedado en pie. Su larga sombra ganó el techo y llenó la cocina de gigantes perfiles.

—¡Madre!—iba diciendo—. En los últimos años, endurecido su áspero carácter por el infortunio, huyó arisca de pronunciar esta suave palabra.

—¡Madre!—repitió—; ¿no me oye?

Y puso las manos con inusitada blandura en los débiles hombros de la vieja.

—¡Ah!... ¿Me llamaste a mí?

—¡Claro! Mire: con llorar, el solevanto que nos acude non se desface y atribulamos a estas criaturas.

—¿Qué quieres, hija?

—Que no llore: es menester que Sidoro la halle moza.

—¿Pos no dijiste?...

—Era por decir: usté entodavía tiene salud y casa pa recoger a su hijo.

—¡Ah!... ¿Consientes?...

—¿Soy acaso una hereja?... ¿Se iba a quedar el pobre en medio de la rúa?... Pujaremos por él como cristianas.

—Mujer, ¡Dios te lo pague!

—Sí—murmuró Ramona, abrazando otra vez a Pedro—. ¡Dios me lo pagará cuando vuelva éste!...

Temblaba Marinela apoyándose en su prima, y las dos, lo mismo que Olalla, se animaron con aquellas últimas frases.

—¡Andaí—ordenó Ramona, alcanzándolas, con un gesto impaciente—. Van a venir las del filandón y no hay que poner las caras acontecidas. Mañana hablaremos al señor cura.

—Denantes—pronunció Marinela aprovechando una cordialidad tan expresiva y rara—vide a la tía Gertrudis, y me dijo...

—¿Onde la viste, rutiando por aquí?—interrumpió desabrida la madre.

—Pasaba sobrazando un atiello de coscoja: ¡casi no podía con él!

—Bueno; ¿y qué te dijo?

—Que esta noche vendría al filandón, porque en la so cabaña no tiene luz para hilar... Yo no me atreví a decirle que no viniera; ¡como don Miguel manda que se la estime!...

—Pos... ¡que entre!—concedió Ramona vacilante, mirando a Pedro con oscura inquietud—. Y agora, las cu-

chares y el pote: a cenar, pa que estos críos se acu-
chen.

Las pálidas figuras del cuadro se movieron sin ruido,
y rodó solitario en la estancia el son de la esquila parroquial, que aún contaba las fúnebres posas...

XXIII

PAÑO DE LÁGRIMAS

YMÉ!

—¿Qué le pasa, tía Gertrudis?

—Estoy cansosa, niña.

—¿Y no va a decir aquella relación?

—¿La de la locecica?

—Esa.

—En cuanto repose; todo el día anduve por ribas y cuestos atropando carrasca antes que cerrase la nieve; y atollecí.

—En l'intre—propuso entonces Maricruz—jugaremos a los acertijos, ¿queréis?

Mozas y viejos aceptaron. Una ligera curiosidad alzó los ojos y animó los semblantes.

Tenía lugar el clásico «filandón» en la espaciosa cuadra que antaño albergó las «llocidas» reses de la tía Dolores: un mantillo de bálago, a modo de tapiz, prestaba calor y blandura al renegrido suelo, y un candil de petróleo, cebado a escote, daba, pendiente de una viga, más tufo que luz.

Toda labor de mujer tenía allí su escuela y ejercicio: hilaban, por lo común, las más viejas; «calcetaban» y cosían algunas, tejían otras a ganchillo refajos y gorros infantiles. La tertulia, que se acomodaba por turno en los establos mejores de la aldea, en el santo suelo y entre el vaho de los animales, solía terminar cristianamente con el rezo del rosario. Pero antes se narraban historias, se proponían adivinanzas y hasta se dejaba correr sobre ruecas y agujas algún airecillo picante de murmuración.

Aunque la cuadra de este pobre lar, venido tan a menos, aloja hogaño muy pocas reses, disfruta por céntrica y espaciosa las preferencias de Valdecruces, y esta noche la invade un buen número de tertulianas, sin más compañía de varón que la del tío Rosendín, el viejo sacristán. Allí parecen también sus hijas Felipa y Rosenda; las nietas del tío Fabián, con su madre; Ascensión con la suya; Maricruz Alonso y sus hermanas, las de Crespo, la *Chosca* y otra porción de mujeres de distintas edades y parecidas condiciones.

Mientras fueron llegando, hablóse del temporal, haciendo memoria del último, que cubrió las casas con *trousas* formidables, verdaderos montes de nieve. Felipa dijo que a prevención tenía muchos *fuyacos* para alimentar a las ovejas, y el tío Rosendín profetizaba que aunque arreciase el mal tiempo, aún se podían aprovechar los piornos para el ganado durante una quincena. Las de Salvadores preguntaron con mucho interés por el tío *Chosco*, que, según el sacristán, «iba ya mejorcico». Se comentó en seguida el fallecimiento de la tía Mariana, lamentando que las de Paz no asistiesen al «filandón».—Velarán el cadáver de su agüela—opinaron algunas mujeres—. Y otras dijeron compasivas: —¡Biendichosa!...

Pero ya juntas las que esta noche se reúnen, piden los tijos, y la misma iniciadora lanza el primero:

«Enas iglesias estoy
entre ferranchos metida,
cuándo allende, cuándo aquende,
cuándo muerta, cuándo viva...»

—¡La lámpara!—dice riendo el sacristán.

—Usté no vale!—protesta Maricruz.

En aquel momento Florinda le pregunta con sigilo:

—¿Cómo no fuiste al velatorio?

—No acuden mozas cuando fallece una vieja—responde—. Fué mi madre.

Algunos pretenden averiguar cuántos años tendría la difunta, y Ascensión dice que no se sabe a punto fijo, porque en los libros parroquiales sólo consta que «nació el día que se amojonó *Fumiyelamo*».

—No había yo nacido—apunta la tía Dolores, muy despierta y con cierto orgullo.

Y el tío Rosendín, sonriendo malicioso, coloca otra adivinanza:

«¿Qué cosa yía
la que no has visto nin vi
que no tien color ni olor,
pero mucho gusto sí?»

Un aire de perplejidad inmoviliza al auditorio. El anciano detiene el gesto de una contemporánea suya que intenta responder.

—¡Que acierten las mozas!

—¡El agua!—prorrumpe una voz juvenil.

—¡Avemaría!... ¡Tien que ser una cosa que nunca hayas visto!

Crece la incertidumbre y se suspenden las labores. Después de algunas respuestas disparatadas, el sacristán dice triunfante:

—¡El beso!

—¡Josús!—pronuncian las zagalas, ruborosas.

Todos ríen, y el viejo, embaído, añade en seguida:

> «Blanco fué mi nacimiento,
> verde lluego mi niñez,
> mi mocedade encarnada,
> negra mi curta vejez.»

—¡La moral ¡La moral—repiten alegres las muchachas. Y como ya suponen que la tía Gertrudis ha descansado, solicitan otra vez la prometida narración.

Mientras la anciana sacude un poco su pensamiento, se oye al aire gemir y a las ruecas zumbar: algún suspiro acaricia los copos blancos de las hilanderas.

—Erase—principió la narradora—una noche muy triste, hace ya cuántos siglos. Por el mar que le llaman de la muerte, cerca de La Coruña, navegaba un lembo gobernado por el turco más temido nestas historias de piratas. Con él iba prisionera una pobre doncellica que el capitán robó en un castillo principal. Era hija de un señor de salva, tan hermosa y fina como las febras del oro. Quería el turco esconder a la moza tierra adentro, y esperaba un señal, una locecica de algunos de sus piratas que por la riba aquende le buscaban cobil, pero en toda la ledanía de los mares no pareció ninguna luz... Conque navegaba la embarcación roncera, en calmería de viento, apocado el velaje y cansos los marinos, cuando va y luce una flama en una torre que le decían la Torre del Espejo y se encendía en las noches oscuras para las naos que llegasen de paz. Dió un brinco el pirata cabe la moza, tomando por seña de su gente la lumbre del fogaril. Y la infelice doncella clamó al Dios de los cristianos, que era el suyo, pidiéndole que le sacase de aquella amaritud...

Hace una pausa la tía Gertrudis para recordar las frases conmovedoras de la cautiva, y aunque la misma leyenda se ha repetido muchas veces en los «filandones», un devoto silencio la circuye ahora, y un aroma de mar y de aventura la engrandece y ensalza entre sutiles asombros: la evocación de ese otro llano, inmenso y libre, desconocido y atrayente, se presenta en los labios de la anciana con imágenes desoladoras, en que una mujer sufre cautiverio. Y las maragatas sienten batir contra sus corazones las olas de aquel mar lejano que les lleva los padres, los hijos y los esposos, fascinándoles con su prometedora anchura, para engañarles al fin y cautivar la ilusión de infinitas mujeres.

También para Florinda la llanura amiga de su niñez suena ronca y extraña en los acentos pavorosos de la tía Gertrudis. Todas las ilusiones de la moza naufragaron en la amada ribera, y el recuerdo de su bien perdido se le ofrece como una pálida visión de naves que huyen y de espumas que gimen: apenas si el perfil de un marino se agita en estas membranzas como símbolo del primer sueño de amor que la muchacha tuvo. Por un instante se sorprende ella al caer desde la nube de sus evocaciones al fondo del establo donde la tertulia aguarda a que se termine el cuento. Mira absorta a su alrededor y le parece que Marinela está muy descolorida y que Ramona oculta mal su incertidumbre.

Pero ya la anciana sigue el relato:

—... Y en esto que partían el ánima las voces de la inocente, los mareantes de la embarcación dieron en complañirse y maldecir del capitán...

Un estrépito medroso dejó rota la leyenda y en angustia las atenciones.

—¿Fué tronido? —balbuce una voz.

Y al mismo tiempo Marinela se dobla desmayada encima de su madre.

Recíbela Ramona con un ¡ay! tan brusco, que parece un bramido de su corazón. Deslizando hasta el suelo el cuerpo inerte de la niña, se arrastra, súbita y fiera, y sacude a la tía Gertrudis por los brazos en una cruel explosión de frenesí.

—¡Conjúrala, conjúrala agora mismo —dice tuteándola con menosprecio— bruja de Lucifer!

—¿Yo?... ¿Yo?...

—¡Tú, tú, sortera!

—Yo non sé conjurar. ¡Soy cristiana y nunca tuve poder con el diañe!

La voz senil plañía con menos asombro que amargura; aparecía en todos los semblantes la congoja del pánico, y sólo Florinda se acordaba de aflojar el corpiño a Marinela.

—¡Traed vinagre para los pulsos! —pidió vivamente.

Olalla, levantándose indecisa, declaró:

—¡Tengo miedo d'ir sola!

· Después de algunas vacilaciones y consultas, encendió un cabo de vela en el candil y dirigióse con Maricruz hacia el postigo medianero de la cocina. Pero, sin alcanzarle, se volvió espantada:

—¡Sonan pasos!

—Es el viento y la truena —dijo Maricruz más valiente.

Y apremiaba Florinda:

—¡Pronto, pronto!

Ramona, que no había soltado a la tía Gertrudis, trocó de improviso en súplicas sus delirantes voces:

—¡Por Dios me la conjure!... ¡Por Nuestra Señora la Blanca!... Daréle a usted cuanto me pida; mire que va a morir. ¡Aguante, por la Virgen!

La vieja parecía no escucharla, murmurando llorosa:

—¡Al cabo los años que non fice mal nenguno, me temen los vecinos como los rapaces al papón!...

Unos brazos nerviosos la levantaron de repente, y de un salto la posó Ramona junto a la enferma, ya reclinada en el regazo de Florinda:

—¡Dele remedio!... ¡Aplíquele talismán! —gimió de hinojos la madre, con las manos en cruz.

—¡Si non gasto sorterías, mujer!

Alguien aconsejaba:

—¡Dígale mas que sea una oración!

—¿Tién fístola?

—No lo sabemos...

La tía Gertrudis acercó sus cansadas pupilas al semblante de Marinela, húmedo y descolorido como si estuviese lavado por los últimos sudores: había sido inútil la aplicación del vinagre en las sienes y en los pulsos.

·Suspiró compasiva la anciana y recogióse un momento en solemne actitud mientras aguardaban todos con ansiedad. De pronto comenzó a decir:

—«En el nombre del Padre, e del Hijo e del Espíritu Santo: tres ángeles iban por un camino; encontraron con Nuestro Señor Jesucristo. ¿Dónde vais acá los tres ángeles? Acá vamos al monte Olivete y yerbas e yungüentos catar para nuestras cuitas e plagas sanar: los tres ángeles allá iredes; por aquí vendredes; pleito homenaje me faredes, que por estas palabras precio non llevaredes esceto aceite de olivas e lana sebosa de ovejas vivas... Conjúrote, plaga o llaga, que no endurezcas ni libidinezcas por agua ni por viento ni por otro mal tiempo, que ansí hizo la lanzada que dió Longinos a Nuestro Señor Jesucristo, ni endureció ni beneció...»

Abrió los ojos Marinela, tan asombrados y tristes como si girasen ya tocados por la muerte. Una impresión de maravilla inmovilizó a la tertulia, y Ramona, febril fluctuando entre el odio y la gratitud, preguntó a la vieja con ensordecido acento:

—¿Está ya liberada?

—¿De quién?

—Del diablo.

—Non tornes con embaucos, criatura, que paeces una orate: yo dije la oración porque está bendita y es buena pa sanar si Dios la acoge. Agora hay que levar aspacín a la rapaza, aconchegarla bien caliente y darle un buen fervido ¿Oyísteis?...

Bajo las dulces manos de Florinda iba Marinela recobrando el calor y el pensamiento...

Aún permanece en mitad de la sala el lecho de la niña. Le comparte la enfermera, abandonando, por difíciles de cumplir, las órdenes del médico.

Ya *Mariflor* no tiene bríos para cuidar a su prima en lucha con la miseria y la ignorancia a todas horas; pero allí está vigilante junto a ella, luego de haber tranquilizado a la familia.

Cuando ya la tempestad hubo cesado, abrió los postigos del balcón para asistirse con la claridad de la noche: la luna, baja y fría, reverberante sobre la nieve, iluminaba a Valdecruces con fantástica luz.

—¡Agua! —pedía ansiosa Marinela, y después con las manos en la garganta, se dolía:

—¡Tengo un ñudo aquí!

Nerviosa y balbuciente hablaba del convento: sentía correr el agua del jardín por los claustros, y le mareaba el olor penetrante de las flores.

—¿Quieres una?—murmuró—. Son para la Virgen... pero te daré esta purpurina... ¿Oyes los cánticos?... Caen en acordanza... Atiende:

> Yo soy una mujer, nací pequeña
> y por dote me dieron
> la dulcísima carga dolorosa
> de un corazón inmenso...

¡Esa es la voz de la madre Rosario!... Tengo miedo a la luna... ¡mira qué cara pone!... Vamos a laudar a Dios también nosotras; canta conmigo.

Y con tonos de diferentes canciones compuso una muy extraña, cuyo estribillo se empeñaba en repetir:

> Yo soy una mujer, nací pequeña...

El acento exaltado de la cantora resonó tristísimo en la estancia, y *Mariflor*, saturándose de recuerdos y pesadumbres, logró persuadirla de que no era religioso aquel cantar:

—Acuérdate que le trajo la farandulera.

—¡Ah, sí, sí...; una que tenía el corazón roto como yo!... Ven... ¡escucha!

Y ciñéndole a su prima los brazos al cuello, Marinela suspiró:

—¿Tienes escondido algún romance?

—No, mujer, ninguno.

—Pues oye mi secreto...

Yo tengo un corazón...

Esto no te lo digo a ti; se lo digo a Dios, ¡a Ése!

Volvióse la niña hacia la Cruz, alzada en el muro con la doliente imagen del Señor, y quiso rezar; pero su entendimiento, obsesionado, sólo conseguía dar forma a las endechas de la figuranta; y como una ráfaga de lucidez alumbrase la disparatada oración, Marinela, acusándose de herejía, acabó por llorar rostro a la Cruz.

Blanco de aquella lucha, la sagrada efigie atrajo también las miradas de Florinda, que las estuvo meciendo desde el dolor humano hasta el dolor divino, con fuertes emociones de piedad. Cerrando los ojos para mirarse la alterada conciencia, imaginó que volvía a henchírsele de lágrimas el pecho como en los días en que su desgracia era toda compasión y ternura: creyó juntar su llanto con el de la enferma y le pareció que sentía levantarse en su alma el infinito poder del sacrificio, libre ya de egoístas propósitos, santo y puro, a humilde semejanza del que probó Jesús agonizante.

Pero cuando un gemido la hizo recordar, halló sus párpados enjutos y rebeldes sus pensamientos: ¡sin duda había soñado!...

Marinela, otra vez delirante, musitó:

—¡Mira qué volada echó aquella estrellica!... ¿a ver

si aflama el cielo?... Agora la planura es un mar de nieve...

Tuvo después miedo al gato que maullaba, y estremecióse con los toques del reloj. Al amanecer, un perro lastimoso la hizo gritar de espanto, un perro que gañía desesperadamente.

También se alarmó Florinda con los aullidos lúgubres, pero sin manifestarlo; puso mucha persuasión en sus palabras tranquilizadoras, consiguiendo al fin que se durmiese la niña.

Entonces el frío y el cansancio la inmovilizaron, envuelta en un chal junto a los cristales: otra vez cerró los ojos abismándose en desconsoladas meditaciones. Ya estaba allí el cano invierno con su amenaza de pesadumbres: los lobos a la puerta, el hogar miserable, dolientes un padre y una hija, cerrados los caminos, yertas las esperanzas.

Poco a poco fué rodando la cabeza de *Mariflor* hasta quedar vencida sobre el pecho y apoyada en los vidrios. Oía la moza llorar, llorar mucho a la abuela, a las primas y a los rapaces: una voz, triste y oscura, clamaba también, entre condolida y furiosa. *Mariflor* quiso levantarse para saber el motivo de los llantos aquellos; pero la detuvo un aire de tempestad que soplaba desde sombría nube. ¿Volvían los huracanes de la nevasca?... ¡Ah, no!; este viento y esta sombra eran pliegues alborotados en el manteo de un cura. Don Miguel llegaba agitadísimo:—¿Oyes llorar?—preguntó—. ¿Quieres tú ser el paño de todas esas lágrimas?... ¿Di?... ¿quieres?—. Iba la moza a responder y, como antes Marinela en su delirio, sólo acertó a balbucir el romance de la comedianta:

En este corazón, todo llanuras
y bosques y desiertos,
ha nacido un amor...

Por suerte, la desatinada respuesta quedó ahogada en unos gañidos resonantes que despertaron a Florinda.

—¡Otra vez el perro!—murmuró anhelosa. Y aún dominada por la pesadilla reciente, llevóse las manos al rostro que sentía húmedo: ¿habría llorado?...

La blancura del paisaje llamó a las ensoñadas pupilas, que al punto se nublaron de lástima: todo el bando de palomas, hambriento y alicaído, esperaba en el carasol, y el gesto de la muchacha, al sorprenderle, inició un arrullo largo y hondo, humilde como el de los niños cuando piden una caridad por el amor de Dios...

Cerca de dos meses guardó en su bolsillo don Miguel una carta de Rogelio Terán. Solía decirse todas las mañanas: «Hoy se la enseñaré a *Mariflor*». Y luego sentía una piedad inmensa por aquella esperanza muda que a veces resurgía en los labios de la moza.

Ultimamente la pobre enamorada había cambiado mucho. Aparte de aquel fuego sombrío de sus pupilas y algunos éxtasis profundos que iban a sorprenderla cuando menos lo esperaba, fué envolviéndola un abatimiento implacable y empujándola al fatalismo un cansancio lleno de trágicas inquietudes.

Y al verla hundirse en el infortunio, dudaba el sacerdote si la lectura de aquella carta cruel sería un cable salvador tendido por el desengaño a las últimas energías de la infeliz, o un golpe definitivo para quebrantárselas sin remedio.

Esta duda acomete a don Miguel una vez más cuando se dirige hoy a casa de la tía Dolores. Le acaban de decir que Marinela ha sufrido la víspera un grave desmayo, y aunque los detalles del suceso le escandalizan un poco, acude a consolar en lo posible las cuitas de aquella gente.

En el portal encontró a Olalla, que le dijo:

—Voy por el médico.

—¿Tan mal sigue la enferma para que te arriesgues así?

—No está el día tempestuoso como ayer.

—Pero los caminos se han borrado.

—Acertaré por la lindera del regajal.

—Aguarda, al menos, que yo suba, y si es preciso buscaremos quien te acompañe.

Apareció Ramona, que bajo la mirada severa del sacerdote abatía la suya enrojeciendo.

—De modo —pronunció don Miguel— ¿que es imposible curarte de la superstición?... ¡No esperaba yo eso de ti!

Ella, sin defenderse, comenzó temblorosa a relatar las noticias de América: el esposo tornaba moribundo y el hijo había de partir agora mesmo.

—En l'intre —añadió sollozante— peyora la zagala... y yo dejo la cordura no sé onde.

—¡Vaya, vaya por Dios! —compadece el párroco.

Y suben todos detrás de él, mientras Ramona va diciendo:

—Anoche la coitada non quiso junto a sí más que a la prima, y hubimos de acostarnos. Yo acodí madruguera y las hallé a las dos adormentadas: andamos a modín pa non las recordar.

—Pues mira tú si duermen.

Asomó la mujer en la salita y volvióse al punto con un gesto negativo.

—Pase, pase.

Don Miguel halló a Marinela con los ojos febriles clavados en la Cruz y a Florinda con los suyos vueltos al carasol. Ambas se estremecen al sentir pasos en la estancia y, luego de saludar al sacerdote, Marinela, descubriendo las palomas, prorrumpe:

—Vélas, vélas ende... Las pobreticas no encuentran onde pacer: andai por una cachapada de cebo para echárselo aquí.

Apresúranse a obedecer los niños, y Florinda, presa de extraña emoción, se enjuga los ojos murmurando:

—El hielo de los cristales me humedeció la cara... Dormí y creo que soñé.

—¿Algo triste? —pregunta el sacerdote, reparando en la honda inquietud de las palabras.

—¿Triste?... Era una cosa tremenda: usted venía a preguntarme... ¡ya no me acuerdo! —balbuce sordamente.

Y de pronto don Miguel, con la precipitación de quien realiza un acto contra su voluntad, busca en el bolsillo una carta y se la entrega a Florinda:

—Entérate: ya hace tiempo que la recibí.

—¿Es de su prdre? —dice Ramona.

—No.

Un silencio involuntario se establece, y aunque el cura trata de hablar mientras la muchacha desdobla trémula el papel, sólo consigue que la tía Dolores ensarte letanías a propósito del hijo viajero:

—¡Aymé! ¡Si en un santiguo le podiese yo recibir en mis brazos... ¿Arribará para la Pascua?... ¿Nevará en los mares tamién?... Voy dejarle mi lecho, señor, y las frazadas mejores... Cuando quiera hojecer la primavera ya estará en siguranza la curación, ¿noverdá?...

Había salido el sol, pálido y frío. Marinela, al borde de su cama tendíase hacia él como si le pidiese una limosna de alegría: en realidad, lo que deseaba era acercarse a *Mariflor*, en cuyas manos se estremecía la carta de Rogelio.

Leía la muchacha en el foco de luz:

«Miguel, amigo mío: No el poeta ni el camarada, el penitente es quien acude a ti. Cúlpame cuanto quieras; que me castiguen tus indignaciones, si al fin me absuelve tu piedad. Yo te confieso contrito mi pecado de inconstancia, mi estéril codicia de emociones, de ternuras y novedades. Harto me duele esta triste condición: de todas mis culpas, soy, a la par que el reo, la primera víctima... Tú bien conoces el corazón humano y, aún mejor, conoces mi voluntad, donde toda flaqueza tiene su asiento. Quise, fervorosamente, hacer feliz a *Mari-flor*, sin comprender que nunca, nunca lograré la felicidad, ni para mí ni para nadie. Me engañó la fantasía; hoy, reconozco la pequeñez de mi espíritu que, enamorado de los sueños, se rinde cobardemente al afrontar las realidades... Perdona mi error, tú, tan seguro, tan cabal, tan heroico... Perdona también la tardanza de estos renglones que mi mano te escribe mucho después que los dictase mi conciencia; luché antes de escribirlos; vacilé y sufrí muchas veces con la pluma sobre el papel: puedes creerlo. Y también que me falta valor para escribirle a «ella»: dile que me perdone; que acaso nunca la olvide; que si fuese a buscarla sería sin duda más culpable que apareciendo hoy a sus ojos como ingrato y perjuro. Dile...»

—¿Viene en romance? —preguntó Marinela, impaciente por la prolongación de la lectura.

Florinda volvió el rostro, blanco igual que un lirio. La rodeaban los rapaces, y también Olalla se le iba aproximando; en el fondo de la salita las dos mujeres cruzaban los brazos sobre el pecho. Ya la enferma tenía entre las manos el cebo de las palomas. Quejóse de «asperez» en la garganta, y tornó a preguntar:

—¿Viene en romance, di?

—No; ¡viene en prosa!

Vibró ardiente y sombría la respuesta. Aún quedaba por leer una parte del pliego, mas, la lectora alzó los ojos, perdidos en una fugitiva imagen, se pasó una mano por la frente, dobló la carta y, alargándosela al cura, dijo:

—Puede usted escribirle a mi padre que me caso con Antonio.

Su voz era firme, firme también su actitud. Una ráfaga de tragedia, de tragedia sin sollozos ni palabras, atravesó la salita y puso en todos los pechos repentino estupor. Tras un silencio angustioso, preguntó el sacerdote con grave solemnidad:

—Hija, ¿lo has pensado bien?

—Sí, señor —repuso ella, altivo el gesto y serena la mirada—. Y a mi primo... usted hará la merced de darle en mi nombre el sí que estaba esperando.

No dijo más. Volvióse hacia el carasol para abrir las vidrieras, tomó el centeno en su delantal y todo el bando de palomas acudió a saciarse en el regazo amigo, envolviendo la gentil figura con un manso rumor de vuelos y de arrullos. La luz del sol, más fuerte al crecer la mañana, rasgó las brumas y fingió una sonrisa en el duro semblante de la estepa...

ÍNDICE

SE ACABÓ DE IMPRIMIR ESTA OBRA EN
MADRID, AÑO DE MCMXX, EN CASA DE
MIGUEL ALBERO. DECORACIÓN DE
ANTONIO MERLO Y ENRIQUE
VARELA DE SEIJAS